大师教你学风水

陈冠宇　著

南海出版公司

图书在版编目（CIP）数据

大师教你学风水/陈冠宇著.—海口：南海出版公司，2009.10
(装潢书系)

ISBN 978-7-5442-4095-6

Ⅰ.大… Ⅱ.陈… Ⅲ.住宅—风水—图解 Ⅳ.B992.4-64

中国版本图书馆CIP数据核字（2008）第015817号

ZHUANGHUANG SHUXI(04)——— DASHI JIAONI XUE FENGSHUI

装潢书系(04)——大师教你学风水

策　　划	深圳市金版文化发展有限公司
作　　者	陈冠宇
责任编辑	陈正云
封面设计	朱小良
出版发行	南海出版公司 电话（0898)66568511（出版）65350227（发行）
社　　址	海南省海口市海秀中路51号星华大厦五楼　　邮编 570206
电子信箱	nanhaicbgs@yahoo.com.cn
经　　销	新华书店
印　　刷	深圳市彩美印刷有限公司
开　　本	889mm×1194mm　　1/24
印　　张	14
版　　次	2009年10月第2版　　2009年10月第1次印刷
书　　号	ISBN 978-7-5442-4095-6
定　　价	48.00元

购书电话：（0755）83476130

http://www.ch-jinban.com

目录

第二篇 居家设计风水 ······141

序言

让风水成为你谋求幸福的工具

纵观国内出版市场，有关风水的著作几乎每月都有新书上架，其作者大多是那些天天打广告、做宣传的命理老师。这些人借着媒体所经营出来的知名度，就开始写起书来，至于书中有没有内容，内容是不是有助于社会大众，是不是只为出书而出书……这就要靠聪明的读者自己来判断了。

风水这门学科与其他命理不同，它博大而精深，派系理论庞杂，古时候流传下来的相关典籍多到难以计算，一般人要在短时间内消化吸收、融汇贯通了，那是相当困难的。现在社会上有些人，看了几本风水书之后就到处以“大师”自居，还以此为牟利的工具，靠着一招半式为人看风水、改房子。要知道，住宅风水的力量是非常强大的，稍有不慎便足以害人一生一世！您放心将自己的前程运势及未来人生交在这样的江湖郎中手上吗?

人的一生都离不开屋宅，而屋宅又与风水息息相关，因此每个人都应该具备基本的风水知识，这样才能够确切地掌握自己的生活环境，让自己趋吉避凶、开创富贵人生。另外，我们也可以从下面两点来理解风水对我们生活的重要性：首先，越大的企业越重视风水，不论是找寻设厂的地点还是建厂，这些企业的老板们都会寻求风水师的建议。其次，越高级的豪宅也越讲究风水，富豪们在建设豪宅时，除了请风水师来规划以外，请的建筑设计师本身也具备相当的风水知识。由此可见，风水的影响力已经遍及社会各个阶层，俨然成为一种“生活常识”。其实，风水是一门十分科学的学问，它结合了气场原理与光学原理的专业知识，若是能用现代语言加上现代科学的观点来重新诠释，您就会发现，原来风水还可以这么简单！

风水大师陈冠宇是中国台湾最先在媒体上提倡及传授正确风水观念的人之一，其丰富的经验以及渊博的学识堪称当代风水界中的翘楚。本书集结了陈冠宇大师所有住宅风水的精华，以科学的角度出发来探讨风水的原理，没有难懂的古文，也没有艰涩的学理，不论您是第一次接触风水，还是您已经涉足风水领域，本书都是最值得您珍藏的经典之作！

风水的众多问题，追根究底就出在派系林立以及风水师们各持己见上，关于这两点，陈大师已经不止一次在书中强调过。但是，如何选择真正好的风水书，至今仍是许多读者的疑虑。

1.正确的风水理论是经得起考验的。

就像医生开药方治病，如果药到病除，那么这些药方就是正确的治病方法。正确的风水理论也是一样，如果用了正确的风水理论，快者3个月，慢则半年，您一定能够感受到它的功效。

2.科学的风水理论必须是因时制宜、因地制宜的。

虽然现今的风水学是源自先人的经验及智慧，但是时代在变迁，生活环境也在改变，人、事、时、地、物，没有一项条件是和过去相同的，因此风水理论也应有所修正。如果你看到某些书还是只字不改地引用古法，或是在论及住宅的时候谈的仍然是旧式的三合院建筑，这就是食古不化的作品。

3.有用的风水理论是经验累积出来的。

许多专业只需要靠天分就能有很好的成绩，但是有用的风水知识却需要靠丰富的经验来累积。先人在创造屋宅风水理论的时候，也并不是靠精密的科学仪器，而是靠长时间的经验累积。如果没有丰富的实践经验，所有的知识只是从书本上得来，那么他就不知道书上哪些理论是正确的、哪些是过时的、哪些是错误的、哪些是有待修正的……这时候，经验就能告诉我们正确的答案。

4.理想的风水理论是符合科学原理的。

今日的风水理论必须符合科学的原理。虽然说住宅风水学当中仍有许多部分是现代科学无法解答的，但是这并不代表风水这一门学问不科学，因为这些理论只是“科学目前无法解释”，并非“违背科学理论”，毕竟科学不是万能，现今的科学也不是完美无缺的，它会随着人类知识进步而不断向前，相信有一天风水中那些被认为是迷信的部分也能有科学的解答。

第一篇 楼盘和住宅风水

随着生产关系和生产力的提高、物质文明和精神文明的进步，商品经济有了较大的发展。又由于城镇人口的急骤上升，在有限的地域内要容纳比以前多十倍甚至百倍的居民，民居只好由古时的一家一户、单门独宅逐步变成现在高楼大厦。当前，房地产开发商们把成片的城区民居进行改造，开发形成了小区楼盘，是现在主导城镇居民居住的主要方式。小区楼盘是否有利于居者呢？购房的业主自然要产生这样的疑问，因此对小区的风水进行检测、查验，以及对风水的补救是必要的。

本篇将可以帮助您达到：

（1）可以让您从住宅的外观、形状、周遭环境就能判断出一栋房子的好坏。

（2）可以帮助您挑选最适合自己的好房子。

（3）可以帮助您免于买到犯有冲煞或格局有问题的房子。

（4）可以让您充分了解发富贵与发凶祸的住宅区别。

第一章

住宅风水与人的关系

在一个极其重视生存智慧的国度里，中国人通过体察自然界江河竞流、山川俯仰的变化，从而格物致知，精心选择适合人类生存发展的环境，形成了专门研究居住环境与营建布局之间关系的学科，即是风水学。

风水学最初是作为帝王的御用术，应用于指导城邑、宫殿、陵址等的修建活动之中。风水学自唐宋而兴盛，并且根据《周易》的原理，乘四大发明之一的指南针的前身司南流行而流行，形成了以理法为主的福建派及以形法为主的江西派两大流派，逐渐导入民间，而风水理论体系也逐渐完善，在社会的文明进程中作用凸显。中国传统的各类形制的建筑都留下了风水深刻的痕迹，相关著作为《永乐大典》、《四库全书》等著名典籍收录珍藏。

当代各类成功的建筑都蕴涵着风水的精神， 而如何运用好风水学的原理，亦要坚持扬弃的原则，目光如炬地进行判断，就有一定的规律可循。我们会发现，现代风水其实并不神秘，它借助于精密的仪器和科学的方法，调理项目内部的资源，整合外部的形、势、声、光、电，对人类的各种居住环境进行改良。

一、住宅风水对人的重要性

人的一生都离不开住宅，以一个家庭为例，爸爸上班的地点是“公司”，小孩上学的地方是“学校”，妈妈平时则是待在“家中”，假日的时候出外旅游住的是“饭店”，所以无论我们跑到哪里，似乎都脱离不了住宅。既然住宅与人的关系如此紧密，要说住宅的好坏会影响到居住的人就丝毫不足为奇了。住宅也关系着人的吉凶祸福，住家住宅与人的身体健康和财运有直接的关系，商家店面、办公室则影响到经营者或企业体的整体运势，因此不论是哪一种住宅，其风水都会与使用住宅的人产生直接或间接的影响，举凡财运、健康、事业、婚姻、爱情、学业、运势等等，全都与住宅风水有对应关系。

自古以来，风水给人的第一印象都是高深莫测、神秘玄妙的，除了风水地理师所用的术语十分艰涩难懂以外，所运用的理论基础也十分庞杂，再加上风水学里派别林立、派系杂陈，所以对许多吉凶祸福的判断，还没有一个单一派系能够达到立论完整且为所有风水师公认的，以当今的派系来分，就有论气、八宅、九星、命卦、形局、三元等等，这些都是各派为了要立派为王的学说，因此讹论甚多，每一派均有各自的理论与说法，让人无所适从，也才让风水一直保有神秘的色彩。因此，让社会大众会去相信那些大吹法螺的风水师；人们在不顺心时、家庭成员健康有障碍时、事业失败时，就请所谓的“风水师”去勘查鉴定，然后是这边修、那边补；还有些人会以宅中有阴鬼之灵魂，要作法祭改之，请来神棍作法；……这都是主事者不

懂住宅风水之玄奥，才会发生被骗的情形。

其实，风水是一门十分科学的学问，它是一门结合了气场原理与光学原理的专业知识，若是能用现代语言，加上现代科学的观点来重新诠释，您就会发现，原来风水还可以这么简单！本书是专为刚入门的风水新生所设计的，内容浅显易懂，不用担心在学习上会碰到艰涩的地方，您只要跟着内容的进度来学习，绝对能够轻松上手。

二、如何分辨住宅风水的好坏

1.判断楼盘的采光面

常听人家说房子是“坐北朝南”或是“坐东朝西”，但是自己却听得糊里糊涂，搞不清东西南北，这其实指的就是住宅的坐向，这也是所有住宅风水的基础。

时代在进步，旧式建筑与新式建筑在结构上有很大的差异，早期的住宅建筑是向着马路的方向来建造，全部房子的方向均与马路平行而立，但是现代的建筑，并没有固定的方向来立坐山，并且大都改成公寓大楼的型式来兴建，因此这种建筑的房子其坐山立向就有很大的差别。

因为各个楼别使用面积的气口都不一样，其各方的采光面均不同。旧建筑住宅之立向“以门立向”（门所在的那一面即为住宅的向）的说法是正确的，因为旧式建筑的前面都有庭院，而门就开在庭院的正前方，这就是以门立向的源由。但新式建筑之立向就必须根据各户的采光面来论之为向，因为宅之气口由此而入，故以此推论之。

到底哪一面才是正确的向呢？以下提供几个分辨的原则：

（1）独栋住宅：一般独栋住宅的大门都开在正前方，而最大采光面也以大门为主。通常上下楼的空间设计一致，也就是一楼大门开口的地方，和楼上阳台的位置所在，如图1—1。

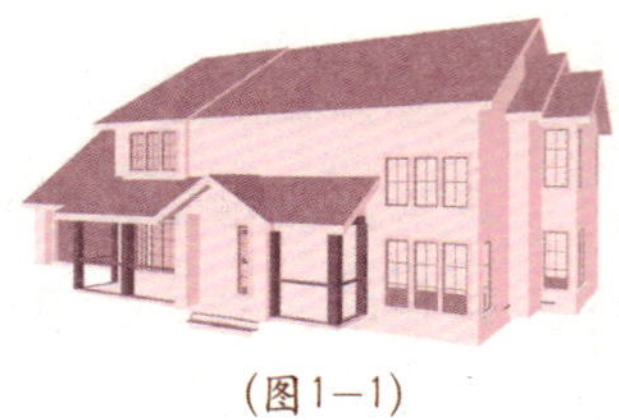

（图1—1）

（2）公寓式建筑：最大采光面通常是以大落地窗这一面为主。因为大多数公寓的大门开口是在楼梯或电梯间，采光面较小，因此不能论之为向，如图1—2。

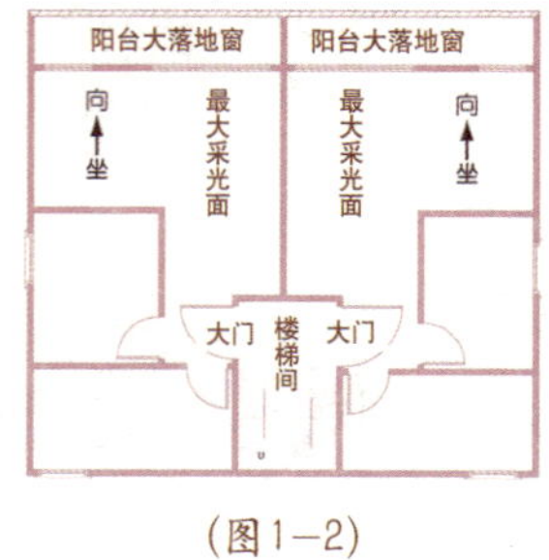

（图1—2）

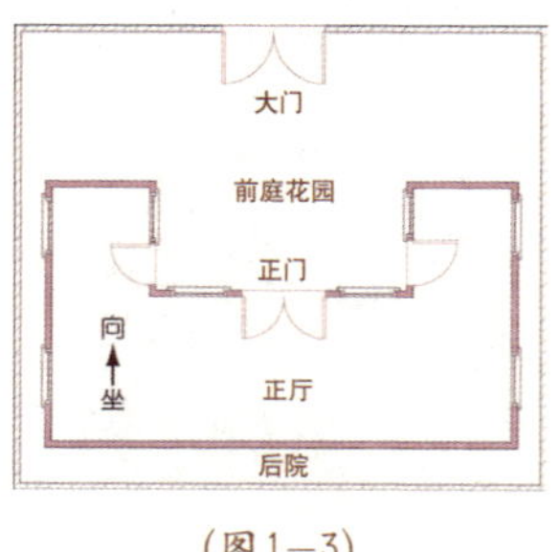

（图1—3）

（3）旧式三合院：最大采光面以正厅的大门为主，因三合院为U型设计，而此凹入的地方，正是光线透入面积最大的地方，故以这一面论之为向，如图1—3。

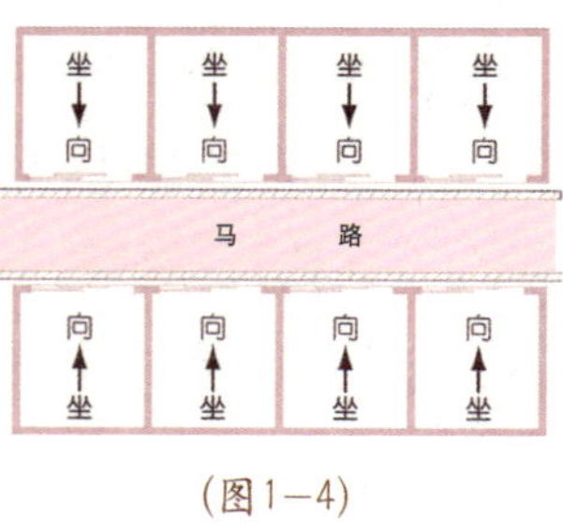

（图1—4）

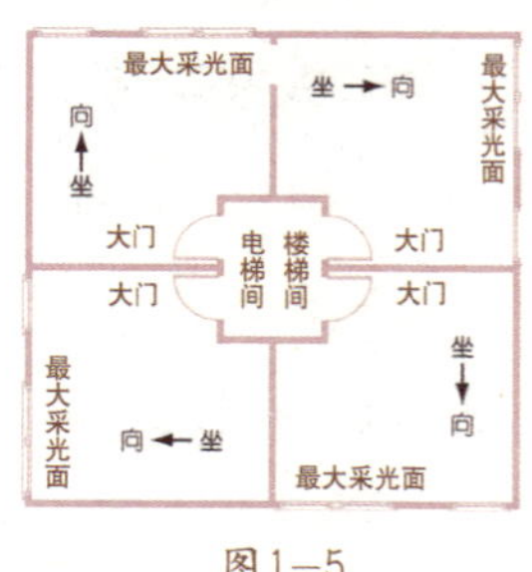

图1—5

（4）整排的骑楼式建筑：骑楼式建筑一般只有前后两面采光面，最大采光面通常以面向马路的这一面为主，如图1—4。

（5）多并式的大楼：依照大楼结构与规划的不同，虽然都位于同一栋大楼，但每一户之采光面可能都不一样，应此必须以各个采光面的多寡来决定向，一般以采光面最大的一边作为房子的向，通常都是指大落地窗这一面，如图1—5。

要辨别住宅的坐向，一般只需要找出住宅最大的采光面即可，不过在笔者堪舆的经验当中也发现有例外的情况，例如一栋大楼的最大采光面原本是在大落地窗这一面，但是当对面的大楼也盖起来之后，却遮掉了来自大落地窗这一面的光线，相反地，房子的后阳台因为有预留防火巷的关系，所以光线并没有被遮住，反而变成了最大的采光面，因此在论住宅坐向时就必须以这一面为向。

2.慎重辨别住宅坐向和方位

经常看到风水师手中拿着罗盘东指西指，罗盘上密密麻麻标示的都是地理的方位，因为风水最重要的就是方位，若是方位偏差个几度，可能所产生的吉凶祸福都会完全不一样。要如何辨别方位呢？最简单的方式就是以指北针来测量。

到书局买一个指北针(切勿买成登山用的指南针，因为两者的方向正好是相反的)，将指北针放在住宅的正中央，将指北针的指针有颜色的部分对准北或N的位置即可定出东西南北四个方位，然后只要面向住宅的采光面，就可以判断出此住宅的坐向了。

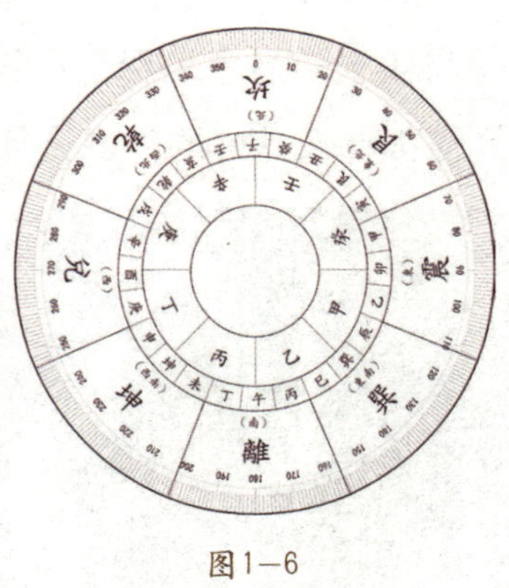

图1—6

3.五行生克的关系与五行生克制化表

五行生克制化的的关系在不论是在风水学或是命理学里都是十分重要也是十分基本的理论，所以建议读者在开始阅读本书之前最好能先熟习一下五行的相互关系，这对往后阅读此类书籍会有很大的帮助。

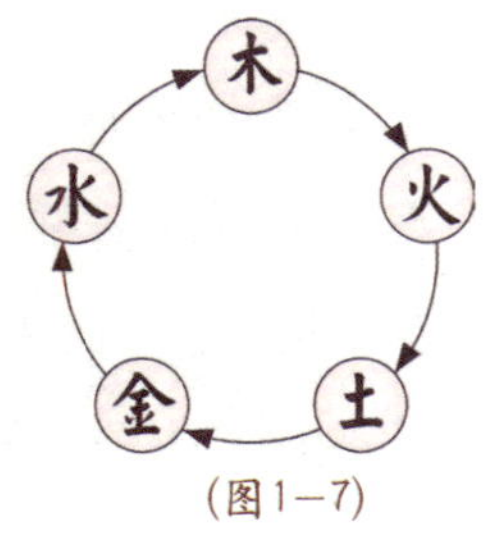

(图1—7)

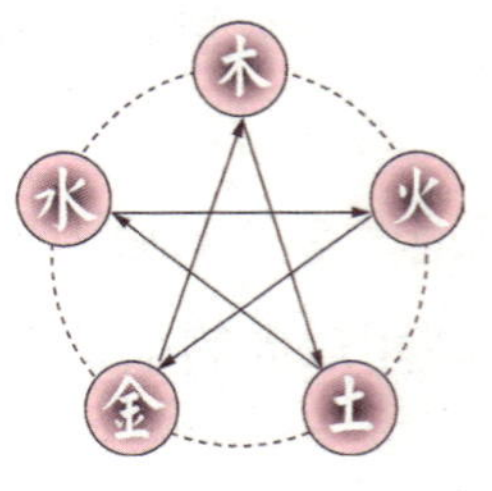

(图1—8)

4.如何分辨住宅的好坏

想要分辨一栋住宅的好坏，还真是件不容易的事，因为它几乎涵盖了风水学与住宅学当中的所有理论，换言之，只要了解风水学与住宅学之后，自然就会懂得什么是好的住宅、什么是有缺失的住宅。

既然如此，我们何以要从最困难的部分来开始学习住宅风水呢？想想看，大多数的人之所以会开始接触住宅风水都是因为切身的需求，譬如买房子、租房子等等，这些人面临到的第一个问题就是：怎样才算是一栋好房子？哪一栋才是适合自己的房子？什么房子应该避免居住或购买？所以笔者想借由分析这问题作为本书的开端，一步一步地来解决大家会面临的疑惑。

这样的内容安排，是基于坊间风水相关书籍大都有过于理论僵化及太过抽象的缺点，使许多原本对住宅风水有兴趣的读者因为教材的生硬而产生反感或感到却步，这样的安排不但可以解答所有的问题，同时也将相关住宅风水的学理与原则一并传授给大家，让读者不但“知其然”而且还能“知其所以然”，但缺点就是无法做比较深入的探讨，毕竟本书的用意是在于“实用”而非“专研”，引起读者对住宅风水的的注意与兴趣才是本书的宗旨，现在就让我们开始进入住宅风水的神秘世界吧！

第二章

房屋缺角与房屋凶吉

风水学就是研究气场与建物之间所产生的微妙关系，当气场经过一个表面平顺的建筑物时，气流就会显得十分顺畅，居住在此建筑物之内的人当然就能够身心健康、事事平顺。相反，若是建筑物表面凹凸不平，不论是缺角还是有不规则的突出物，都会影响到气流的流动，气流经过这些障碍物的时候就会产生乱流，长期下来对居住者而言当然就会产生伤害。这就是为何笔者一再强调，所谓最理想的住宅就是要格局方正、造型简单的原因。

或许大家会认为四四方方的房子有点丑，但是从空间使用的概念来看，格局方正的房子所能利用的空间都是最大的，同时也最容易规划出理想的隔间与动线，不过现代建筑多半是属于大楼或集合式建筑，加上法令规定现代建筑必须要有充足的公共空间规划，于是现代建筑很难再出现格局非常方正的房子，多半会有缺角的情形发生。再加上建筑师为了增加室内的采光，会在建筑外墙做出许多凹凸不平的设计，这些设计若不影响建物主体的完整性，对居住者的伤害还没有那么大，但若出现严重缺角的情形，住户就要特别当心了。到底房子缺角会对人有何影响？请看以下的说明。

一、怎样才算房屋缺角

基本上，不论在买房子或租房子的时候，房子的使用面积最好要寻找方正、平整，不要找歪歪曲曲、格局不正的房子，当个人运势好的时候，所找到的房子必定会是方方正正的房子，而运势不好的时候，就要特别注意了，格局要方正，运势才会平顺，做事才能按部就班、财源广进，运势不好时找房子就会找到有缺失的房子，找到格局不正的房子，就会出现毛病。

怎样的情形才算是有缺角的房子？若从学术上来分析，假使住宅使用面积的任何一方有缺角，而缺角超过使用房子的长宽线的三分之一，就论之为缺角。如果只有五分之一或六分之一，一点点的缺角也无妨，不必太过担心；假使使用面积四四方方有一半缺角的状况，这房子就是大缺角；三分之一缺角也会产生凶祸。

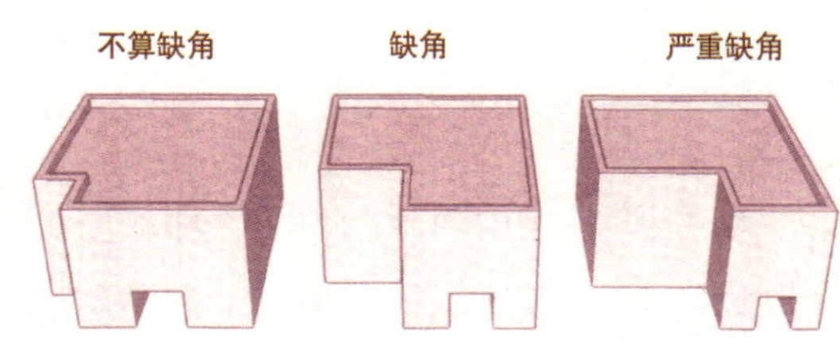

二、缺角对居住者的影响

居住的房子若是有缺角的情形，与居住者的身体健康有相对应的关系，我们不妨来谈谈哪一个方位缺角，会带给我们身上什么毛病；你可以特别留意一下自己的状况，是否与我们所说的完全相符。事实上绝对是一样的，只要房子的缺角达到使用面积的三分之一，或甚至到达一半，人的毛病与缺角卦位的五行绝对是相符合的。

1.房子的正东卦位缺角

若是房子的正东方有缺角的情形，正东方的五行为木，卦位为震，对应到居住者的身体健康方面，代表家里面的人会有肝胆方面的问题，若是经常感到疲倦、无精打采的时候，就要特别注意了，可能是肝功能出了大问题，最好提前去做健康检查，另外正东方缺角也会有筋骨、四肢上的病痛，容易出现跛脚的类型。

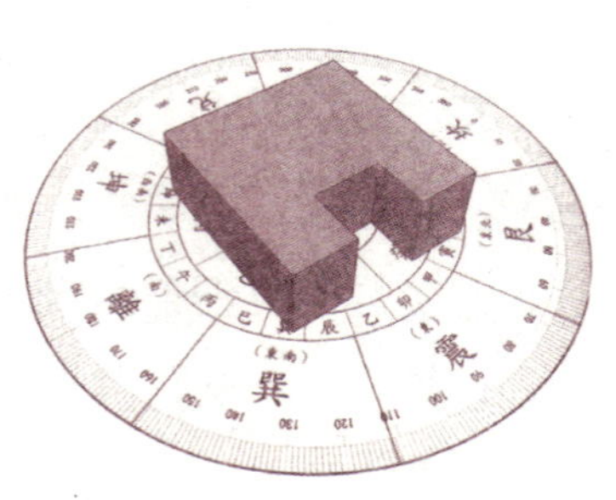

2.房子的正西卦位缺角

若是房子的正西方有缺角的情形，正西方的五行为金，对应的卦位为兑卦，而对应到居住者的身体健康方面，代表家里面的人会有皮肤、呼吸系统方面的毛病，包括肺部功能、呼吸道及口腔等都要注意，若是缺角严重者容易转变成肺癌。因此若有久咳不愈或呼吸困难等征兆时，尽快寻求化解为宜。

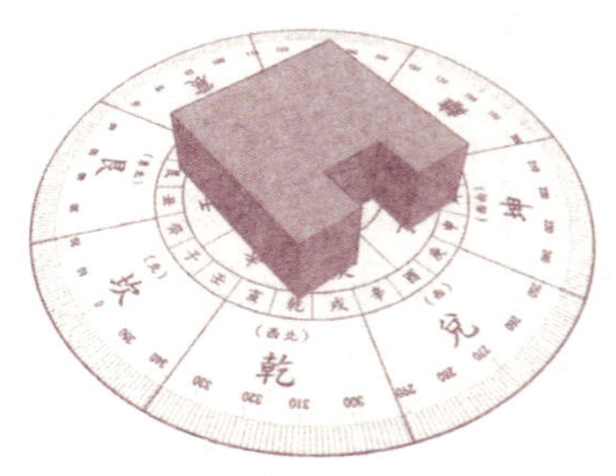

3.房子的正南卦位缺角

若是房子的正南方有缺角的情形，正南方的五行为火，对应的卦位是离卦，而对应到居住者的身体健康方面，代表家里面的人会有心脏方面的问题，另外，家里人的火气也会比较大，容易有便秘、痔疮等疾病。

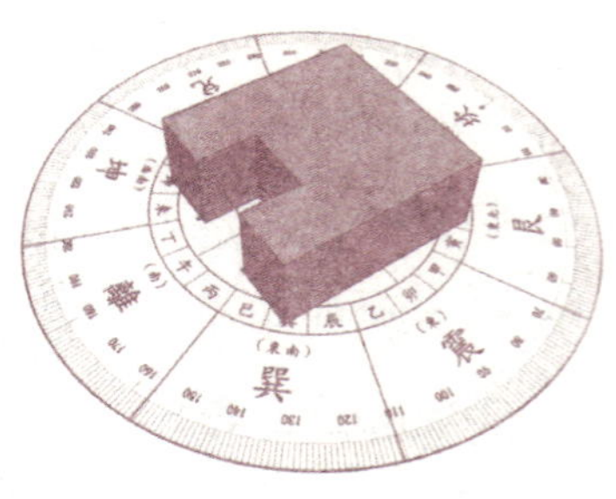

4.房子的正北卦位缺角

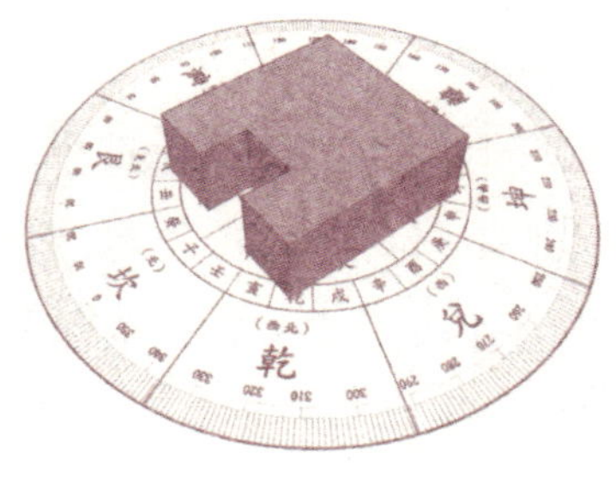

若是房子的正北方有缺角的情形，正北方的五行为水，卦位为坎卦，对应到居住者的身体健康方面，代表家里面的人会有肾脏、膀胱及泌尿系统方面疾病，如肾结石、膀胱结石、肾亏、尿道发炎等，而妇女则容易有子宫、生殖系统方面的毛病，妇人病会格外严重。

5.房子的东北卦位缺角

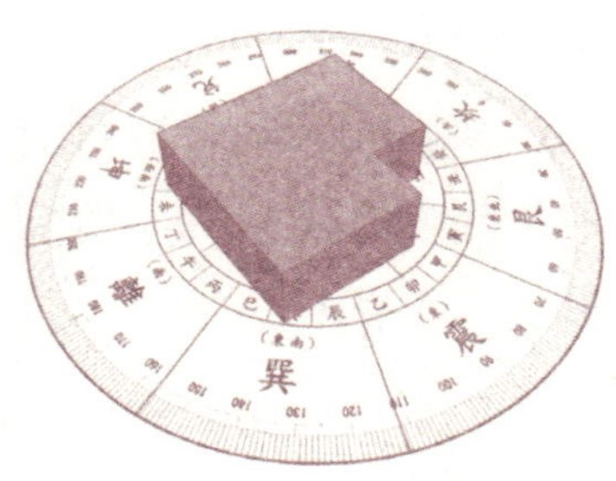

若是房子的东北方有缺角，东北方的五行为土，卦位为艮，代表胃疾、筋骨，为少男的卦。土质气特别软，气特别软的时候就会让我们胃里有胃酸过多的情形，所以你的房子如果是东北方缺角的时候，代表家里人会有胃酸过多、胃肠方面的疾病以及易有筋骨之毛病，或是常常有牙齿痛、牙龈出血的情况，甚至有健忘症，老人家有痴呆症，也容易有精神方面的疾病。东北方缺角要特别注意，不要等到产生精神病之后再来处理。

6.房子的东南卦位缺角

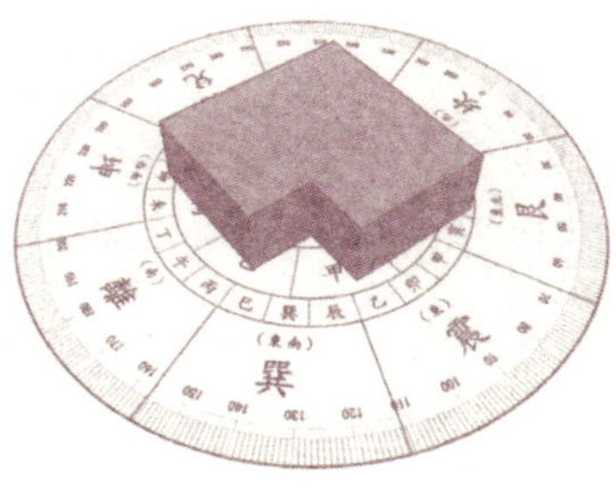

若是房子的东南方有缺角的情形，东南方的五行为木，对应的卦位为巽，而对应到居住者的身体健康方面，代表会有血液循环不良及不孕症，若是

东南方缺角，同时又有不孕症，建议您可以考虑换间房子，或许怀孕的几率就会提高。

目前市场经济条件下大家的生活都非常紧张忙碌，在生活紧张的情况下又遇到这种房子，再怎么检查，虽然都是正常的，不过也无法受孕，要从“风水”上直接改正才有效。东南方的缺角也会有十指酸痛、关节炎、风湿痛等症状。

7.房子的西北卦位缺角

若是房子的西北方有缺角的情形，西北方的五行为金，卦位为乾，乾卦代表头部，缺角会有偏头痛、血压不稳定的毛病，或是大脑、小脑的疾病，如脑瘤或脑下垂体的毛病，此外乾卦的气是头部所压下来的气，会带给我们有流鼻血的现象，另外会有横隔膜的障碍，这些都会影响家里男主人、老人家的身体健康。

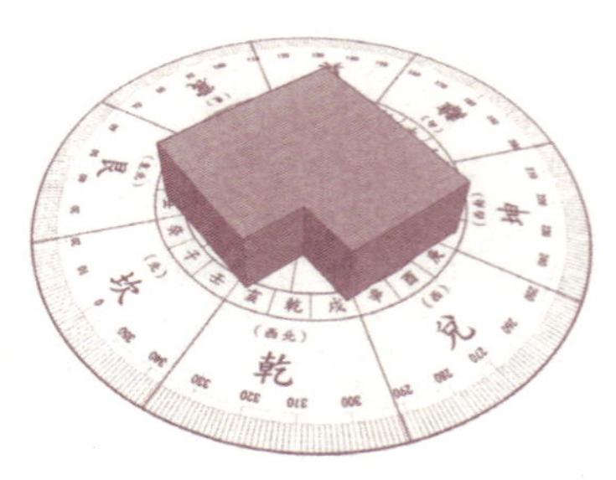

8.房子的西南卦位缺角

若是房子的西南方有缺角的情形，西南方的五行为土，卦位为坤，坤卦是老母的卦位，土代表胃疾，容易有胃溃疡、胃扩张痉挛等毛病。胃常出毛病之后，就会产生胃癌。所以西南方有大角缺，要赶快寻求化解之道，不要等到得了胃癌之后，再求医就不好了。

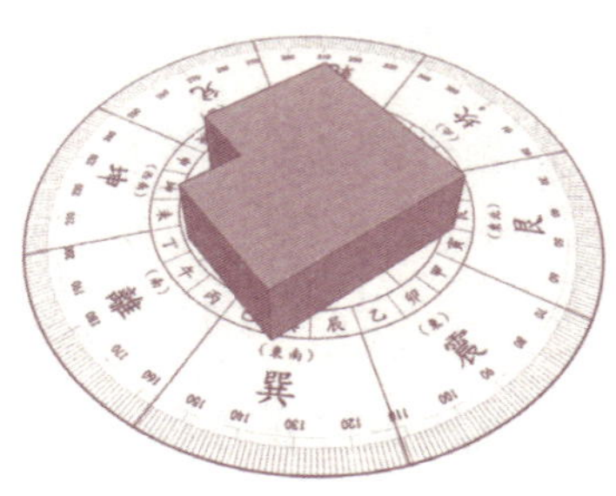

三、房屋缺角的化解方法

如果已经住到了有缺角的房子，是不是非要搬家不可?在风水学上有没有可以制化的方法?如果严重的缺角已经对你产生很大的伤害时，你当然可以考虑搬离；如果问题还未发生，在风水学上倒是可以利用五行生克制化之法来消除或减轻缺角所造成的伤害。

1.东北方、西南方缺角

如果是房子的东北方或西南方缺角，可以在缺角的位置摆放圆形瓷器就可以化解了，因为东北方和西南方的五行都属土，由土制成的圆形瓷器能够让气流产生回旋，圆形的瓷器花瓶放在这里，就会让整个房子的气流循环顺畅，把缺少的能量作自然的补足。

2.正西方、西北方缺角

如果是房子的正西方或西北方缺角，这两个卦位的五行属金，必须在缺角的位置摆放铜制或铁制的圆球或大圆桶，就可以相对化解缺角所产生的气。

3.正东方、东南方缺角

若是房子的正东方或东南方有缺角的情形，可以将圆形的盆栽摆在缺角的位置上，让气场完全化解。东南方与正东方一样，五行皆是属木，只要摆上一些绿色植栽物体就可以转化不好的气，让家里有肝胆、四肢毛病的人症状可以减轻。

4.正北方缺角

若是房子的正北方有缺角的情形，正北方五行属水，对应到的身体部位是肾脏，所以建议在缺角的位置上摆水缸或水族箱，建议采用会滚动的水球是比较理想的，当一个圆球在此让气场一直循环，水不断的转动，让水蒸气一直上升，也会带给气场无限的吸力，原来空间不好的气场就会被制化转为吉气。

5.正南方缺角

若是房子的正南方有缺角的情形，正南方五行属火，要摆相对应的物体来化解，例如水晶、玻璃琉璃，或是有尖圆形造型的物体，尖圆造型的物体可以让缺角的气场平和、中庸，故缺角处有相对应的物品让它改变，才能让我们居住者可以平安吉祥。

四、房屋缺角之案例说明

2006年的元月，适逢回家过年，碰到了初中的同学。当闲聊之时，同学说起他家里兄弟都没有生育子女，是否与风水有关。依风水的原理来判断当然会有一定的关系，因为我这个初中同学四兄弟均已结婚多年，兄弟家族都非常和谐，财富也都非常好，四兄弟与父母都住在台中的一栋私有住宅。经由同学的联络，我从彰化驱车前往台中帮忙看看住宅风水。

到了台中的目的地之后，审视了周先生的住宅，这是一栋独立的7层大楼，周先生一家人同住在这栋自己所盖的大楼中，虽住在不同的楼层，但兄弟所犯的问题都是一样的，结婚最长的有12年之久，最少的也有3年，但不知什么状况，每一对夫妻都不曾自然怀孕，就是以科技的试管受孕一样是无影无踪。房子是坐北朝南，但在西南方有一大缺角，另外在正北的卦位有一细长的凹陷，西南的卦位在先天八卦来论为东南的巽卦，先天巽卦后天坤卦，巽为骨盆腔，为子宫卵巢，当宅有了缺角，就代表了先天的子宫、卵巢有瑕疵，再加上正北方的凹陷，北方之水代表肾脏、性功能或为子宫，先天坤卦后天坎，先天坤卦凹陷主身体虚寒，体质酸性过高，因此判断此一住宅的问题必定与周先生的一家子息有极大的关系，因此建议若想快速怀孕，就得暂时不要居住于此。

周先生一家人听了之后，每个人都决定搬离这栋居住的房子。真的是一种巧合，也是一种风水的再度实证，不久之后，就传出四兄弟中已有两个兄弟的太太都在搬出此栋房子之后短短六个月的时间内顺利地怀孕。笔者在此也要建议想要生育而一直无法如愿以偿的朋友，何不暂时换个环境来居住，相信会因居住环境的变化，改变了你夫妻的心境，继而改变了你们的体质，想怀孕可能就有希望了。

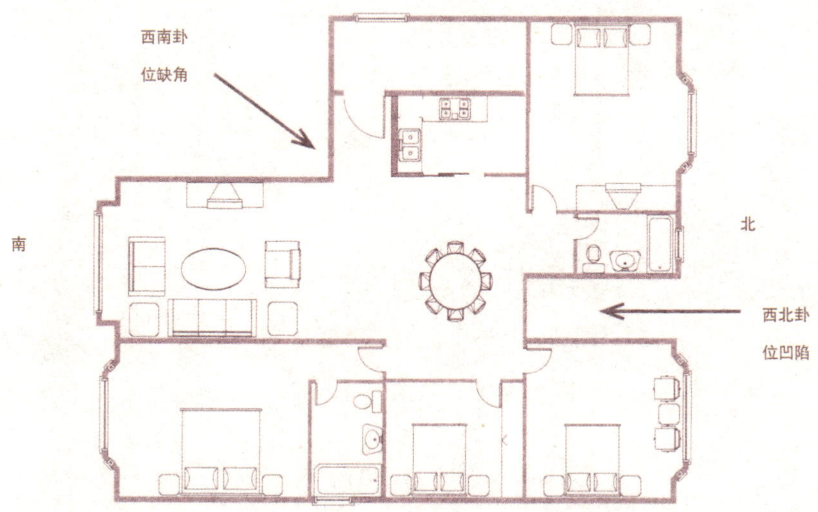

第三章 地基形状与住宅吉凶

一般人以为只有地上的建筑物才会影响到住宅的风水，其实不然，以风水学的角度来看，建筑物的地基一样会有风水上的吉凶对应关系。宅有宅气，而地有地气，两者是相辅相成的，房子只要盖在地气佳的土地上，再加上房子的格局规划得当，通常都会是一栋非常兴旺的宅第。相反，若是房子盖在地气不佳的土地上，就算地上部分盖得再好、再漂亮，宅屋不得地气亦难以兴旺。

其实地基与住宅的基本要求都相同，不论是地上部分还是土地面积，都要以方正格局为最佳选择，因为方正的地基最有利于地气的流动。但是在寸土寸金的大都市里，要找到一块格局方正的土地来盖房子的确是不容易的事，因此建商会充分利用许多畸零地来盖房子牟利，建议你在买房子的时候，特别是在买预售屋时，不妨仔细看一下建筑的土地面积使用情况，若是发现建地的形状是奇形怪状者，最好还是多考虑一下比较好。

宅屋居住之人的运势要平和稳定，只要外在环境没有其他的冲煞，方正格局的建筑能完整地合乎风水的自然动线原理，并以方正原理来兴建，未来居住之人的财运、事业、健康都不至于有问题存在，当然，内部的室内动线布置也是不可轻视的，所以建议你在请建筑设计师绘图之前能先请风水大师提供风水的大自然原理来配合，必能创造富贵吉祥。

一、地基正东卦位缺角

在选定土地要盖房子之前，尽量能注意一下面积的使用范围情形。假设面积的格局中，有缺角之时，则代表必定会有瑕疵存在。

例如地基面积的东方缺角，其缺角部份超过使用面积的三分之一，就可以论断为缺角之地基；未超过三分之一者，虽为缺角，但其影响居住者的能量，就会显得很薄弱，不至于有问题。但超过三分之一的缺角者，就会有很大的影响力。东方卦位的缺角，五行为木，其疾病方面论之为影响肝脏之病根，在人的身体上来论，大部分毛病为头痛、颈项酸麻、肝胆不顺，在身体的疾病论为气脉不顺畅、手指及血管之癌，易有肝脏、胆石、头痛、黄胆之癌。所以东方有缺角的地基面积，就必须特别注意这些问题，且应寻求化解之道，若真有凶厄之时，应敦请大师来帮忙化解。

二、地基正西卦位缺角

地基的面积，假使是西方卦位缺角，其西方卦位的五行就会产生力量，有缺就代表有失，西方五行为金，五气代表为燥气，五官则代表鼻子的部位，五脏则代表肺部。

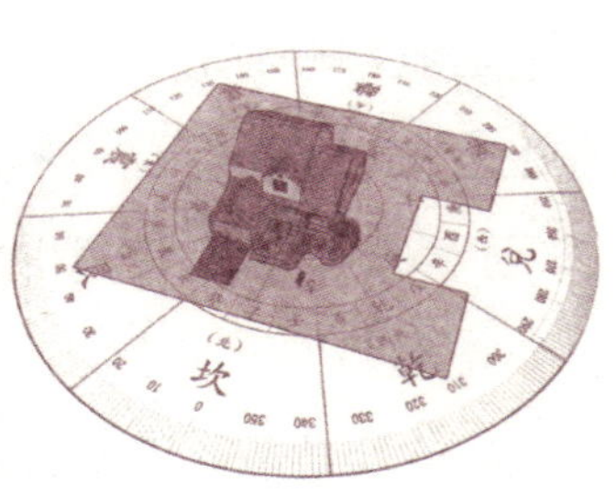

在疾病的产生就对应到肺部的疾病，肺炎、支

气管炎、鼻之疾患、精血不足、痔、疝气等，所以在选地基就必须以方正为吉，西方卦位有缺角，则为不吉之现象。在地基本身不理想的状况下，唯有以五行物来使其达到生成之原理，或者以风水地理的点拨裁剪方法，来作最适时的导气与修正，方不至于有疾病的不吉反应现象。

假设你的房子为坐北朝南，而正面的卦位又正好缺角，流年一到鸡年（酉年），都容易有财禄严重流失的情形。

三、地基正南卦位缺角

风水术语谓南方为朱雀方，朱雀如孔雀，是一只非常漂亮的动物，故以它来作为代表；亮丽也代表光明，南方的五行为火，火为明亮之象征，故有光明之意含。在住宅建筑的地基空间，假使在南方的卦位有缺角达使用面积的长度三分之一，或是宽度的三分之一，则代表缺角的位置会有吉凶的对应关系存在，但若没有构筑围墙，只是一片草坪，绿草如茵，则不致于有不好的对应存在。

假使有吉凶的产生，在凶的方面对应于心脏病、头痛、眼疾、脑的毛病，易有心脏瓣膜之疾、急性心囊炎、败血症、关节炎、中风、神经性心脏之疾，在上半身之毛病，会有脑部、心脏、舌头之疾，下半身为小肠之问题，南方之五气代表热，五官代表舌、五脏代表心。

宅基南方不吉者，平常也会有两肩沉重之感，所以住宅建筑地基的南方有缺角，亦属凶象，为不吉之格也。

四、地基正北卦位缺角

住宅会因为周围环境的空气对流产生居住人的一切吉凶祸福，那外在的空间，各个建筑的高低或山的高低、水路的流向都有其相对应的五行力量产生，但地基的位置会受周围之气的影响，地基的面积构筑也同时与周围形成吉凶对应的根源。事实上，这就是风的流动力学原理。风的流动就会带给周围环境气流的排放，在排放之间，温度就同时受感应，也因此就有吉凶祸福的区别。

在国外，一般地基的完整与否与居住人的吉凶祸福关系较弱，为什么？那是因为在先进国家的居住环境是不允许有围墙的设立，但较落后的的国家，或治安较差的国家必定都会有围墙的设立。因此，只要地基有缺角的情形，就会受围墙的墙面、导入空气的冲煞逆流，也因此会有吉凶之对应情形。

地基若为北方气卦缺角，北方五行为水，五官所属为耳，五脏为肾。所以只要北方有缺角的地基都要论之为易患生殖器毛病、腰酸背痛、肾脏之疾、脑神经衰弱、耳病、眼病、脚气病、近视之症、子宫、膀胱之疾，故不可不慎也。

五、地基东北卦位缺角

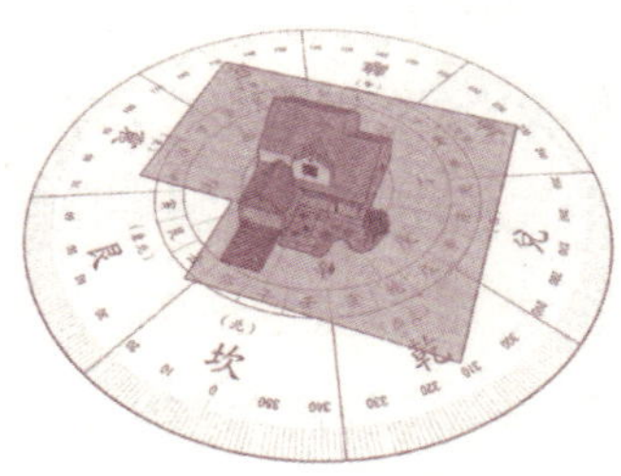

宅基的土地须求完整，假使宅基的东北方卦位有较大的缺角问题，则代表着居住的人易有跛脚、长短脚之现象，或者会有脚疾之人出生。东北艮卦在五

行学中又代表人的思绪精神官能部位，所以有缺失之时，其病症自然会产生。

在五行理论中，东北艮卦为五行土，疾病之症代表脾胃、骨头、消化器。五气为湿，五官为身，五脏为脾。

常见住宅地基中，有东北方卦位缺角之情形时，依风水地理的气流原理统计分析，大致常见毛病有：胃肠病、胃酸过多、牙齿神经痛、胃癌、胃痉挛、胃出血，亦常有健忘之症、肋骨之疾病也时有对应，皮肤之毛病也会常光顾居住之人的身体。

在五行的运转生成原理中，东北方卦位缺角，宜以火之五形物或土之五形物体为济补之宝物，只要适时的将五行之气，以后天的摆设来化解先天之不足，相信同样有补足缺失的能量。

六、地基东南卦位缺角

地基缺角部位，会引导空气流到缺角的墙面，以外在的风吹袭缺角的空间，风会有回风之气流，因此就会让空间方位产生不同的温度，以致于会有吉凶的对应关系。

东南方位为巽卦，巽卦之六亲为长女。但住宅地基的缺角若偏向辰位（偏东）则主家里有生肖属龙的女孩较易对应到，若偏向巳位（偏南）的缺角，则主家中有生肖属蛇的女孩较易有感应，若家中的长女又正逢此一生肖，则其严重性升高，东南的五行为木，其卦意含有骨盆腔，因此有东南巽卦缺角的情形，家里女人所对应的大部分为骨盆腔的毛病、子宫、卵巢的问题，在生产的过程要特别注意，易有血崩之现象，常见会有家里妇女不孕之情形。若以身体其他部位疾病来论，则断定为肝胆、筋脉之毛病，手指与颈项常有酸麻之情形，胆石之症也常有发生，腰酸背痛难免。

故在住宅地基的选择，建议你还是以方正为用，以免因地基风煞而影响了家里面成员的健康，以及财富方面的障碍

七、地基西北卦位缺角

西北方为八卦之乾卦，此卦之卦气主刚强，“乾”代表天，“坤”代表地，故序卦传言：“有天地，然后万物生焉。”天地为万物的创造根源，这是大自然的法则，其卦意又代表着至中、至正、至刚、至大。在住宅学理，乾卦代表着头部，乾亦代表老父，即六系中首要之人。在五行理论中，乾卦为纯阳之金。

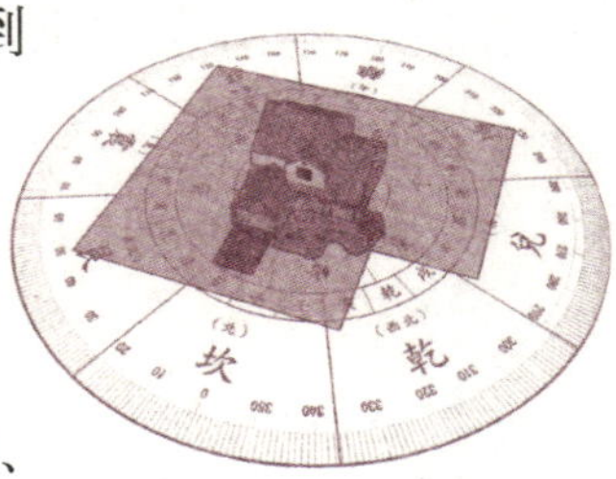

故若住宅的地基西北方有缺角之现象，则会伤到家里的长者，必为男性朋友，对应之病症为头部之症，胸口郁闷之疾，肺部支气管也易有感染之情形。因此不管什么方位的住宅，地基有西北缺角之情形，均属不吉之格局。在五行对应理论中，其应期为6旬、6个月、6年，所以居住在此种住宅中，短时间内就会发觉不对劲，还是聘请大师为你做整体之诊断，以保万无一失。

八、地基西南卦位缺角

建物地基的西南方若有一大片的缺角，则会影响居住主人的脾胃之疾，以及骨头酸痛，严重者则为肌肉萎缩之毛病，因此易导致骨头的支撑有问题，或者为骨质疏松的毛病会快一点。

依笔者三十几年的风水地理服务经验统计，坐落空间或地基的西南方卦位，即八卦中的坤卦位有较大的缺角情形时，则会有胃酸过多、胃下垂、胃肠病、牙齿常痛、牙周病、胃溃疡、脊椎有骨刺、家里小孩有异位性皮肤炎，或皮肤组织较差之情形，老人家则易有痴呆症、健忘症，故在选择地基时，其必须要求面积方正，假使建筑地基的西南方有缺角，则应在此方位，以假山或以土推的构筑来化解缺角之煞气。

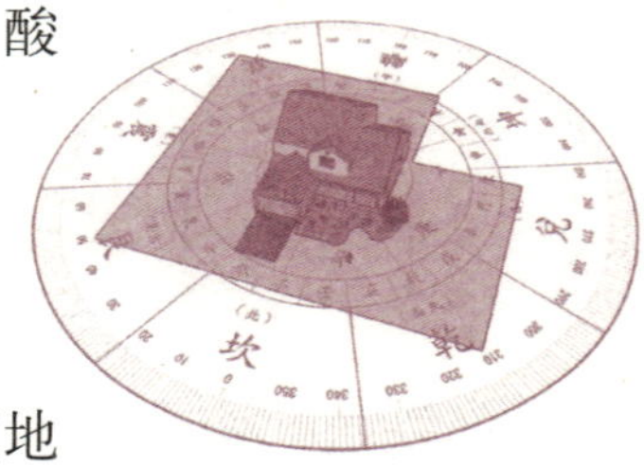

事实上，宅就是受风的流动侵袭，以假山、土堆的构筑，则能转风到另一空间，不致有直冲之现象，也不会有较严重的问题产生。一般有西南缺角的地基，在住进之后，两年期间内，都会有明显的对应。

九、前宽后窄格局地基

平常建商的土地规划，为了要求美观的考虑，以及在不懂风水的大自然理论的情况下，建筑师就依其个人之喜好，来将土地规划区隔，其最先考虑的就是马路的问题，所以常会见到土地面积乱七八糟的情形；有缺角的问题，有前大后小、有前小后大的土地区分规划，也因此会影响未来居住者的运势吉凶。就以前宽后窄的面积来论，这种格局在风水理论中，论之为“畚斗地基”，畚斗本为在整理环境时，要将垃圾清理倒掉的物体。假如房子前大后小、前宽后窄是宅的形状，就自然原理来论，其气无法久聚使用空间之内，容易往前倾倒外泄，故属不吉之格局，在风水的断验为散财、失财之象，流年天星量能投入在这种空间的坐向时，则当年必定会有损财主情形发生。故在选择地基时，这种格局也是属非常不理想的，一定要特别慎重的评估为吉。

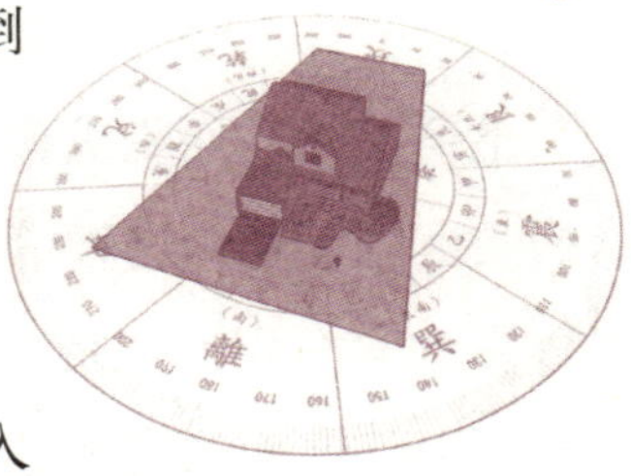

十、前窄后宽格局地基

建筑物所面临的使用地基，与居住之人有其必然的关系存在，假使一栋建物盖在土地面积为前面宽度长度小于后面、后面的面宽长于前面，这种前窄后宽的宅基，在风水理论来说，论之为“瓮底厝”，宅基如瓮、如瓶罐，只要气一流入，则气能完全地汇聚，主本建筑物之使用者能发富贵，气旺则财旺。

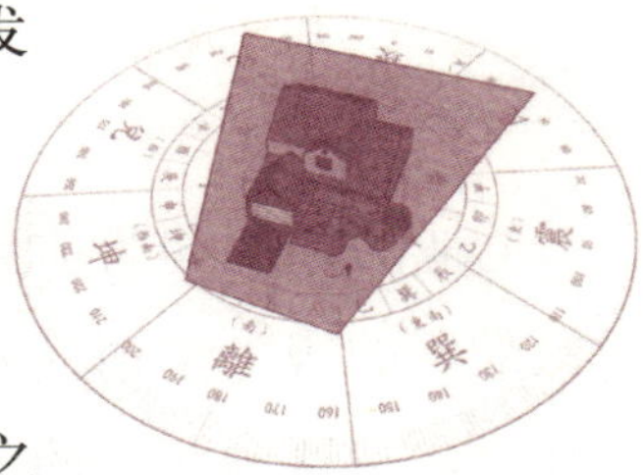

但宅基得气，若建物之格局、内部格局及外观格局不理想，则虽居宅基大吉之地，亦难有发挥的余地，所以笔者才会常建议社会大众，在择屋而居之时，须以方正为重，以合乎自然动线作最好的规划，内外均合乎了中庸之道，相信财富健康必能有好的表现，财源广进。

十一、前后窄左右长之格局地基

宅所使用的面积或建筑的地基，呈现横面的宽窄状况，前后之距离短，左右的长度过于宽，这种情况，就主气无法凝聚，居住之后就代表财气较弱，住宅最喜欢的面积比例是：前宽二、后长三之格局最为理想。但若前面的宽面过大，深度太窄，则其气就有不聚之象，不管任何人来居住于此，八字命再好，也只能维持平和而已，八字命运低潮时，则整体运势就会一落千丈。因此在选择建地或建物时，最好以方形格局为用，若碰巧自己的土地为瘦小的横面面积，则建议分两区块来使用，不要将房子建于面积的中央，可将房子建于一边，另一边则规划为花园、庭园，如此就能化解气的不聚现象，风水地理。本是空间的大自然环境学，只要能适时适地的规划，虽属不吉之地，也能化腐朽为神奇。

十二、前后长左右窄之格局地基

土地的地基如为前后较深长、左右较窄之面积，最好的规划定前面左右的宽度为前后深度的三分之二，这种面积的使用最理想，因为后面盖了房子之后，还能有前面的庭院空间，这样的空间，每天的进出与居住，都会感到舒适宽敞，气也比较能凝聚在空间中，气聚财则久聚，发富贵

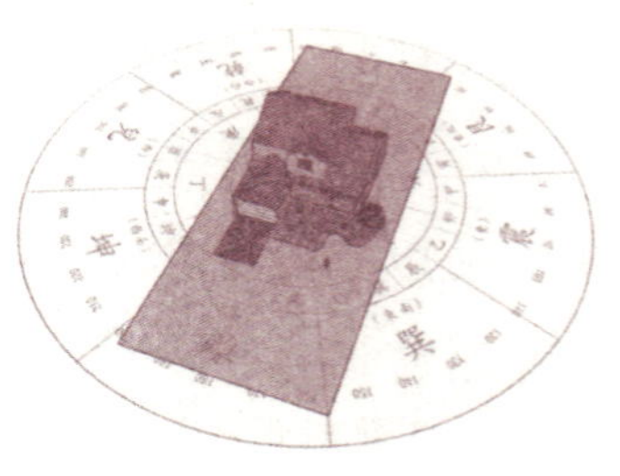

就不难，气不聚，则财必败，住宅的基本理论就是谈藏风聚气，所以空间的舒畅咸是非常重要的，舒适成就包括有藏风聚气、阳光的充足、空气的对流顺畅，外围水路的交会来去，都有相对的关系。

十三、左长右短格局地基

地基的面积，左边较长、右边较短，或者是建物的使用面积左边长右边短，在气的运行中，宅屋或者宅的地基的边长不同，受风的侵袭空间也就不同，风的流动环绕地基或宅屋，会使整个地基的边线有各种不同温度形成，也因此会导致居住之人的身体健康，或财富的多寡。在左右的区别中，左边为男人之问题，右边为女人之问题。在风水的断验中，若只以大自然的地基空间面积或以宅屋的建筑面积来论断，其左长右短之情形，就代表此地基或宅屋之中的人，必有损妻子或女儿之情形，固有其形象之宅基或宅屋都必须非常小心的来规划住宅，作适当的修改制化为吉。

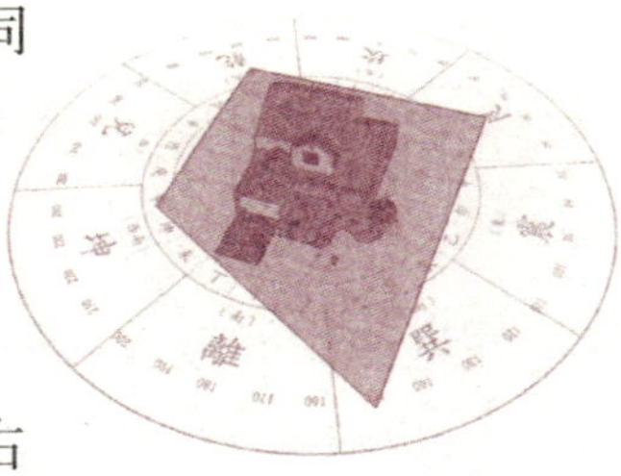

十四、左短右长格局地基

建物的地基假使是左边较短，右边较长，此地基是属于不吉的，左边为阳，右边为阴，左右之长短不一，必定会造就居住之人平安与健康之问题，在六亲方面，左边代表男人，右边则代表女人，故只要建筑之地基有右边长，而地基左边的长度较短，就代表会损男性，但若是前面的短缺，主损长男，假使是建物使用面积有同样之形状亦同论之。笔者曾为一位朋友鉴定过住宅，他原育有三男两女，但是不知怎么搞的，在一年当中，大儿子在军中服役时意外猝死，二儿子则是车祸意外伤了脊椎，如今还躺在医院里。这位朋友怕家中再有人出意外，于是找笔者帮忙鉴定。经笔者勘查过之后，发现房子本身问题不大，再往外一看，才发现庭院左前方缺了一大角，询问之后才知道是一年半以前因为道路拓宽的关系，院子的左前方土地被政府征收去，才造成宅基缺角的情形。

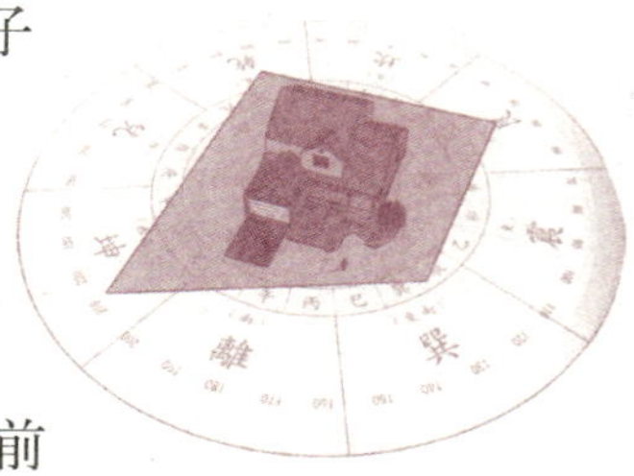

十五、坐北朝南宅基，西北卦位盈凸

住宅使用的地基面积，常会因周围别人的土地要出售，原本面积是四方形的，为了想增加面积，而买了隔壁的土地，假使是买下来的土地与原有土地合并之后，其宅基为正方之形，则不致影响居住之人的种种问题。但假若宅基是坐北朝南，而买下来的土地是右后方的西北角的土地，其面积又不大，因此会形成盈凸之情形，此盈凸之角为西北方之卦位，以坐北朝南的北方坐山起卦，算至西北方为桃花之位，故宅基的西北微凸或盈凸，风水断验为“老翁犯桃花”或称为家中宅主有桃花劫之象，或为平常易花天酒地的情形发生。

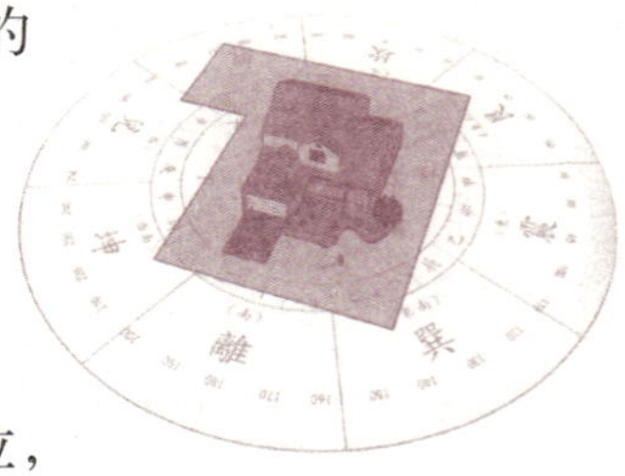

十六、坐西朝东宅基，东南卦位盈凸

地基之东南若有缺角，在风水断验为骨盆腔之症，易有生产血崩或子宫肌瘤之情形，但若为盈凸也同样要去注意气的对应关系，若宅基或宅屋为坐西朝东，而在右前方的东南卦位有盈凸之面积，则代表宅中之长女或宅母易有子宫肌瘤之现象，甚至也会带给宅中长女在外，易有感情之困扰，易有三角恋情，或与有妇之夫有恋情存在，宅中的女主人也较会有心性不稳，易有无谓的异性纠缠之困扰，若再加上宅中的床向没有摆设好，则可断验，宅中女主人会有红杏出墙之疑，此种现象只要懂得在宅中或宅基寻求自然制化，自然可化解。

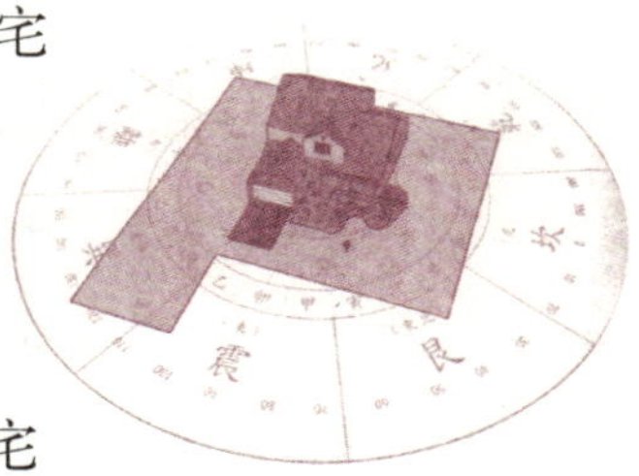

十七、坐北朝南宅基，东北卦位盈凸

于1996年间，应南非的侨界富商邀请，前往鉴定住宅，富商蔡董事长从美国再辗转移民南非，但到南非之后，凡事都不顺畅，小人是非、官司诉讼不断，因此特别从台湾的友人打听到笔者。

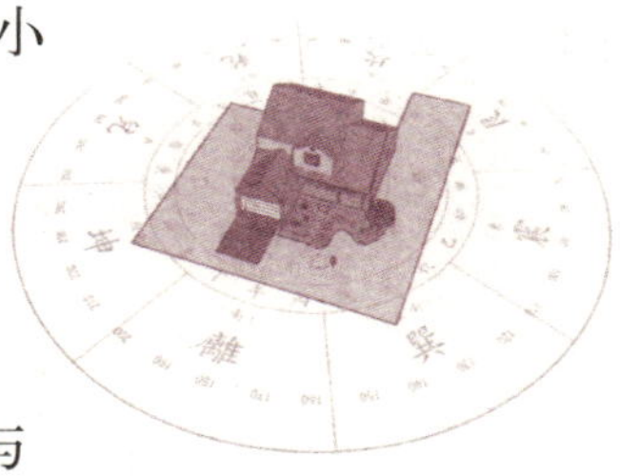

到了南非约翰尼斯堡的蔡府，此为一豪宅，建地有几千坪之大，经实地勘察之后，其住宅之坐向与宅基均为坐北朝南，宅基的左后方有盈凸的土地，建物的左后方也加盖了车棚，形成了地基与宅屋都有微凸之忌。在风水断验里，坐北朝南的宅基或宅屋有东

北盈凸，主家中男性或少男之是非官讼问题。而自从蔡董事长搬到这栋房子之后，其儿子所经营的事业与其所处理的事情都会碰到很多小人的伤害，也验证了风水的奥妙。

十八、坐南朝北宅基，西南卦位盈凸

坐南朝北的宅屋地基，在地基的左后方有盈凸之面积，则代表此宅之宅母虚伪、浮华爱面子、好交际、易有桃花劫，故建议在找土地要兴建房子时，若有碰到坐南朝北之宅基，西南方有稍微多了一块盈凸土地，则应将盈凸之面积割除，以大树隔绝或围墙来作完整的隔开，否则到了家中女主人有桃花之问题时，要再来修改，恐业已成性，则必须再过些时间才有可能完全的更改过来，慎之。一般有如此之宅屋地基，在风水断验论法为红杏出墙格。

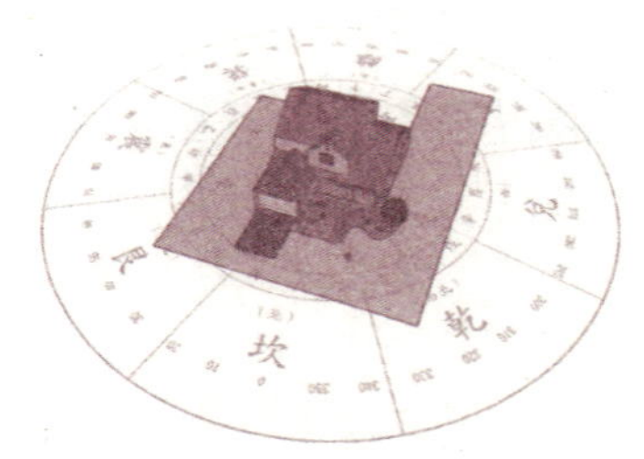

十九、坐南朝北宅基，西方卦位盈凸

住宅使用面积有不完整之情形，对风水地理的大自然理论，均论之为不吉，只是不同卦位，不同方向有不同理论而已。

假使坐南朝北的宅基，其使用面积的左边中间有盈凸之情形，则主家中少女虚浮、不受教，也代表家中的女儿易交到损友，而带给家中很多的麻烦，平常这种宅基，于现今“e世代”的社会实际面来判断，则意指家中女儿，会沉迷纸醉金迷、堕落而叛逆、不好管教，一般这种状况大多会发生于富家子弟身上，所以建议家中稍有财富之时，要选择地基或盖屋，请个风水师来指导，相信必能得到好的宅第，也必定能帮助家庭的圆满和谐。

二十、坐西朝东宅基，南方卦位盈凸

宅基的方向为坐西朝东，而右边的中间土地面积有盈凸之情形，若只以形象来看就如同一个人的腰部被枪顶住般，故此种形状必定会带来宅第中居住之人的麻烦事件。

坐西朝东的宅基在正南的卦位有盈凸之情形，代表宅中女儿易犯五鬼小人，易受坏人纠缠，在外行事一定不顺畅，故宅中若有此状况时，应将面积植高树作阻隔。若为住宅的使用面积，则应在此方位摆放盆栽来化解盈凸之煞气，否则流年逢到丙、午、丁的年度，宅中之五鬼是非就难以化解。

二十一、坐东朝西宅基，西北卦位盈凸

坐东朝西的宅基在右前方西北之卦位有盈凸之面积，必定会带给宅主有官讼是非之情形，此种宅基或宅屋虽能带给财富旺盛，但每一进财之时机，必同时有官讼是非或五鬼小人的伤害。

假使你的宅基或宅屋有此情况之时，建议你应该在此方位放置鱼缸或水池来化解煞气，也就是利用水来让西北卦之五行金能量泄气（贪生忘克之理）。五行就是利用气行来作互补作用，或泄掉能量亦吉，这就是依生旺衰囚之五行来作运作。在这种状况的宅基或宅屋，严重者会导致宅主堕落，因心烦而常有酗酒或精神崩溃的情形。

二十二、坐东朝西宅基，东北卦位盈凸

坐东朝西的住宅地基或宅屋面积，于右后方的东北方有盈凸之情形：主宅中小儿子或宅中男孩有不正之行为，在现今社会中，我看过很多宅中儿子参加飙车或参加不良帮派的情形，其宅屋常见是因坐东朝西，但在右后东北卦位有盈凸，此种格局的宅基或宅屋，会让家中的少男爱野，每天只会谈恋爱、飙车、

耍帅、上酒家花天酒地，轻者爱耍帅、泡女孩，重者为好吃懒做、花天酒地、参加不良帮派之行为，故只要宅中有此状况之时，应在此方位以圆形的大水缸或花瓶来导气，就能化解一切。

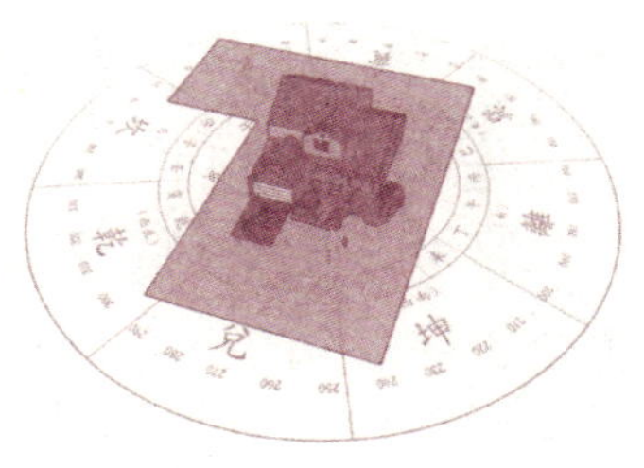

二十三、三角形地基

土地常会因为城市的规划问题而被切割成各种形状，例如，一个交岔路口，若为十字交岔口，则先前的土地必定是正方格局；但如果为“丫”字三岔路，则先前的土地则呈三角形，此土地地基则为前尖后宽之现象，在风水理论中论之为“退田笔”。

三角形地基虽属不吉之地基，假使能有好的规划，反而能借煞为官，反能招财、招权。一般这种形状的地基论之为官司诉讼多，且流年一到则退财，但若能反煞为贵的话，此种三角形状反而能带来权威及地位。

三角形的地基外面马路会形成丫形，此丫形路就如同剪刀之形状，故也论之为“剪刀煞”。剪刀带有锋利的刀锋，能破金之五行及木之五行，所以在这种形状的地基宅屋，若从事有金属之类或有刀之行业都

属吉利，中药生意、铁工厂生意都很适宜。

在菲律宾，笔者曾堪舆过侨界领袖高先生的宅第，他的宅第就是在剪刀口，但他富甲一方，在侨界及菲国政府有很高的地位，这是因为高先生所经营的产业恰恰是属金的行业，这就是住宅能借煞为用的特殊形状宅基。

二十四、倒三角形地基

三岔路口之地基，还有一种情况，就是有时也会呈现倒三角之形状，倒三角则地基为前宽后尖之现象，三角在五形状理论中论之为火星，若建物之后方为尖尾之地基，则此地基论之为火星拖尾，人居住此形状之地基上是属非常不吉利的。

流年到房子的方向磁场，易有火灾或散财之现象，宅中居住人之生肖若与宅之量能有正克之情形，流年一到易有横尸街头或意外血光及开刀的情况发生，所以这种宅基是非常不吉利的。

此种宅基若土地面积够大，则应割让尖角之部分来作路边之公共设施区域，化解尖形之风阻，以免去对居住人的伤害。

二十五、直角三角形地基

住宅地基为三角形，但建筑物未盖成前宽后尖、或前尖后宽之情形，而盖在三角形的平行线上，此形状大致为一个四方面积，由对角切除，有时是碍于马路进出的关系，或屋主自己的无知，常会斜边而盖，斜边而立的建物居住在里面，经过一段时间之后，必定会带给全家不平安，因这种形状也如同菜刀之煞形，故会带给居住者血光不断，官讼及在外打打杀杀之情形，常会有出流氓的情况，故不得不慎。像这种宅基在自然原理的原则下，很难有更好的裁剪方式来补足，所以建议碰到这种情况，唯有搬家为吉。

二十六、“L”形地基

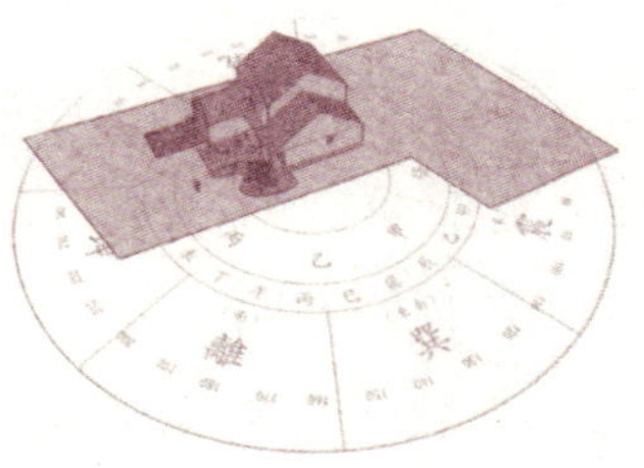

住宅的地基或是宅屋的形状有时候会呈“L”形之状况，其形状相等于地基缺角缺卦之问题，若此地基或宅屋定作为营业之场所，则论之为贪污之

格局，现代之建筑有很多大楼都是以“L”形之形状来兴建，因此也就造成了企业的不稳定，人员和财气流动很大，并且公司集团内部时有贪污的问题存在。

因此建议读者，若碰上“L”形之土地面积，则宁可放弃，免得日后麻烦。或者是要盖栋房子，买间楼房，假如其面积为“L”形，建议也应少取，免得因小失大。不然就应把“L”的角切开，独立使用，只要不把整体面积贯通来做使用面积，则能有化解之功效。

二十七、湾抱面的地基

马路的规划，是一般小市民很难掌控的，有时机运一到，整个区域的都市计划就会将财气送到你家。以前笔者有一名客户，原来是在自己的土地上盖了一栋三层楼楼房，但适逢市政府的区域规划，后来将马路正好规划经过了他的家门前30米处，而且正好来到劈垦面前，马路的形状转为湾抱之形状，从马路兴筑完工之后，他就一帆风顺，财源广进，到现在已有10年之久，也造就了他成为数十亿的亿万富翁。从这种实例当中的统计来看，你还能不相信风水吗？

事实上他就是受到外在气的环绕，气聚而财聚之状况，所以才能有这么多机会投资赚钱。第一，他外在事业有赚钱，因宅屋之前有圆融之气，故人缘很好；第二，这个土地由市政规划后，地价全部大增值，这完全是气的助力。

从风水五行的角度来分析，形成湾抱之后的地基，前圆而后方，依形状五行来论，圆形面五行属金：方形面五行属土，故在风水学上称这样的地基为“土金相生”之格局，只要是将房子盖在这样的地基上，不论是做为住家或是店面、办公室，都主大富大贵之相。

第四章

住宅形状与吉凶关系

随着时代的变迁，人的眼光也要同时跟着改变，就如家具、汽车、房屋的外型都有一贯的循环，时而制造为方形、时而制造为圆形，又有时会被设计为长的流线形，这些都是天的五行量能来干扰人类的思考与喜爱的结果。

住宅建筑每一个朝代、每一个时期，其外观都会有很大的出入，也因此，每一种流行的外观，可能当时是最好的、最佳的造型，但是，它不是永远不变的形状，而少数能够一直流行，且能让人永远感觉舒适的，就是方正，中正，中庸的外型形状。建议我们读者或建筑师们，当你下笔规划一个案子的时候，就要思考，你所设计的房子是要永远让人喜爱，或是短时衬托你的高智慧设计，这才是最好的设计作品。

每一件设计作品的外观在设计完成之后，它就具有你所赋予它的生命力，因此，每一栋建筑的外观就可以印证它的吉凶祸福，其外观的形式会直接主导其未来的旺衰。每一栋楼房的形式在风水学里有区分为办公楼使用，或百货商场之用，或者是住家之用途。有些外型的房子在作为住家时，会为居住的人带来平安、健康、富贵，但若用作商场却可能有完全不同的情况产生；而建筑物的外型为商场百货的气势形状时，若作为住家使用，也不见得会带来平安健康。

一、“T”形建筑的吉凶

建筑商在作整体规划的时候，若将建物构筑成“T”形之主体建物，其形状如同一艘帆船，这种建物会带给居住此环境之人有飘荡不安、凡事不稳的情况，在风水学术理论里，论为“船形煞体”，它会让后代子孙产生不良之象，嫖、赌、毒不离身，最终将放荡所有财富，故在选择一间房子的时候，千万不可随性的购买，必须审视整体环境之气场，环境能导致空气间的风向流动，当你居住在旺宅中，一切顺心，但当居住在不吉之宅时，经过短短的时日之后就会应验，但如果要从环境之气中完全排除体内长年累积进来的坏气体，恐要就要花上很长的时间来调养了，慎之！

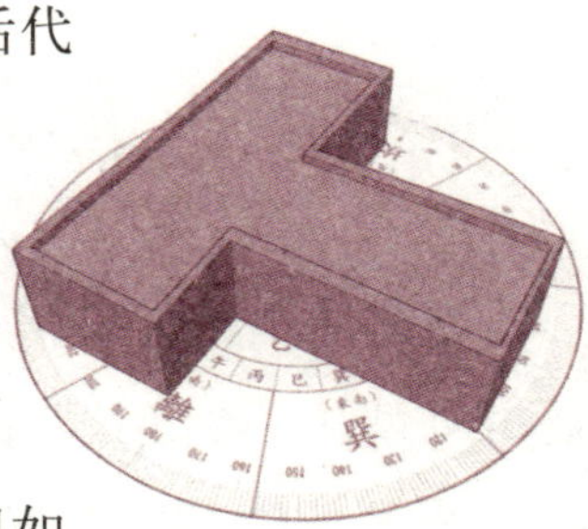

二、“L”形建筑的吉凶

建筑商盖房子时，若以“L”形的建物主体作主要建筑规划，这种情形，对建筑商的兴建过程就会碰到管理阶层有贪污的现象产生，故建议建筑开发商在设计主建物的规划初期，应避免以“L”形来兴建，免生烦忧，阶梯式的上下“L”形与平置的“L”形同论。

一个购屋者在买屋之前，也应慎重的过滤欲买之宅体主建物形状，因为一栋建物的主体若为“L”形之模式兴建，则建筑商在盖屋的过程中必定会有贪污的现象，一贪污之下，必定会有偷工减料之情形

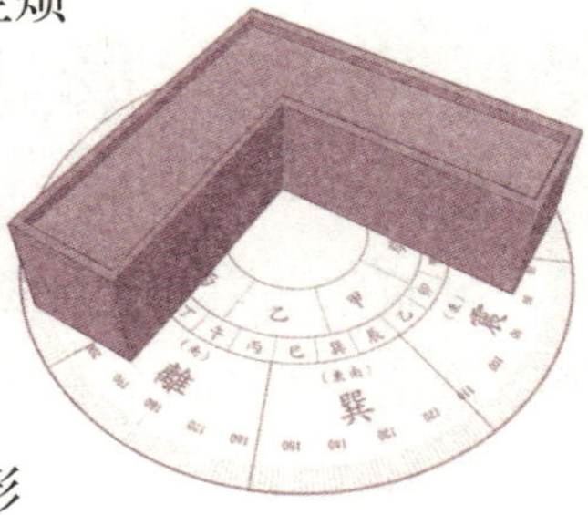

发生。不见得是建筑商偷工减料，也有可能是工程管理人员与承包商配合而未依实际规定的建材来施工，因而产生偷工减料的情形，故购屋的朋友也须注意宅体的外形外观来作为选择之参考。

三、“工”形建筑的吉凶

建筑商在开发一个案子的时候，一定要注意建筑师为你所绘制之整体建筑物的外型，一个建筑物的外型决定之后，生命力自然就产生，为了要有一栋完美且能完全销售的建物，就必须以中正中庸来作设计规划主轴。假如建筑师为建筑开发商设计了一栋“工”字形的建物，这代表着建物在建筑过程中必定会有很繁琐的事情来从中阻挠，开销花费也会比较高，于销售过程中也容易碰到障碍，“工”字的造型代表“劳碌”之格，故居住在此种外形的建物中，也相对的会受到宅体之形势产生对应关系，道致居住者也有劳碌的状况。

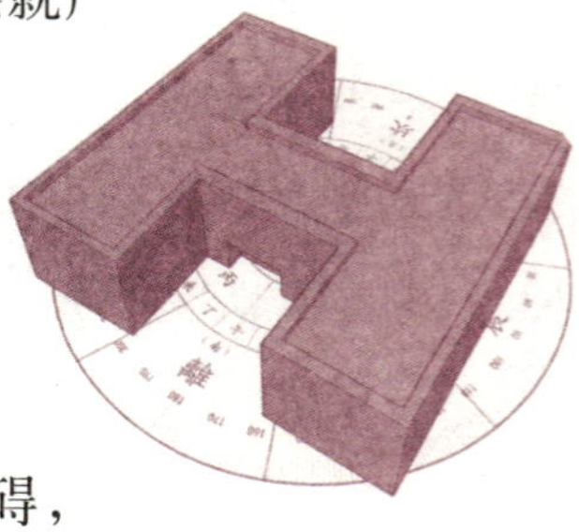

四、“廾”形建筑的吉凶

建筑物之主体若形成双十之形状，如台北市政府办公大楼之模式，那这种形状就论之为“推车煞形”。推车煞主劳碌之格，故若为衙门官府则无妨，主他能为百姓谋福利，但所有公务人员就必须兢兢业业地去推行公务，一点都轻松不了，每一个人的外在压力都很大，但是若单位的办公室配置在推车的左右扶手边，则其单位必定是肥缺，占有很大的权威及利益。

双十之推车煞形若为工厂的厂房，则主员工必定会贪污到公司倒闭、老板则劳碌到死的情形，故建议在盖厂房时，或建商开发新案时，都应避免。台商到大陆盖工厂常会有乱盖厂房的问题，建议应敦聘大师前往参与意见来兴建为吉，以免以小失大也。

五、“口”形建筑的吉凶

笔者曾应邀前往大陆苏州鉴定厂房，此一厂房已完工使用有两年之久，但一使用之后，整个厂房内部员工内斗日趋严重，各种业务推展也不能顺利推动，与预期的规划相差甚远。

经到现场勘查之后，发现厂房的规划为“口”字形的建筑，中间中空且加采光罩，最后面的横栋建筑宽度(深度)较窄，只有旁边建物的三分之一，前栋主体建筑高耸，在风水学的理论中，断验中心为心脏，心脏无遮阳之体为心脏无力之兆，故主血液循环有问题。在厂办方面吉凶论断，主事业推展有阻力，主体高耸，左右有后伸之象，主反背之意，故所有员工都会背地里搞小集团，易导致事业的失败，内部争权夺利是难免的。

六、“亡”形建筑的吉凶

建筑师在帮建筑商规划整体建筑物之前，应先考虑一下风水气场的问题，笔者就曾在大陆帮忙一个建筑开发商鉴定过一栋以“亡”字造形的社区建筑。本栋建筑共换了四位开发商，这四位开发商经笔者调查，都是因为接手此开发案因投入过多的巨额资金而导致周转不灵，最后倒闭跑路。

最后一位开发商经台商某集团的黄董事长介绍，特别敦请笔者前往鉴定堪察。下了飞机之后便直奔建筑基地勘查风水，笔者一眼就看出此宅为“亡”字造形，故告诉这位开发商，直言本宅必会有破产或死亡之问题产生

他是本建筑物的第五位开发商，前四位建筑商皆已破产跑路。并且还告诉笔者说，在盖至一楼顶二楼楼板时，工地就发生意外，死了9个人。其实这种形状的建筑物，整个兴建过程全部都能以风水的角度判断出一切状况，你说在盖一栋大楼或设计一栋大楼之时，能不以风水的角度来作依归、作参考吗？

后来，这栋大楼经笔者以四两拨千斤的方式，改天命夺神功，拆掉了“亡”字的头，变成“匸”字形宅，这样一来，这栋楼就如同三合院的建筑体了，因此后来的建筑过程都非常地顺利，并且建筑商也顺利地将全部房屋售出。

七、“踢脚煞”形建筑的吉凶

公寓大楼的建筑，各式各样的形状都有，建筑师的个人喜好各有不同，建筑界中能洞悉风水地理之大自然原理的建筑设计师亦不多，因此，就会造成建筑开发商在开发新案的时候，主导了成功与失败的主要因素。当一个建筑师盖了一栋理想且合乎风水地理之大自然原理的建屋时，必能带给前来购屋居住之人的吉凶对应关系，旺宅必能带来旺财旺丁，相反地，不吉之宅就易带来凶祸。

以前曾鉴定过一栋住宅，是三合院式的十二层楼，但其主体建筑的右前方因腹地较大，故接续主体建筑物的右边又另盖了一栋高十二层的建物。这个楼盖好之后，从整个建筑物外形来看，就如同一个人提脚侧踢之形，故在风水学里论之为“踢脚煞形”。像这种建筑形状，居住在右白虎厢房尾的人，必定会有子孙叛逆、好赌、好毒，整天游手好闲，带给别人困扰，也会带给家庭永远的烦恼。像这种情况，唯有搬家一途方能得救。

八、“开脚”形建筑的吉凶

楼房建筑若主体的两侧建物，呈现两侧斜开来兴建，而非平行的兴建，整体建筑就会呈现出如同一个人张开两条腿般，这种住宅若为居住之环境，必定会带给居住在这边的人们，较易犯有桃花的现象产生。笔者就曾看过一栋大楼的建筑主体共有五栋楼连结，而左右每一栋大楼都以45度的斜面而建，让整个广场显得很大，在风水里是不吉的，因此也导致其大楼的生命力有不良的影响。

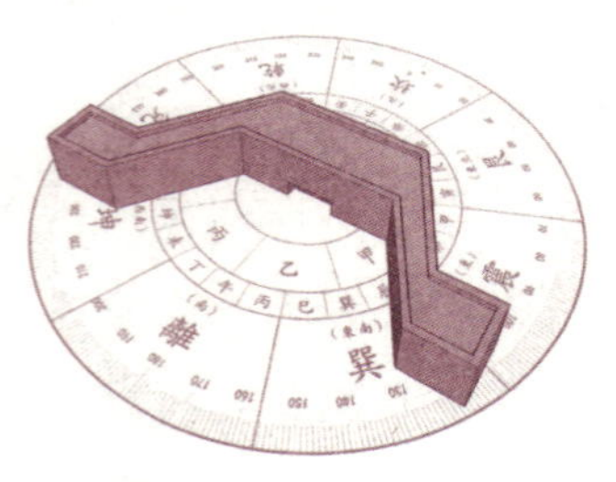

依此样式大楼来论断，断为必定有桃花泛滥之嫌。正巧，此栋连栋楼被称为“二奶村”，都是花心的男人为“二奶”购置的公寓。试想，本批楼宅的居住者大多为女性，而先生都为外地人，那她会一直独守空房吗？

九、“双曲”形建筑的吉凶

宅屋若建成“双曲”形者，如图示，则代表后代的子子孙孙必为不孝之辈、忤逆之流，也代表着居住之人必然劳碌终生。其形状有如早期的柴油引擎的发动器游戏杆，每次要发动引擎都必须使用它来导力，固论之为劳碌之形。

建筑开发商若要兴建集体住宅大楼，为求创意，而将整体构筑以此“双曲”造形来规划，此形主整体运作过程会有来自多方的压力，且过程中会有贪污现象产生，在一批建筑物的兴建中，必定会发生一些比较曲折离奇的困扰，所以要建筑设计一批社区的集合式住宅，还是以最简单的规划为原则。

十、“开口狮”建筑的吉凶

宅屋的外在造形是一栋宅屋的生命力，同时也对周围别人房子有影响力。像汇通银行大楼，原为第一信托大楼改制而易名，整栋大楼的建筑呈“开口狮”、“笑面狮”的形状，楼体的上部与下部都为主体面积的宽度来构筑，但从上而下却采渐进式的内缩，因此在中间的楼层有内凹的现象，其形就如同狮子的嘴巴张开状，所以时常可以看到中间的楼层，常会贴出出租之告示。这表示企业在这中间内凹的楼层都会有重大的闪失而迁移或停业，主退败散财之格。

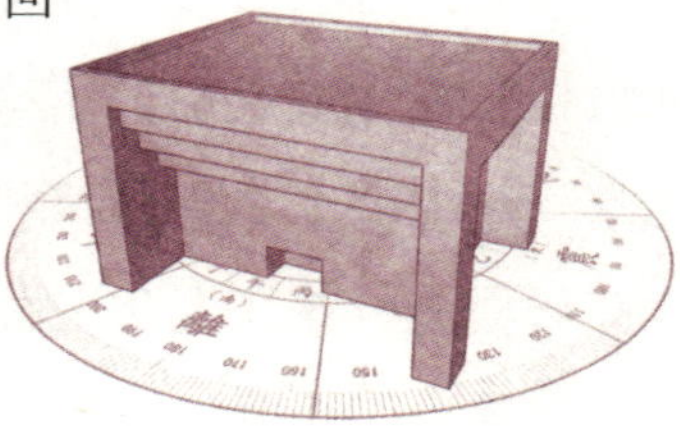

但反过来说，假使这栋楼的对面，不经其他阻隔，那对面的宅第也必定会很惨的。人立虎口必被虎所吞噬，故找房子购买或居住，应避免选择前方建筑体太过怪异，或本身太过怪异之楼体来使用，以免犯到无谓的困扰。

十一、“喊天笔”建筑的吉凶

盖大楼之后，建筑商常会在楼顶上作一个造型，作为大楼的地标，但这些地标常变成影响整栋大楼生命力的主因，也容易影响建商的内部体制。各种形状的产生都会有其形之气，形之气因外在的造型受空气中的风向流动力所冲击，自然会因气的流动，造成了吉凶对应的主要因素。

在别墅的建筑很容易因屋顶作了透气窗的向上延伸造型，或为斜式屋顶之建物，为了要让内部一个房间的高度拉高，也会有凸出屋顶的屋罩产生。若为左右各凸出一房之顶罩，那就不妙了，试想，一栋房子的上头两边作凸出之形，就如同一个人举了双手，表示投降之相，故属不吉之宅，主退败之相。

若在大楼上方作两尖形的造形，就会如同两片嘴唇向上叫喊，在风水术语称为“喊天笔”。这就代表叫天天不应、叫地地不灵。在北京，笔者就曾叫建筑商拆掉顶楼三层楼高的尖形造型，其从远方往大楼一看，很明显就有几个嘴巴向上叫喊。因为有多栋高楼矗立在其空间中，每栋大楼上方都有其凸出物，故从大楼兴建完成之后，所有的股东就形成内斗内乱之情形，后来敦请笔者前往北京一窥究竟，我便建议将每栋楼上的两个尖形塔各拆掉一边。其建筑物尖塔有三层楼高，花了九牛二虎之力拆除之后，股东间的误会就消除了，由一个大股东主导一切管理与销售。你说气场的玄机，是不是很不可思议呢？

十二、“寒肩煞”形建筑的吉凶

无论是要买房子或租房子的时候，有一种房子最好要避免，就是房屋主体的中间特别高起，但两边的宅体却是低陷的房子，这种房子常出现在乡下地方或别墅区较多。以形象学来论，它就像一个人的两边肩膀无力下垂，故这种中间高两边低的宅体在风水学中称之为“寒肩煞”或称之为“红娘煞”。有“寒肩煞”形的房子也一样，居住在有这种类型的房子里，主子孙不成材、心性浮躁、一生劳碌，此外它的形状也像一只鸟展开双翅的模样，主居住者行为放荡、不检点，私生活很乱，故有这种类型的房子最好不要居住。

十三、层层退缩建筑的吉凶

建筑物除了地基最好要以方正为原则以外，其实建筑物本身也最好能有方正完整的外形为佳。但是现代的建筑师为了表现自己独特的设计美学，往往会摒弃以往毫无变化的方正造型，改为采用一些大胆前卫的建筑设计，有些建筑物则是为了某些特殊的用途而采用了一般少见的建筑外形，其实这些奇形怪状的设计在风水学的观点上来看，都是百害而无一利的。

当今的都市丛林里，处处是高耸的大楼林立，如果再加上大楼与大楼之间的距离很近的话，第一个会被影响到的就是大楼的采光，建筑设计师为了增加室内自然光源，除了多开窗口以外，有些还会故意让楼层与楼层之间的面积做

些调整，越往上的楼层面积就越减缩，所以从外形来看，大楼的侧边就会形成一个斜面。

若是作为企业的办公大楼，有这种层层退缩之形势的房子千万不要使用，因为这种状况会让居住此大楼之企业业绩有冷退之情形，无法让企业的生命力历久不衰，所以说建筑还是完整的规划为最美。

十四、二高夹一低建筑的吉凶

建筑开发商在投资兴建大楼时，碍于土地法令的建蔽率或容积率的问题，为了要盖两栋楼能有共同的警卫管理，所以会有两栋楼中间夹有一栋二或三层楼的建物，这样的房子在大都市中占有很高的比率，笔者也看过非常多。这些建筑物的构筑完成之后，在盖到两边楼高超出有一倍以上，大部分的建商都会碰到突来的障碍，更有一些建商在初期推案的时候，就会碰到困难的问题。因此，在此建议开发商应注意建筑主体的规划，以免销售的问题阻碍了各种经营理念的实行。

像两栋楼夹有一栋管理室的这种建筑，会带给中间主事者很大的压力产生，未来交屋之后，住户管理委员会彼此之间也会多有猜忌，主任委员想要贯彻理念去执行管理之规章，也会遇到外在压力与困难。

十五、房子加盖边屋会影响风水

别墅的房屋或乡下独栋的屋子，常常会因为停车的问题或居住使用的问题而加盖主屋的边屋来使用。但加盖之下，其间位置的适当性，与风水的自然理论有相当的关系存在。如在后面拉长斜披的遮雨棚，其长度超过主屋之长度，也会带给居住之人困扰；其上面采光罩的造形也会有吉凶的关系。若盖前面的左右边屋，如图中宅屋的右边加长厢房之尾部，再升高建筑物之高度，这种形状在风水上叫作“白虎抬头”之屋形，必定会带给宅主破财损丁之情形发生。

在彰化溪湖地区就有三合院（如图所示），它的建筑主体原本是非常地匀称，但老房子年久失修，致使其右厢房有塌陷的情形，故断为白虎断陷，此乃凶相。之后前院又盖了五层楼于白虎边（标示①），更凸显了本三合院的多项凶应：停柩煞形（标示②）、白虎抬头（标示③）、白虎开口（标示④）、白虎踢脚（标示⑤）。诸凶齐至，故此宅第被称为鬼屋，因每逢三合年六冲年，其宅第中必会有损丁之情形发生，故在宅第的周围建边屋使用应特别的审慎为要。

十六、房子顶楼避免加盖遮雨棚

房子居住久了之后，常会因屋顶的老旧而有漏水的现象，很多厂房或乡下独栋房子常会发生。这种情形在正确的情况下应该是将屋顶重新翻修为吉。但有些房东业主，常因经济上的问题，或是其他的原因，而将屋顶另外加盖铁架屋顶来遮雨，像这种屋顶再特别加大盖屋顶棚的形状，站在前面往里看时，其形状有如大鹏展翅之势。

这种屋形在风水学的论断为泄财之格。试想，一只鸟的展翅飞翔，在居家则应论为子孙出外，子孙桃花犯劫；在厂家则必为破财之现象，鸟不休息而展

翅飞翔，乃财的变动之象也。故宅屋顶楼有漏水的情形时，应即时翻修，勿以加改遮雨棚为用。

十七、房子前方避免有异物矗立

先前已经提到多次，所谓好的房子就是要有一个宽阔的明堂和一个稳重的后靠山，因此，如果房子的正前方有出现任何“异物”的话，都是属于不好的格局。最常见到的“异物”如：大树、电线杆、旗竿、柱子、灯号控制箱等等，在风水学当中称之为“悬针煞”。

一个家的门面就像一个人的脸，而前方出现细长的异物就像是悬在面前的一根针一样，试想，如果有人一天到晚拿着一根对着你，会是什么感觉？家门前有悬针煞者，主家运败退，人的身体健康也会受到影响，常会出现高血压、眼睛的疾病等等。其实光从视觉感官上来判断就可以分辨吉凶，宅前原本宽阔的视野突然多出一根柱子，怎么看都觉得碍眼，看久了就会让人在无形中变得心浮气躁，因此建议宅前有异物者应想办法移开为妙。

如果宅前不是柱子，而是一些造型特殊的造景物，例如雕像、岩石、招牌铁架等等，是否也会有影响？答案是肯定的。因为风只要一遇到障碍物就会产生回流，其气就会直接影响到房子的宅气，因此不管是何种造型的物品，只要是矗立在大门正前方者，几乎都是不好的。

第五章

楼盘的周边环境风水对人的影响

在儿童时期，我们时常会听到一首儿歌："我家门前有小河，后面有山坡……"这首歌就是我们的老祖先为了告诉后世子孙，"什么样格局的住宅才是最美的"，而以儿歌模式来表现。我们要选择的房子后面有山坡，前面有小河，山坡就能给住宅一个很好的依靠，也就是俗话的"后靠山"；前面有小河就是要让房子前面的明堂明亮，前堂明亮宽敞，这样才能纳入旺气，有了旺气的纳入，自然就会造就居住之人的旺气财气。

住宅的选择必须注意位置，以宅的位置来与周围山情水势作格局规划，也就是说以宅的前后左右状况来分旺衰。位于山边的房子，我们就要先确定该住宅是靠山还是面山，靠山为吉，面山为凶。

宅屋基地的后面有靠山，圆满有情则为吉，前方方正宽平，亦主气旺之地。后有靠、前有绕的居家格局，大都能大发富贵，后面有靠山则风不会直射而入宅中，前面有宽平的视野，则主前景光明，居住者之事业能有无量的前途。

后面有靠，也代表居住之人在后面易有贵人撑腰，前面视野宽阔代表居住之人的肚量宽宏，处世圆融，较有雄心壮志，所以对一个生意人来说，各方面的赚钱机会也会相对地提高，对一般人而言，其运势也会变得十分畅旺。

一、兴建楼盘时应注意周遭环境

1.楼盘的基地土质

建筑基地若较为低陷，在怕淹水的状况之下，通常都会以填土方式将基地整个修补垫高，但是那些用来填补的土质，建议大家应该多加留意。在常年为有缘的朋友作住宅鉴定的过程中发现，台湾南部地区有很多房子，从盖好迁入之后，全家就一直不平安，凡事都不顺遂，笔者到现场鉴定之后发现，宅第的周围环境没有问题，室内动线也配置得宜，后来笔者才将注意力转移到宅第底下。笔者咨询屋主本地是否为墓地重盖住宅，屋主答称非阴宅地改为住宅建地，再经观察地基有提高之情形，因而断定是填土的过程有问题。

在填土的土质上，应选择干净的土或碎石为用，绝对不宜以他人废弃之砖瓦为用，地底下有太多的树枝残根或杂物均属不吉，如载来的填土中有坟场之废土，可能混有人之遗骨，容易产生阴魂之干扰，疾病之病痛必永不断根。

在1985年底，笔者应朋友邀请，到关渡鉴定别墅之情形，也证实了填土之后有人的骨头磁波干扰，因此导致自家兄弟间打打杀杀的情形，这就说明了气的重要性，唯有干净清纯之气场，方是最真实的。

除了土质要注意以外，地质结构也是必须考虑的因素，有稳固的基地才有稳固的住宅。但是因为地狭人稠，建筑用地的取得越来越困难，这让一些不法建筑商将房子盖在土质松软或有断层的山坡地上，虽然风景秀丽，但是几经大雨冲刷之后，土壤便渐渐流失，最终还可能酿成悲剧，汐止的林肯大郡就是一个血淋淋的例子。

一般在住宅建筑体完成之后，想要再去判别基地土质的好坏是不太容易的事，所以建议有意购买预售屋或新建案的读者朋友们，在决定购屋之前，最好能仔细地观察一下建地的情形，若是发现土质或地质有任何问题，就必须慎重考虑。

2.慎重选择房子与马路方位

马路的两面都有房子，选择马路哪一面的房子，除了影响到房子的坐山立向以外，还会可能影响到房子的气运，不可不慎重。

就像人的左右两边，乍看之下好像都是完全对称的，事实上没有一个人的左右两边是完全一模一样的，只要仔细观察，必定还是会发现有些许差异。人都如此，更何况是马路左右两边的房子。

关于这一点，我们首先要注意的是这条马路的前后是否完全笔直，若是马路呈现弧状的弯曲，就会产生所谓的弯抱面(位在马路圆弧内的这一面)与反弓面(位在马路圆弧外的这一面)，在弯抱面房子容易聚财发富贵，相反地，在反弓面的房子则容易破财，也容易有血光之灾。若从科学的角度来分析，马路正好直冲反弓面的房子而来，因此住在这里，不但会感受到车流来往的无形压力，也容易受到交通事故的波及，不论是居家或是开店都不适宜，所以找房子一定要选在弯抱面。

读者常会听到反弓煞与弯抱水的风水术语，再加上一些术士为了蛊惑人心，常常就以刀煞或冲煞之字眼来吓唬人。

前有一案例，我的一个有缘的朋友，在四五年前，特地邀请笔者前往公司作风水地理之鉴定，这几年来，整个事业也有很明显的进步。但最近恰有他的

一个朋友，也请了一位老师去看风水，闲来无事就带了那位老师到我这有缘朋友的公司喝茶。此时，我这朋友就顺便请教那位老师说，他最近身体不好，也同时告诉他，这里请过陈冠宇大师前来鉴定造福过。这位老师就说："这房子里面摆得很好，没有问题，但右边马路有刀煞来冲，所以身体会越来越差。"我这位朋友愣了一下，再也问不下去了。

朋友后来电话问笔者，看是否有问题？因为他一直觉得那位老师怪怪的，有点阴森的感觉。在联络过后，我一五一十地告诉这位朋友，在阴宅或住宅的鉴定工作中，我自信绝对能知无不言，并且会很诚恳地以大自然理论来作分析告诉客户，只要有不理想的问题，我必定是直言无讹。

由以下之图例来看，从图例中的①②③④之宅基来分析，宅基地①之位置前面是有反弓之情形，这就是一般俗话说的反弓了，主退财之格，但江湖术士就会以刀煞之字眼来唬人。图示②③的空间由主体位置往前45度的审视，所能收到的45度线水气纳水来论，根本无法收到反弓部分的路面位置，所以不能论之为反弓煞宅。

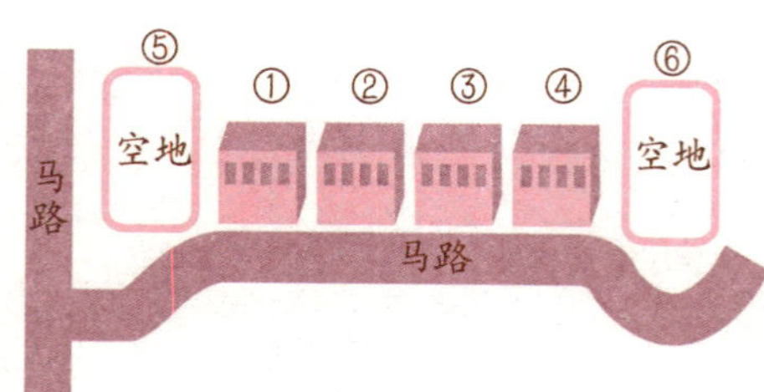

我这位朋友就是受了术士的吓唬，说有刀煞之关系，才道致先生之身体不好，事实是因为那位术士已事先知道先生身体不佳，随便拿个理由来搪塞，所以笔者才会以"江湖术士"来称之，信口开河，无法有一个合乎逻辑的统计结果，这都是不切实际的。

到了空地⑤，主能创造财富的空间。图示⑥的宅基则为反弓煞的空间，所以读者只要依图示去了解，就不致于会迷惘，而被术士所骗。凡事必须寻求根源而不能随便的附和论之。

虽然知道要选弯抱面的房子，但事实上马路的规划却是一般小市民很难掌控的，有时机运一到，整个区域的都市计划就会将财气送到你家，但也可能这么一改，原本能够帮你招财的好房子就变成破财又伤身的坏房子。以前笔者有一名客户，原来是在自己的土地上盖了一栋三层楼楼房，但适逢市政府的区域规划，后来将马路正好规划经过了他家门前三十公尺处，而且正好来到房屋面前，马路的形状转为弯抱之形状，从马路兴筑完工之后，他就一帆风顺，财源广进，到现在已有十年之久，也造就了他成为拥有数十亿资产的亿万富翁。从这种实例当中的统计来看，你还能不相信风水吗？

事实上他就是受到外在气的环绕，气聚而财聚之状况，所以才能有这么多机会投资赚钱。第一，他外在事业有赚钱，因宅屋之前有圆融之气，故人缘很

好；第二，这个土地由市政规划后，地价全部大增值，这完全是气的助力。

除了看马路前后有无弯曲以外，还要看马路左右两侧的高度，一条马路的左右两面其高度很难完全相同，必定有左高右低、或右高左低之情形，如果这间房子是要用来开设店面或办公室，那我们在选择的时就后就要以较低的这一边为用，因为水都是往较低这一边倾泄，所以自然人潮也会自然而然的行走于较低这一面，那当然店开在这一面人潮就会多，赚钱的机会就相对较多。

3.房子必须与前方的马路高度相同

旧城市有一种特殊的景象，就是宅屋前的路面，因为柏油一次又一次的往上填补，而房子的水平面不动，积年累月之后，路面升高，形同房屋的一楼楼

面低于马路有好几个阶梯的深度。

这种情形会导致居住的环境气运败退、商机渐退之现象，风水断言为冷退散财之格局。像这种房屋若作为商店使用，只要让客人消费的场所能用木板架高与路面平，则商机就不致于败退，假使用几个阶梯让客人下来消费，则此商店迟早要关门的。

4.房子周遭的空气品质对宅运的影响

风水学中所谓的风就是一种无形的气场，既然气对流会对住宅产生绝对的影响，那么气的品质也一样会影响宅运的变化。

虽然大多数的人都生活在乌烟瘴气的都市中，但是居住的环境还是必须慎选，否则人就会因为环境的优劣而产生吉凶的对应。古人说："相由心生，心随境转。"为了要有好的环境来创造个人或全家的吉利运势，就必须要以居住之宅屋的外围环境来作主要之选择依据，再加上宅屋内部的动线规划，一切顺畅的话，运势也绝对是旺盛的。

如果你所居住的房子周围正好是垃圾场、猪圈、易产生瘴气的沼泽或是会产生恶臭的化学工厂等等，在你的生活空间中无时无刻都会闻到一股臭味，日积月累，其秽气就会侵入我们人体的细胞内，它可能会让居住者的脾气被熏得有些怪异，让人的思考变得紊乱，不论读书或工作都无法专心，还可能让居住者病痛不断，臭气久而凝聚，就会变成煞气，因此就会直接影响人的健康，所以我们除了工作以外，休息时的新陈代谢空间是忽略不得的。

5.房子附近应避免有长久闲置的空屋

空屋可以区分为以下四种：第一种是房子盖好之后，因为种种原因，例如地点不好、建筑本身有问题、价钱太高等等，导致一直无法出手而长期闲置的空屋；第二种是房子盖到一半，因为产权问题无法解决而将才盖到一半的房子荒废在那里而形成空屋；第三种则是因为建筑结构本身有问题，当遇到地震或大水，导致建筑倾倒损毁变成危楼无法再居住人；第四种是一些老房子年久失修，倾毁之后就一直被屋主废弃在那里。

房子附近如果有以上情形的空屋，而且是长期闲置都没有人会进行处理的那一种，最好能够避免。建筑结构体有问题的空屋本身就已经十分危险，什么

时候会倒下来都不知道，如果您又刚好住在危楼的附近，则每天都会过得提心吊胆，从危楼下经过，也会担心被掉落的砖瓦击中，若家中有孩童，更会害怕小孩跑到里面玩耍，容易发生意外。

另外，空屋也会产生治安问题，许多流浪汉或不法分子都会利用这些长期闲制的空屋当作栖身场所，难免会对附近的住户产生一定的威胁。最后，空屋也容易藏污纳垢，往往有许多废弃物堆置，不但有蚊虫细菌滋生，还会产生恶臭晦气，对身体健康影响很大；同时空屋也会汇聚一些不好的气场，让住在附近的邻居产生莫名的病痛。

6.房子旁边避免悬挂变电箱

早期的电力系统都是以空中拖缆高压电线输送电力，再沿各条区域来输配电源到各户人家，但电力的输配当中，必定会在一段距离之后增加设立电力变压器，而这些变电箱常会以电线杆高挂于马路边。因早期建筑都依马路而建，建物在商店区都是以二层楼或四层楼而建，而电力的变电箱正好高度都位于二或三楼的高度。它若立于宅屋的前方宽度的正面，则主人的脾气不稳定，前途受阻，事业有很大的障碍；若变电箱靠于宅屋的左或右的角落，而这个角落，常作为主人的房间，故其辐射波就直接冲击居住之人。

在笔者风水堪舆二十几年的统计下，得知其必定会影响人的健康，所以只

要是你的卧室外面有输配电的变电箱，你都应多加注意自己的健康问题，笔者的统计资料显示，大部分的辐射都会影响身体导致癌症，故只要你所居住的环境有这种情形之时，请勿相信摆放龙或什么风水制煞物就可以化解的理论，应速搬离此空间为最佳之策略。

7.道路施工会影响宅运

在从事任何建设之前，如果预先的规划设计都不够周详，往往要等到工程都已经进行完毕之后，才发现处处有瑕疵，然后就是东敲西补地大兴土木，最常见到的就是挖路、修路。

挖马路的原因有很多，例如埋设各种的线路、管路等等，政府各部门在挖路的同时也未经协调，往往会出现电力公司才挖完水公司又开挖等等情形，让原本平整的马路变得坑坑洞洞，其实这也犯了风水学上的大忌。马路不停地整修，会严重影响地气的平稳，让整条马路的气场变得不顺畅，气不顺马路两旁的店家生意自然一落千丈。

8.住宅应避免建在斜坡上

风水学中认为要有好的住宅必先有稳固的基地，所以一般都认为房子盖在地势平坦的地方会比较稳固，因此盖在斜坡之上房子，一般都不建议使用，除非经过适当地修正。

凡宅屋前方低斜而下，又无青龙砂及右白虎砂来收气，则气不能凝聚，整个水的流动为散体式的向前直泄而去，这种水的散去在风水学里，论之为“牵牛水”。

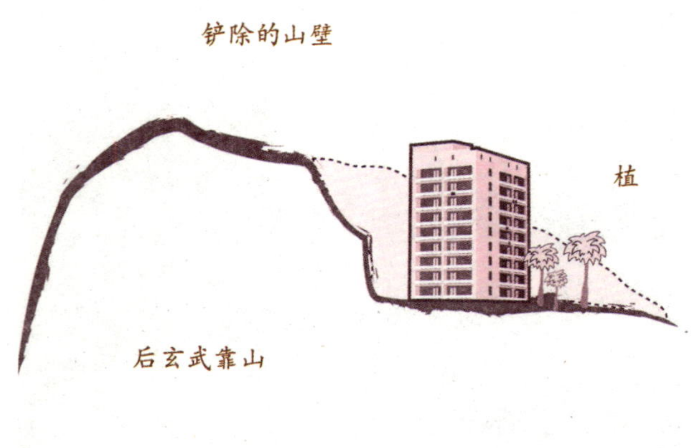

牵牛水会导致家内会有很多是非，小的事情干扰会不断，同时也有泄财损丁之虞，就是整个地区的外山有青龙砂及白虎砂来收兜，其风水所应验的财气，还是会有先失败而后再兴盛的过程，所以像这种格局形势的宅第，建议由内部自己的庭院来修筑为吉，将山剥低，再往前建屋，屋前庭院围篱以

植树为用，必能聚气。

相反地，若是房子盖在山势陡峭的山坡底下，也是属于不吉之格局，因为陡峭的山壁会引导气流直冲而下，正好会冲到山下的房子，因此居住在这个地方，主容易有意外血光的发生，再加上陡坡下容易有土石崩落的危险，所以也不建议居住。

9.房子避免位于铁道或城市轨道旁边

铁路运输是每一个国家都有的一种交通工具，早期的铁路运输之动力为蒸气火车，蒸气火车之气笛声带动马力的滚轮声都会带来很大的噪音。后来铁路运输已慢慢改为电力动力，电力动力则易有高压电的放射，以及整列火车的走

动中，所带来的土地龙脉震动。未来的火车几乎都会更改为高速火车，高速火车之动力就会以电力为运送动力能量，或以铀核来作动力来源，但高速火车的速度非常地快，所使用的高压电也相对提高，速度快所带来的震动也相对提高，空气中的流动力也会受其影响，自然就会带给周围居住的人环境气场的影响。

震动的波率会影响人的脑神经，故居住在铁道旁边的人常会受到震动之声波而影响健康，未来高速铁路建成，并开始使用之后，其动力的震动波率，以及高压电的辐射问题，这些都是我们要去特别注意的。

另外，住在大城市的民众也可能遇到房子附近有城市轨道通过的情形，虽然这些地段的房价会比其他地段偏高，但这并不代表城市轨道四周的房子就是好房子，相反的，城市轨道电车一但通过房子四周，所造成的影响都与火车的影响相同，靠近城市轨道站的房子因为人潮的流动率高，对于做生意的人而言这些房子当成店面或许还不错，但是此地人潮熙来攘往，交通拥塞，会造成附近气场的混乱，故当成住家是绝对不适宜的。

10.房子避免位在高架桥两侧

大都市为了要缓解交通拥塞的情形，会在许多容易塞车的路段以高架桥的方式来规划道路。高架桥或高架道路对房子有什么影响？这一点只要问住在附近的民众就能知道答案。以风水来论，这些高架桥的产生不但阻隔了住宅原本宽广的视野，也让宅前原本顺畅的气场受到阻隔，就连采光和通风都会受影响。在高架桥两侧做生意的商家，绝对会明显感受到高架桥兴建前后生意的落差，因为它不但带走了人潮，也带走了钱潮。

位在高架桥两侧的的房子，除了气场会受到破坏以外，若是与高架桥的桥墩或桥面相对时，所产生的危害将会更为严重。除了噪音和空气的影响，若桥

面成弧状通过宅前有如一把镰刀砍向屋子，就形成一个镰刀煞，居住者容易有意外血光的发生。若是您只能在这样的大楼内做选择，建议您尽可能避开与桥面高度相等的楼层，也且离越远越好，这可以让影响减到最低。

11.房子前方不要有天桥设置

一个店面若居于十字路口，本为非常好的地点，但常会因地区人潮的关系，道路车辆密集，人常会与车争道，因此就会有马路十字路口的天桥产生，这个陆桥设置之后，马路上人车均得到安全的保障，但是位居于十字路口的三角窗店面就会因此而受损，桥墩的高立就会有道气的流动，自然就会有回风转气来冲煞宅屋，不以风水的理论来分析，先以自然环境来分析，一间店面受桥阻挡在屋前，自然经过的人潮就看不到店面，生意当然就会受影响，人车要停下来进店买东西自然就会带来不方便，故有桥墩在前的住宅或商店，其均属不吉之格局。

此外，像是许多高架道路、城市轨道轨道等等，沿路也都有桥墩的出现，

这些桥墩的影响和天桥的桥墩一样，都具有导气的作用，商家或是住家门前若是立着一根又粗又大的桥墩，光是视觉感官上就有很大的压迫感，更别提对风水的影响！

12.房子附近不能看见烟囱

早期的砖窑有烟囱，现在已经没有砖窑烟囱，但是有焚化炉的烟囱，或是酒厂、烟厂的烟囱，烟囱会有烟雾往上冒，故有气的吐纳，因此会导致周围环境中所居住的人们的内心世界大多有叹气的情形。试想你的面前整天有气往外冒烟，那就如同叹气之现象，这会让宅中之人因某事而产生怨叹之声息，若位置立于宅第的煞方，那宅屋内居住之人的意外血光也会同时产生。

在台北市木栅福德坑垃圾场，有一根大烟囱，在木栅的民众，开门即可见到这根焚化炉的大烟囱，也代表家里必定有人经常叹气。我所见过的有因丈夫外面有外遇桃花，经常夜不归营的现象；也有因为家中小孩叛逆不孝，让父母经常叹气的情形，也验证了叹气煞的情形。

在菲律宾，我看过一栋大楼，其对门就是香烟工厂的大烟囱，很巧的是，此栋大楼都是居住“二奶”较多，“二奶”一定会怨叹老公常不在身边，也验证了烟囱之煞的厉害。

13.注意房子四周有无高压电塔或电缆线通过

电力的使用，必须要从发电厂输配到变电所，再输配到每一栋房子内，但这些电力的输送中，必须经由高压电线的导引，因此就会有很多的高压电线高挂于空中。新的都市都已将高压电缆地下化了，但早期以及旧社区的高压电缆还是从空中延缆而去。假使这些高压电经过了你的住宅，那你就得特别注意了，因为高压电的电力辐射非常地高，当你在雨天的时候，去观察高压电的电线路线，就可以很清楚地听到“答答”或“叽叽”的声音，这些都是高压电力所产生的波率，它是具有辐射的因子，必定会影响人体的健康。在台北的万芳路附近，有一批独栋别墅，刚好有变电所的高压电线输电经过整批房子的上空。正巧笔者有缘受邀到该地勘察鉴定住宅，在不同的机缘当中，共看了数家，结果每一家的身体状况都是一样的毛病，为脑部长瘤之问题。

高压电的输电缆线经过宅屋的屋顶，虽有很高的距离，但其辐射一样会传导到宅屋当中。由顶上辐射直下宅屋，在风水学上主犯头部之疾。依笔者的风水勘验得知，凡高压线经过宅屋上方，必有脑瘤或头部的毛病。由此可得到应验，请注意你的宅屋上方有无高压电缆经过，若有则应以换屋为吉。

但宅屋前有很多高压电杆却不必然论断为坏，必须依实际宅屋的方位及对应关系来论之。其电塔造型亦有不同之论法，如宏伟大楼右前方的高压电塔，则必须论之为官印也。

有时电塔立于群山中，也能形成宅前向上带有文笔之好预兆，可带给居住者、念书者有事半功倍之功能，或能蕴育出博士、硕士之格也。唯有实际堪舆现场方能做正确的分析；若看不见则吉之，没有吉凶可论矣。

14.开天窗的房子应作修改

建筑物若为较大的面积，或者是建筑物三面都无法采光，很多的设计师会在宅中的中央设计采光天窗，这些都是建筑师不懂风水而犯下的大错误。

在一个住宅中是绝对不可在宅的中央位置，设置有采光的天窗，这就如同一个人的心脏瓣膜有问题，因此会导致居住之人的健康产生障碍，以及事业财运的问题丛生。故建议有此种规划的格局，只要盖掉天井采光则能完全化解。若是三面无法采光，则建议以侧边做细窄的采光天窗为吉，天窗亦不可以有过大的规划，否则还是会影响卦位五行的其他问题。

二、应该避免居住或购买的房子

其实不论是预售屋、中古屋或者是法拍屋，只要没有太重大的缺失，都可以借由住宅风水的制化方法来加以化解，但是在几个前提之下，还是强烈建议大家要慎选房子。

1.阴宅不要居住

风水学中所谓的阴宅原是指“墓地”，这里所谓的“阴宅”，是指那些容易招来阴灵、汇聚阴气的房子，例如曾经当作神坛庙宇的房子、盖在曾经是坟场墓地上的房子、曾经是屠宰场或刑场的房子等等，这样的房子容易汇聚阴极磁场，会引来不必要的鬼魅游魂，住在这样的房子里，会严重的影响到居住者的整体运势及健康，因此建议在购买中古屋之前，最好能先探听清楚此房子之前的用途。

虽然说现代人的观念已经非常地进步，许多过去觉得十分禁忌的事情，现代人也多半可以接受，但是要说住宅四周有坟场的话，大多数的人还是会有所顾忌，这不光只是心理的问题，其实在风水学上也论之为凶。

宅屋的位置周围有很多坟墓的情形，主此一地方的阴气一定比较重，阴气重则容易影响人的健康与财富。人的身体若较虚之时，又遇到阴气较重的时候，人的脾气会变得比较冲动，无法控制，也因此会间接影响到人的健康与财富，心情脾气不稳定，在判断事情的准确度也相对降低，故建议若居住在坟场附近，则应将自己身体调养好。另外，在家中的灯光尽量能以水晶灯为用。水晶灯的亮度较强，反射光能排除阴磁场，能有趋吉避凶之作用，最好是能有机会就搬离坟基边为吉。

笔者就有一位客人居住于公墓附近，笔者一直要其迁移它处居住，但其总认为自己从小就居住于此，他是不怕鬼神的。但事实上并非怕不怕的问题，而是阴气的干扰因素会导致一切的不顺，此一朋友后来得到了应证，其身体常年的不平安，老小都有疾病上的困扰，并且事业财富也一蹋胡涂，目前的财富已负债千万以上。你说这种情况是该搬还是不该搬家呢？

如果在迫不得已的情况下，必须要与坟场或坟墓为邻的话，切记能够离它越远越好，而且房子千万不要与墓碑相对，否则容易引来不必要的阴气。

2.凶宅不要居住

凶宅和阴宅的情况很类似，也就是我们一般所说“不干净”的房子，不论是曾经发生过凶杀命案亦或是有人自杀过的房子或房间。通常住在这样的房子里，都会给人一种阴森恐怖的感觉，不但人住了不会安稳，有时候还会危害到自身的气运。从外地来的学生或房客有时候会贪图便宜的房租而住进这样的房子里，往往都是等到事情严重之后才有所警觉。因此在买屋或租屋的时候，房子给人的第一直觉是很重要的，若是此屋让自己觉得浑身不自在，但却一时找不出原因所在，建议您最好还是另寻目标。

3.宅基有问题的房子不要居住

所谓宅基，就是指房子的地基。一般在找房子的时候只会注意到地上的建物部分，但事实上，房子底下的地基对于整栋住宅的影响也十分巨大，像是房子地底下曾经是采矿的隧道、取水的井口、水池、沼泽洼地等等，虽然经过填土工作，但宅底的地气却已经遭受破坏，所以不宜盖房子；另外像地底下有暗渠流过、或是兴建时运来填平地基的土壤有问题、地基里有太多杂物、树木的残根等等，这些都足以影响地上的建物。

4.屠宰场附近的房子不宜居住

昔日的孟母，就曾搬到屠宰场附近居住。在短短的时间里，她就看到屠宰场附近的小孩，个个凶猛带狠。孟母担心孟子受环境影响，决定立刻搬离屠宰场附近。据我所知，早期屠宰场附近的环境中，是出流氓最多的地方，也是帮派分子出没的复杂场所。就以帮派的性质来论，其凶狠的个性必超出其他市场的流氓分子。早期台北市的昌吉街屠宰口帮派是北部闻名，全省的黑帮再连结为纵贯线的帮派，各地角头林立，串连而占有一大片区域的势力。各县市的屠宰场附近也都有像这样的帮派聚集。可能是因早期屠宰牲畜动物是必须缴屠宰税的，因而黑道才会在此闹事创造势力。所以我们在选择住家环境时，屠宰场附近也是我们所忌讳的；再者，屠宰场附近的阴气也会比较重，所以还是小心为要。

5.曾经有特殊用途的房子避免再使用

所谓特殊用途，是指这间房子曾经被当成一般人比较忌讳的行业来使用，譬如殡葬业、医院诊所、停尸间、监狱、神坛、酒店、风化场所、垃圾场、废弃物处理场、化粪场等等。因为这些用途或多或少都会让屋子里残留一些不好的气场，甚至引来不祥之物的靠近，这样的房子最好不要再当成住家或店面使用，有这些特殊行业的周围房子也最好能避免选择。

6.盖在危险地形上的房子不要居住

包括非常陡斜的山壁旁边、悬崖峭壁、太靠近水边或海边、沼泽沙洲等等，这些都叫作危险地形，房子盖在这样的地形之上，时时刻刻都会有生命的危险。有些强调风景秀丽的高级住宅别墅，就是喜欢盖在上述的危险地形上，切勿贪图四周优雅的环境却忽略了自身的安全。

8.地下室或采光不良的房子避免居住

地面上的建筑物之所以被称之为“住宅”，是因为在风水理论当中，地上属于阳面、地下属于阴面，地下室虽然是属于住宅建筑体的一部分，但是它的位置却在阴面，因此地下室很容易汇聚阴极磁场，不论是当作居家或是办公场所都不适合，长时间待在地下室对人体的健康会有很大的伤害，故地下室一般只作为停车场或者杂物堆置空间，住人则绝对不宜。另外，采光不良的房子也不宜居住，因为住宅得不到光线的照射同样会有阴极磁场过盛的问题，对居住者十分不利。

9.地势过于低洼的房子不宜居住

俗话虽然常说“遇水则发”，但如果房子每逢下大雨就淹水，想发也发不起来。典型的例子像是台北县的汐止地区、屏东的沿海地区等等，只要台风一来或者雨势稍微大一点，必定会造成严重的灾情，大水甚至淹到二楼以上，搞得这些地区房价惨跌，哪里还能发呢？因此在地势太过低洼或太靠近容易淹水的河岸边的房子都不宜居住。

10.建筑体太过奇特的房子避免居住

在住宅风水学当中认为，最好的房子就是格局方正、中规中举的建筑。但是现代的建筑师为了要突显自己的独特性，往往会设计一些造型十分奇特的房子，像是三角形的房子、有缺角的房子、左右大小高低不平均的房子等等，这些房子虽然乍看之下令人印象深刻，但却刚好犯了住宅学上的大忌，因此都不适合当成住宅或办公室来使用。

11.圆环房子不宜居住

在很多人、车出入的十字路口都会设计成圆环，以利左转之回车道，但经过日积月累的使用与实验当中发现，其实圆环并非最理想之交通疏解方式，渐渐地有一些马路交叉路叉改成了高架之交叉。经过些时日之后，显得其方式不吉，又将道路交叉全部划直与红绿灯三相交叉使用，或以单行道之方式，以多次回绕之模式来作路口之共同净空空间。

早期的道路圆环都会设置花圃或其他特定的铜像矗立以供瞻仰，但也会有部分规划为商场之使用，也有些地方会在圆环上设置建筑物，作为住家之用。在风水的理论中，圆环之地居于四通八达的马路，气场直冲而入，因此导致居住之人的心理会受气之干扰，常会有想自杀的念头，所以从风水的角度，建议

不宜居住。但若作为商场市集，反而有川流不息的商机存在。

12.房子发生龟裂不宜居住

地震过后，很多人碍于经济的问题，墙壁业已龟裂，但一直无法修补，在风水学的形态来论之，则应论此宅为病痛之宅。墙壁在形态学理论，论为五行金，对应身体部位代表胸部或肺部、支气管，若在屋子的顶部则论之为头部之毛病，地板或墙壁下方，主为脚部之病痛，故在住宅的宅体有瑕疵，都论之为凶宅，也代表居住之人必有常年之病痛。故建议家里若有房屋龟裂、潮湿剥落之情形，建议应速修补完整，或搬离龟裂之房屋，另觅吉屋为吉。

13.损毁的房子不宜居住

一个都市的发展，常会因为马路的拓宽，而将房子拆了一半，又因家境财禄的问题，或是政府的补偿问题，常会耽搁了些时日，方修补完成。在未修补完成之际，一直居住在里面，则易导致居住之人的脾胃出状况，以及易有精神方面的疾病。由科学方面来解释，一栋房子拆掉一半，如同一个人的开肠破肚，当然胃肠会有胀气之现象；或因拆迁补偿之问题，每天为房子的事而烦忧，当然会有精神上的疾病，患有精神忧郁症也是必然的。所以奉劝居家有碰到被拆为马路而剩下一半的房子，尽可能快一点整修完整再居住，勿因时间短就迁就环境而暂时居住，这都会直接影响家人的健康状况。

14.风大的房子不宜居住

在风水学中所谓的旺宅就是能够“藏风聚气”的房子，风是一种空气的流动，气则是一种无形的能量磁场，二者都是比较抽象的形容词，或许大家不容易“理解”什么叫作藏风聚气，但风水的东西不必完全靠理解，你也可以亲身去感受。

一栋房子的好坏，除了以住宅风水的角度去分析以外，最简单的方法就是亲自去体验一下。有些房子一进去之后最会给人一种不寒而栗的感觉，虽然是大白天，却总是觉得阴森森的，这就是有问题的房子；相反地，如果进到屋子之后感到全身舒畅、精神奕奕的话，这就是一间好房子。会令人有这样的感受全都是气的作用。

好的房子是一个能够藏好风、聚吉气的空间，如果房子的外在环境一年四季总是刮着强风的话，就算房子内有再好的空间设计，也无法将气留住。特别是那些位在风口上的宅屋，从早到晚都有股强劲的气流直冲而来，这不但伤屋同时也会伤人，房子外环境若有冲煞的时候，正对房子而来的气流也会比较强，因此风大的房子不建议居住，最理想的房子是位于气流柔和稳定、空气又干净流通的空间。

15.潮湿的房子不宜居住

地形地物有时常常会潮湿，注意在潮湿的位置，要赶快整理。若潮湿的部位在房子的屋顶，代表你的头部会有问题，会带给你身体的毛病；如果是屋顶

与墙壁角落潮湿剥落，以人体部位来比较，就是脖子的位置，代表后颈酸麻之现象，也代表人的生理结构血脂肪过多、肝脂过高所产生的酸麻。所以屋顶与墙面以上的位置很潮湿需要注意，才能医好你的毛病。

另外，墙壁有潮湿、剥落、发霉现象，墙壁代表气管，墙壁未处理好，代表气管会有毛病。以科学来解释，这代表墙壁的位置本身潮湿、有霉气、湿气重，自然会有感冒、气管不好的情形，这一点一定要赶快处理。

屋子若是底部潮湿剥落，地板剥落，请赶快调整处理。地板代表子孙，如未善加处理，代表子孙管教会出问题，子女叛逆性过强，会带给你诸多困扰。时下很多年轻人在念国中时，就开始接触到叛逆期朋友，他刚好在改变期，房子若出现剥落没有处理，地砖地毯有破损的现象不修理，小孩的个性就跟着气在走，也就改不过来。这就是相由心生，心随境转，必须将整个房间的气场调整改变。

第六章

住宅形煞及问题住宅

从外环境审视一栋住宅的好坏，道路占了很重要的部分，其中常最听说的就是巷冲、路冲、形煞等。

所谓“路冲”，就是房子的外围有马路直冲而来，其实在风水学中，对于路冲的研究十分详细，从不同角度而来的路冲都会有不同的对应。

一般来说，房子正前方有路冲的情形都是不好的，这一点光是用常识来分析就可以知道，如果的你的房子正前方正好有一条马路，站在房子这边往外看出去，所有的车辆就正对着你家直冲而来，想要不出意外也难。曾听一则新闻说，一位家在路冲的便利商店被一名酒醉驾车的人笔直地将车冲进店里，造成店面全毁。从安全上来考虑，路冲的房子危险性绝对比其他房子来得大。

不过也有人会问：“我家大楼前面虽然有路冲，但是我住在十楼，难道也会被车撞到吗？”车子当然冲撞不到十楼，但是路冲所造成的不光只是交通安全上的问题而已，在风水学中，道路就像是一条能够导引气流的引道，会形成一股无形的气场，此气场会随着道路的方向流动，而路冲的房子对这道气场而言，正好是首当其冲，因此路冲的房子气场都会比其他房子来得强也会比较紊乱，长期居住在路冲的房子里，身体健康必定会受到严重的影响。

一、路冲对住宅的影响案例剖析

2001年3月到大陆东莞为台商鉴定宅屋，该台商经营塑胶出口工厂，搬到广东已有2年之久，去年迁入了新盖的别墅居住，但搬进没多久，就一直是非官讼不断，再加上妻小都连续遇到开刀血光之灾，在一筹莫展之际，才愿意相信以风水的原理来判断宅第吉凶。

以前他是完全不相信风水的，这次是经由信任的人介绍才回来台湾邀请大师前往鉴定。经鉴定整栋别墅之后，证实一切官非、血光都是因居住环境的关系而产生。

此栋别墅之规划为正前有一车道直接从大门引进到住宅的正门，两旁植树，

区隔两区为花圃，焉知此种造景虽然漂亮，但所形成的通道会有导气之作用，因而形成一条马路直冲大门而来，这就如同路冲、巷冲之煞，所以才会有官非、血光之灾，此格局只须移除车道两旁高树，不要让风有顺车道而行则吉。

二、无尾巷的房子

大城市的巷弄很多，有些小巷子走到尽头仍是房子，无法与其他道路贯通，这就叫作死巷或无尾巷。我们知道巷子也是导引气流通道，房子如果选择在无尾巷或是不透气的房子，而隔壁无尾巷底的房子是四层楼高度，这种情形你买无尾巷的一楼到四楼，房子的气场就会被阻隔，住在这个气被阻隔的房子里，必定不能发富贵，五楼以上的房子，气没有受阻隔，视线可看得出去则无妨，所以在找房子时一定要审慎观察周围的环境。

另外，无尾巷底的那栋房子正好与这条巷子形成正冲，居住者容易有破财、是非官讼、病痛缠身等情形。笔者有位朋友就住在无尾巷底，他说自从搬进这栋

房子之后，发觉这里的风特别大，而且原本硬朗的身体也不断地有莫名的病痛产生，其实这就是冲煞的影响。从科学角度来看，无尾巷的房子一但遇上火灾可能就逃生无门。

三、反弓煞

先前提过什么叫“反弓”，如果房子左右两侧的马路都是呈现反弓时，风水学上称之为“反飞”。

宅屋的两侧有马路反飞之情形，则宅屋之气耗散，水路冲射两腋，在身体上代表会有肋骨断裂的情况发生，严重者必有伤亡意外。若宅屋为坐西朝东的方向，那必定会有因意外而伤及肺部致死的现象。水路若由前往后而流的情形，代表财运起落不定，暴起暴落的情况难免，一生居住在此种宅屋中必定会有突来之意外财富，但也会有突来的状况而耗损，最终是因懊恼而生意外，撞击血光，导致肺部破裂血胸之症而亡。

此种宅屋笔者曾有堪验实证过，故提出与读者分享，提醒大家在找屋时，勿购买此种宅第为用。不要不信邪，笔者曾堪验过台北某豪华大社区，就有一栋这样的房子，该男主人最终就是如上述的情况，因车祸意外死亡。经笔者前往鉴定之后，只有劝其家人搬家为最好的化解方法。

反飞煞形

四、拖枪煞

别墅群的宅屋常会碰到屋子的左边或右边有马路斜走之情形，这种宅屋在风水地理的理论是为不吉之相。在宅屋的正门位置以罗盘来丈量前面斜路之45度线的位置点，就以其点的罗盘廿四山位的天干地支来论断流年之吉凶，其形论之为“拖枪煞”，主意外血光之灾祸。每逢天星下达或加临于门外四十五度线之点线间，则当年必意外频传，不得不慎。

此宅若要改变制化，则应以树篱来遮掉马路的斜走现象，以门心不见马路之走向为吉，若是两边均有马路外八的斜走现象，此宅必定会有大凶之相。此种情形，只有将宅屋左边、右边及后面，以密集之树篱完全隔离才能制煞，否则不做树篱或没有完全隔离，那这一宅屋就是大凶宅了，年运一到宅屋之龙脉气运之时，则宅必定大败，伤丁耗财之格也。

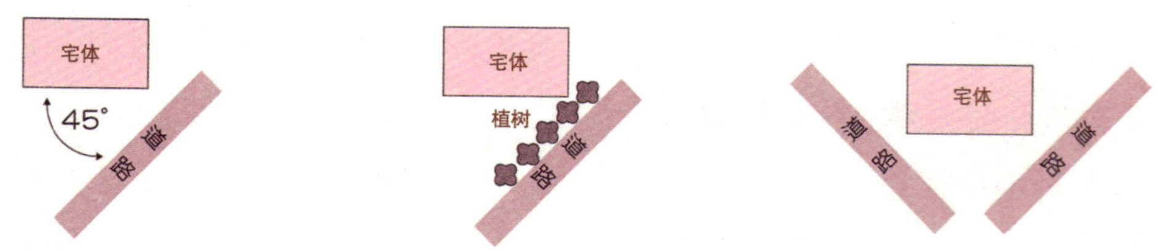

五、房子不要正对别人的屋角

要看一栋房子的好坏，首先要做的动作叫作“审四势”。所谓审四势，就是看房子的四周环境，你住的房子不要看到别人房子的屋角，如果这个房子看到的屋角正好在你房子使用面积的前方，到了该流年方位，就会引起血光之灾，

这叫作“屋角煞”，所以屋角要特别注意，不要选择有屋角对到的房子。若屋角对到的是房子的侧边，也要特别注意，流年到此位置循环在此空间时，都与我们身体或财运有关系，可能会造成冲射而导致凶祸，所以要特别注意冲射的八卦位置。房子方向点与你居住处和缺角成三角关系，流年到此会带来凶事。

六、寺庙附近的住宅应注意的事项

中国台湾地区大概是世界上庙宇密集度最高的地区，几乎是三步一小庙、五步一大庙，因此很多人就会问，住家附近庙宇的龙尾煞是否会冲到房子？也有人说住在庙宇旁边的房子都不好，这种说法正确吗？俗话说：“衙前庙后不居人”。衙就是官府，从今天的角度来看就是警察局、派出所，因为这个地方被认为是杀气比较重的地方，若是住宅正对着警察局，恐会导致家人伤亡的情形。但是现代人不但不忌讳这一点，反而喜欢住在警察局附近，因为大家都相信这些区域歹徒比较不敢犯案，治安会比其他地方好。事实上，说警察局或庙旁边的房子都不好的观念是错误的。

庙旁边的房子不一定都不好，但宗教的建筑都有其特殊的造型，像中国的庙宇建筑，容易有龙尾煞的尖角来冲射周围的房子，常会使居住在其周围的居民，犯有阴煞之症或意外血光之情形，最主要是其尖角气场的冲克作用。如前行政院长萧万长就住在庙的后面，他能一路当到行政院长就一是一个特例。庙

里虽然阴气重，但只要不被冲射到，也会充满阳气，一样带给你很好的运势。

也有人买房子、租房子是为了要开店做生意，而在台湾地区，很多热闹的商圈都是围绕在某些庙宇四周，每逢初一、十五、初二、十六，这些庙宇更是人潮拥挤、万头攒动，大家可能会认为在庙宇附近是开设店面的好地方，其实也不尽然。庙宇附近容易汇聚阴灵，设立办公室、店面应该避免，但若是开设佛俱店、金纸店、小吃店、水果摊、命相、占卜则不在此限制当中，相反的，这些行业开设在庙宇附近反而会有不错的发展。

七、教堂附近的房子应注意的事项

宅屋的周围若正巧有教堂，那就要特别注意小心，一定要请精于大自然风水的大师为您效劳，前往作正确的判断。因为教堂的尖塔，易导致尖煞之影响，若其尖射的位置为住宅坐山的财旺方，那倒是会带来旺盛的财富，但若是其尖射位置适逢煞方，那流年天星一下达到其方位之时，当年必定会有意外血光之疑虑。

有尖塔的设计，虽别具一格，如同富丽堂皇的宫殿一般高贵典雅，但是依中国风水的磁场观点来判断可就有问题了，对建筑物本身之教堂来论是无妨的，可是它会影响周围的住宅建筑物，使居住者犯到一些莫须有的血光意外之灾。国内有这种尖塔造型的房子并不多，但如果你有亲戚朋友或子女住在国外的话，要特别提醒他们这一点，以免犯了无妄之灾也。

所以自己房子附近有尖塔造型的建筑物，并不一定都是不好的，流年天星所下达的位置，若逢财旺方，那当年的财利就会有明显的增加，一般教堂的位置以及其尖耸的塔尖正落于东南巽卦方位，则代表我所居住之空间内，必定会

出文贵之人物；若流年遇到辰、巳之年度，当年宅中必定会有很高的名誉出现，家中小孩的念书成绩也会有明显的进步。

八、房子旁边不要有旧式的斜顶建筑

现代建筑与旧式建筑参杂在同一个空间中，时常会有中不中、西不西的感觉，特别是在某些还在开发中的小乡镇里，经常可以见到高楼大厦当中夹杂着几栋数十年的旧式古厝，除了视觉上不协调以外，我们还要特别注意是否受到“檐头煞”的影响。

早期的建筑物都是采用斜顶之屋顶，这样的建筑必会有檐头的产生，若是此檐头又正好对到自己的房子，我们就称之为檐头箭煞，另外，檐头两侧为斜式屋顶，它会产生顺势导气的作用，若旧式建筑旁又紧邻着现代建筑，斜顶就容易导入不良之气来冲射现代建筑，而形成某个方位会有气煞关系，我们称之为刺胸煞。因此，不论您的房子是对到檐头或是旁边有斜顶紧邻，都会产生无形的气煞，气煞的空间，其温度必定较低，所以会影响人的健康。其健康问题常是严重之绝症，若自己的功德未能拥有实足的回馈，癌症是难免的。再论断是对应到男人或者女人身上，则依卦的意象为论，流年是依位置时空而断之，假使旧式建筑体为二层楼高，现代建筑体为七层楼高，如此，这种檐头煞气只会影响到二楼及三楼而已，其他楼层则无碍。

另外，还有一种情况也是经常发生的，就是旧建筑在拆除重建的过程当中，并没有将所有的旧房子全部拆掉，仍保留其中一栋或几栋的情形，等新建筑完成之后，就形成了新建建筑紧紧相连在一起的模样，在风水学中我们称此为“停柩煞”。停柩煞在乡下地方比较常见，但其实在都市里，有些人会利用自宅旁的空地搭盖斜顶的铁皮屋，其形状与上述新旧建筑合并的情形相同，也称之为停柩煞。一但形煞出现之后，只要流年到达住宅的坐向方位，此宅必定发凶，若不是家中有人死亡，就是有恶疾缠身，千万不能大意，有停柩煞形的房子建议赶紧将斜顶小屋拆掉为宜。

除了旧式建筑以外，现代有些铁皮屋、停车棚、庙宇、宗祠等都会采用斜顶设计，若居家附近有此类的建筑，一样也要特别留意。

九、容易发生火灾的风水格局

虽然说发生火灾的原因有很多，并不一定都是风水造成的。但是根据统计，发生过火灾的房子，再次发生火灾的机率远比没发生过火灾的房子高上好几倍！这样的情形用科学很难去解释，反而是用风水来探讨较能找出火灾发生的原因。

第一种容易发生火灾的风水格局是南方火星。宅屋或仓库应避免选择在周围有建物造形如城堡尖顶多簇之火焰般的凸出物的地方，假使此建物又正好位于宅屋的南方卦位，那就要特别小心火烛了，因这种形状容易导致火灾的发生。若作为仓库或工厂的地点，绝对要避免，因仓库较无人能确实注意电线或其他

的火烛问题，工厂的用电量较高，也较易有电线走火之虞。

在五行的解释则为仓库之木会去之火。工厂的动力为火，与南方火会合，则其火旺盛，火灾就容易产生。其尖射若在别的卦位，则所产生的问题就不一样了。唯有南方之火星加临，较为怕火来袭之状况，其他的卦位有的是意外血光，有的是被倒帐失财的现象，所以只要有冲煞或不吉之对应体的环境都是我们所不喜欢选择的宅第。

第二种容易发生火灾的风水格局是三角火星。火神光顾是必定有其原因的，宅屋周围环境之形势，在风水地理之理论上来说，宅都是以形势来作吉凶祸福的断验，事实上风水地理之原理是依风与水的相互对待所产生的结果，也就是说空气的对流原理加上五行的生克制化。风水师能依此推断未来与判断过去，所以我们就得注意住宅的环境因素，为何别人家常年无事，而我们家会常出事呢？这都关乎环境所带给人的气场所致。

宅屋宅体之前有一个三角之空地，因此本宅屋就每逢天干地支的三合六冲就会有火灾的形成，依外形来判断此宅，相信它是火神常光顾的一个宅体，在风水上是可以寻求化解的。假使在宅体前方置一水池，依风水制化原理，相信就能隔绝火神的光临了。

如果您的房子或者您在找房子的时候遇到以上的两种情形时，亦或者这栋房子曾经发生过原因不明的火灾，最好能另外再找适合的房子为用，以免遭受无谓的祝融之灾。

十、桥头附近的房子容易犯的冲煞

《宅经》中云："宅屋前方桥正当，必主横死及夭亡。常有鳏寡疾病缠，后代子孙须过房。当面有桥正面冲，宅基逢之均发凶。"

从此句经云就可知悉，桥头是不宜有正对宅屋之情形，住宅中会碰到桥墩桥面正冲的情形，在台湾南部乡下及大陆地区常有此景致，若居住的宅第有这种状况，必定会带给家中成员横死或重病死亡，后代无继，鳏寡之情形时有所闻。若宅屋为营商之场所，其生意也不会稳定，故住宅不管作何种用途，桥冲都属不吉之象，绝对不可以心存侥幸之心态方为吉。

从科学的角度来看，桥冲和路冲的情形其实事实是十分类似的，门前有桥

直冲而来，不但容易发生意外，而且桥梁两侧也是重要的交通出入口，车流量必定很大，所造成的空气污染及噪音污染必定十分严重，所以居住在这个地方，身体绝对不会健康，加上气场紊乱，做任何生意也不容易有好的发展，故千万要避免。

十一、壁刀煞及其化解方法

都市的住宅空间，都是依地主本有的土地去规划，并未配合周围的建筑，完全依个人的喜好而定，因此，就会形成每栋房子间有个人的造形与角度，如

此很容易就会有角度的冲煞问题，甚至会遇到自己住集合住宅大楼的楼栋间，互相有屋角的冲煞。住宅所论的吉凶是依整体环境的气流来判断，房屋的墙面在我们居住的房子面积之前，会有阻风且导风来贯穿我们所居住的空间，这就是我们常说的“壁刀煞”，墙壁的壁刀煞若在我们所使用的空间左侧，代表会对男人不利；若所冲射的位置在我们所居住的空间右侧，则代表对女人不利。一般壁刀煞所对应的大部分为血光之灾，所以若要找房子居住或购买，建议应避免有冲煞为吉。

1.化解壁刀煞的方法一

曾应上海的一集团之邀，前往勘察集团总办公室的住宅，因该集团自从搬入新大楼这三年以来，一切对外的关系就变得很复杂，官司诉讼、内部人员的斗争，团队精神非常的差，业绩也相对的衰退许多。此次集团经由内部高层领道开会决议，决定要聘请风水大师来作评估建议，经由辗转地打听，找到了笔者。遽闻该内部成员到处询问台湾较为厉害的风水明师，经过一些时日的探访，才决定邀请笔者前往。笔者到达之后，先至该集团办公楼的位置所在地，经由大自然风水原理的判断分析，本宅的周围环境，因犯了风水学里的“壁刀煞”所致，本栋大楼的前方有一大楼的墙角立于正前，墙面会导引风的直冲宅体，再加上大楼的后方有两栋大楼形成一个“天斩煞”的风煞，所以才会导致该集团一直不顺，内部的变化也非常之大，这就是气煞带来不吉之气，干扰人的思绪及脾气所导致。

经环境评估之后，建议作一制化之修改。因本栋大楼之前后空间还有很大的腹地，因此建议该集团自己在前后庭院间修造水池来制化，只要水的气量能与煞气达到平和，相信必定会有化解的作用的。所以空间的一切，虽为不吉，但有时用点外在形物，也有小兵立大功的时候。

2.化解壁刀煞的方法二

公司的成败，必定与住宅的气场有直接的关系。只要运用得当，财禄必丰盈，运作规划不良，则事业前途必衰。应南非华侨郭董事长的邀请，前往鉴定风水。郭董事长是女性的事业强人，其事业非常的大，从事各种毛料的针织，世界各国都有其事业伙伴，但她却自叹为何自己的妹妹和她虽在同一栋大楼内营业，妹妹的公司使用范围、使用空间都比她的公司使用空间小很多，但妹妹的事业蒸蒸日上，自己却每况愈下。经笔者前往约翰尼斯堡作整体鉴定之后，证实公司的办公楼外在环境有不理想冲煞，则再怎么努力都无法获得相同的回报。妹妹的公司虽小，面积却能避开外围环境的煞气，虽小之面积也同样能致富。

约翰尼斯堡的世界大厦前方有一壁刀的形成，但只要能适当的区隔，此冲煞就能完全的化解。本栋楼原始建筑师是将整个面积划分为二户使用，正巧避开了壁刀煞的杀伤威力，郭董事长的公司因人员众多，一户面积并不够用，因此承购了两户来使用，其将中间的壁面打掉，合而为一来作为公司使用，这样一来，外在的壁刀煞正立于使用面积的正前方。而其妹妹的公司因使用了一户的空间，也因此其办公室使用的空间与前面房子的墙角形成了平行，不致于受外在煞气来侵，因此注定了生意能一帆风顺。而郭董事长的办公室有冲煞来干扰，故导致其他国家的代理人及自己的内部就出现了许多差错。经以大自然风水理论，建议将公司的内部区隔空间来使用，这样总共经过了8个月之后，此集团的业务及外在的一切状况都自然变得顺畅，所有问题迎刃而解。

其面积的隔间规划提供读者作参考，以免自己的公司办公室有此状况发生时，能依样画葫芦，相信必有很大的帮助。

十二、天斩煞及其化解方法

现在的建筑中，常会发生不同时间所盖的建物，在无法共享一个墙面的时候，总会留下一道缝隙的防火墙，巷道越小，其导风的力量越大，如同刀锋，其越细薄，则刀越利，防火巷或形成了大楼间的夹缝，在风水学称之为“天斩煞”。其凶力非常的大，只要新的建物勿对到其缝隙之间，就不会有问题，但若对到了空间缝隙，就必定发凶。假如煞在北方的子位，则代表会有女人的子宫问题、男人的睾丸问题；若在南方的丁位，则主会有口腔癌或舌癌的产生，大部分发生在女性身上；若在南方的午位则另有脑积水之现象，但若偏向丙位时，则代表发生在男性身上，所以我们称天斩煞是一个极煞。

化解天斩煞的方法

台商在最近几年中，陆续的将产业外移，但经过几年下来，证实了几家欢乐几家愁，这些失败的厂商有的早已知道失败的原因，有的甚至经过一段时间之后，仍然不知所以。笔者长年在大陆地区帮助台商及当地企业集团作风水评估与规划，证实了风水之宅第吉凶问题，事实是与其所使用之办公室空间，有关厂家的吉凶则与工厂厂房及厂内办公室有相对的关系，厂房厂区的门路、厂房的排列构筑、厂区生财器具置放动线与位置、厂内办公室的位置，这些都有极为重要的影响。因此建议读者，假如你要开厂，或有亲朋好友要到其他地区投资，一定要敦请风水大师做最慎重的规划，方保事业万无一失，且能在短时间内事业蓬勃发展。

几年前，台湾的东隆五金公司，不惜投入重资到上海创立集团总部，没过多久，上海的公司就跟着台湾的一起关门歇业了。后来巧合，有台商要在上海承租一间大面积的办公室，在寻找当中，就有房屋公司介绍了原来东隆五金公司的上海总部，面积有1000平方米，正符合中型企业的总部为用，但新要承租的老板，一听说是东隆五金的旧办公室就心有畏惧，也因此特别敦请大师前往上海作风水的评估与判断。

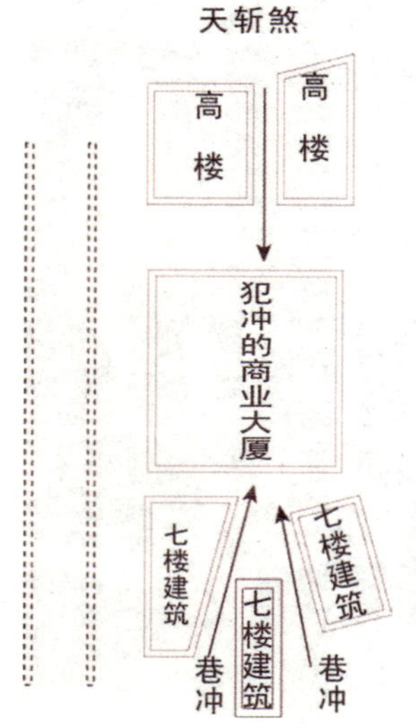

当到上海为科技公司的老板评估要承租之原东隆五金办公楼时，审视了环球经贸大楼的空间，发现本宅(如图所示)的前面堂局气势很漂亮，但在左边的龙边有两栋大楼，中间形成了一个夹缝，正冲本宅之空间而来，也就是风水学里所说的“天斩煞”，故在风水学理论是属不吉之格局。另外在右边白虎边上也有两栋六楼楼房，也

形成了两条巷子的合一而冲入宅体，故在风水学也论之为巷冲，但是无法以有相之物体来作生成克化的，故整体房子的全体评估判断，主必有外来的同行或内部的挖墙角关系，而会导致公司的失败。因此，建议此宅是不宜作办公室使用的，假设空间再往上面楼层移，那一切生命运势又有所不同了。

十三、房子底下不要有流水或暗渠通过

很多务农的朋友常因自己土地位置的问题，有别人灌溉的沟渠经过土地范围之内，而水流的水沟两边都有自己的土地，在不浪费土地的原则之下，当他

要盖一栋房子的时候，就以水沟涵渠的方式，让水流直接穿过屋子的下方或围墙之内的土地之下，因此导致水流之气会带走土地下方的龙脉之气，气不能凝聚，又有散失的情形，则住在里面，一切的运势就会随波逐流。

此格局风水理论主财运涣散，再多的家财也会因自己的失财而败光。若水流为由东往西流出，这栋房子就会有鬼影幢幢的现象。事实并非鬼魅入侵，而是因水流向西方，日落西方，水气与日落斜阳，产生雾气，夜晚温度较低，气不容易消散，会因气团流动停滞前方树下或有回气的空间，才会导致人的视觉上的错觉。

以乡下的独立并排式公寓来论，其整批房子是成一排而建，前面临街，后面则预留了大的空地来作二次兴建加盖厨房之用，这种增建对住宅建筑是绝对不会有任何的问题，也不会导致宅气之不聚及财气之涣散。这主要问题是宅后会有一条所有房子的元辰水及污水之排放水沟，在每一户违章不同时的状况之下，以及每一居住户未经风水师的指导，常常就将水沟加盖而铺于宅屋之下方，这就会使宅气从左或右而流失散去，这就代表有气散的流水，财富暗失的流水。当风水师到宅屋来帮忙鉴定房子的时候，常常会不知原始状况，在履堪之后，断验都会有所差错，明明断定要发，但其验证却差之千里，故此每一住宅之人是不得不特别注意的。

看了本篇之后请回想，贵居住建筑是否有以上之情形，若有则必须寻求改变，方能阻断家财流失。那要如何来改正呢？只要将流过来的水道转折顺墙而往后流去，然后依后墙及另一边墙来转化水流，这样就能完全解决此一水流的财气流失问题了。切记这非风水师之错，是你原始的错也。

十四、埋儿煞形

在现代住宅中，还有一种情形常会发生，在一整个区域旧屋要改建的时候，常会因其中有一户人家不愿配合，共同合建为整体群集住宅，但是若碰到建商

很有骨气的情况下，常会不管其中那一户人家，而将周围的房子全拆了，唯有中间不愿配合的建物给予保留着，而四边四角自成规划为各个单一主体，形成周围大楼围住一栋小建筑物，形同一堆大人围住一个小孩般，整体大楼的形态会有压制之气势。

在风水学里，这种状况称之为“埋儿煞形”。从“埋儿”二字就能见其行运必定会受到外在的压制，事业财富都难突破。健康也会受到外在的气所干扰而产生疾厄，主必有胸痛、头痛之症。平常像这种宅第，若有子女在此环境出生，必有天生残缺之嫌，慎之。

十五、孤高大楼

在许多大城市中，由于建筑用地的取得越来越困难，因此新盖的大楼都有往超高层发展的趋势，动辄二三十层都是常有的事，但是有时取得的用地面积狭小，建商在规划大楼的时候可能只有单独一栋，而四周都还是低矮的房子，因此等大楼兴建完成之后，就形成的大楼鹤立鸡群的情况。

像这种一栋高楼矗立在矮房中的情形在发展中的都市里经常见到。远远望过去，该大楼会给人一种孤独无依的感觉，靠近这栋大楼的时候，很自然的会给人强烈的压迫感。由于大楼四周的房子高度都很低，也无法对它产生任何屏障的作用，当然也就无法藏风聚气。住在这种孤高的大楼里，身体健康会受到很大的影响，若是选在这种大楼开店做生意或办公，也容易有泄财的情形。

十六、孤居煞

农村因为批地建房较容易，有许多人就会在自己的土地中央兴建宅屋，由于四周都还是自己的土地，所以一眼看去空旷的田野上有一栋宅屋，也会给人一种孤零零的感觉，这样的情况在风水学上称之为“孤居煞”。

依常理来判断，住在这样的地方其实是非常不便的，一但发生什么事情，也没有任何人可以前来相助，同时也会让人觉得住在这里的人一定是个性格孤僻的怪人。住在这样的房子当中，代表每个人都会各自为政，人人自扫门前雪，莫管他人瓦上霜；若是兄弟同时居住在此宅中，会有兄弟阋墙、家庭失和的情况。若宅体为连栋的建筑，则可以将此宅一一隔开，让彼此互不相通则较吉。

第七章

寻找适合自己的富贵住宅

前面已经介绍了找房子最重要的就是要避免有任何冲煞的问题，下面我们再来规划内部之隔间与动线。假使您找的住宅是独栋的建筑，周围又是空阔之地，那我们只要考虑周围环境以及未来可能的规划情形来辅佐判断；但是若要买一间集合式的建筑，那就要算出整个基地楼房的气运、坐向都是必须考虑的。能算出命卦当然是最好，但若不合命卦之方向，只要是当旺之宅，则建议可购买之，但在理财上则应作改变，方能有聚财之气，否则居住之后，很容易就有财进财出的运势。

住宅有不同的建筑形状，也有不同的方位、不同的门向，当我们在寻找所谓“好房子”的同时，最好还能注意到这栋房子适不适合自己来居住。一般来讲，只要住进符合风水格局的吉宅都不会有太大的问题，但这并不代表住宅对人的助力就能完全发挥，因为每个人的命卦不同，适合的房子也都不一样，如果想要找一间让自己发富贵的住宅，最好还是要选择与自己命卦相符的房子来居住，才能真正达到事半功倍的效果。

选屋或购屋时千万不要只着眼在美丽的景观设计，若是周围环境还有很多的问题存在，建议在购买之前还是应审慎评估，合命、冲煞与否？水景的位置与居住的空间合乎理气与否？稍有不慎，就连亿万豪宅也可能变为衰宅哦！

一、找房子需要注意的三大原则

不论您是想要买房子、换房子或是出门在外想租个房子来暂时栖身，第一个要面临的问题就是找一间好房子。但是在风水学中所谓的“好房子”，应该分成三个方面来加以定义。

1.符合住宅风水学的吉宅

也就是符合住宅学或风水学当中所谓的良宅美地，不但住宅本身的建筑主体没有问题(格局方正、没有任何缺角、损坏)，而且住宅周遭的环境也不会对住宅产生不良的影响(没有任何冲煞)，甚至还有能够帮助住宅兴旺的好风好水，这样的房子就可以称得上是好房子。

2.符合自己命卦的房子

住宅有不同的建筑形状，也有不同的方位、不同的门向，当我们在寻找所谓“好房子”的同时，最好还能注意到这栋房子适不适合自己来居住。一般来讲，只要住进符合风水格局的吉宅都不会有太大的问题，但这并不代表住宅对人的助力就能完全发挥，因为每个人的命卦不同，适合的房子也都不一样，如果想要找一间让自己发富贵的住宅，最好还是要选与自己命卦相符的房子来居住，才能真正达到事半功倍的效果。

3.符合动线磁场的内部摆设

辨别一栋房子的好坏，是先从房子的外围环境开始作观察。要确切掌握每

一个点、每一个位置与居住者的对应关系，接下来才是处理房子内部的摆设、动线设计、装潢布置等等，这些属于住宅内部的问题，比外环境的问题容易解决，因为它可以立即修改调整。不过在买房子的时候如果能找到一间有良好格局的房子，也能替你省下大笔的装修费用！

二、不同性质的房屋应该注意的重点也不同

根据个人需求不同，人们在选择房子的时候也会有不同的考虑，如果以房子的性质来做选择，资金充裕而想要买屋或换屋的人，通常会选择新的建案或

新的成屋；如果资金较不宽裕的人，则多半会考虑中古屋或法拍屋。虽然说不论选择何种房子，基本的原理原则都是相同的，也就是要符合住宅风水的吉宅和符合自己的命卦，但是在实际作考虑的时候，其着眼点还是有些不同。

1.预售屋

预售屋或者是正在兴建当中的新建案，由于建筑主体尚未成形，因此只能凭借着建筑蓝图以及样品屋来想象完工之后房子的模样，因此在判断房子好坏的时候很容易有疏漏的情形。再者，许多建商所提供的样品屋或完工后的预想图也会与房子实际完成之后的样子有很大的出入，这是购买预售屋或新建案时最大的缺点。

但是购买预售屋还是有许多的好处，譬如：

（1）可以选择与自己命卦相符的住宅坐向。

（2）可以选择自己适合的楼层。

（3）可以选择自己适合的建筑外型。

（4）可以选择自己适合的建筑外墙色系。

（5）可以事先规划好住宅内部格局，不必等完工之后再大兴土木。

2.中古屋

中古屋的坏处就是在选择上就没有预售屋来得多，因此多看、多比较是在选购中古屋时必做的功课，而且内部格局如果有问题的时候，可能还得花上一大笔的装潢费用。但是买中古屋的好处是看得见房子实际的状况，你可以从房子外面来观察出建筑本身的状况，也可以站在房子里面向外检视有没有冲煞，只要你够细心，屋况的好坏通常都能一目了然，不像预售屋只能凭空想象。

3.法拍屋、金拍屋、银拍屋

经济不景气，最近想买、或者想卖房子的人特别多，卖房子的人多半是因为公司破产被查封、或者中年失业缴不起贷款而被银行断头，变成法拍屋、金拍屋、银拍屋。想买房子的人则是想趁着这阵子房地产低迷不振，顺便检个便宜，但是在选购法拍屋的时候却处处暗藏玄机，有心想要竞标的朋友务必小心谨慎。

一般来讲，一个人会走到房子被拍卖一途，其实他的气势已经非常疲弱了，如果他又住在这栋房子里，我们可以合理的怀疑，这栋住宅的气场显然有问题。如果是一栋能发富贵的住宅，宅主又怎么可能会落魄到这种地步呢？看到这里，读者们一定会问："若依照老师所说，那些法拍屋、金拍屋或银拍屋，不就都不能碰了吗？"事情并非完全是如此，我们可以从以下几点去分析：

（1）如果是住宅本身出了问题，则不论是谁住进这栋房子都会受到相同的影响，那么建议您赶快打消购买的念头。

（2）如果住宅本身没问题，原屋主过去也一直过得很平顺，后来才渐渐走下坡，则我们可以推论是否是住宅的外围环境有了很大的变化，冲克到这栋房子而让运势下滑？如果是如此，也建议你赶快放弃为妙。

（3）如果住宅的内格局和外在环境都没有问题，那就是屋主的命卦和这栋住宅不合，则您就可以进一步来了解屋龄屋况和标售的金额了。

（4）如果住宅的所有条件都符合您的需求，最后一步，就是先查出自己是属于何种命卦之人，如果这栋房子又正好与您的命卦相符，恭喜您！这栋房子就是您命中注定，要让您大富大贵、大发特发的富贵住宅，别犹豫，买了它！

（5）如果被拍卖的房子是有问题的住宅，或是你不知道到底有没有冲煞，建议你不妨敦请大师来作完整的鉴定判断为吉。

从以上五点就可以清楚知道拍卖的标第物是不是适合自己。

三、住宅的方位与个人命卦的关联

许多人会认为只要找到风水好的住宅，住进去之后就一定会大发富贵，但事实上，住在好房子里却还是终日庸庸碌碌的人比比皆是，为何会如此？并不是风水没有用，而是你用得不够完整。

住宅的空间设计规划是一门艺术，它必须符合外在环境景观和室内生活空间形成相辅相成的完美格局，它必须具有独立性、开放性以及私密性。住家要呈现出现代的风格，除了具备有自由自在的住宅新观念之外，也要有极大的空间舒适感，想要拥有此一自然动线的空间，就必须配合个人出生命卦的先天之气来规划住宅。

人从呱呱坠地之时，吸入这世间的第一口气，就已注定这一生的先天五行气，它已和所有的物体及空间，形成了密不可分的相对关系，在这一刹那，日、月、行星所下达的能量磁场，和地球形成了相对关系。人居住于此，因此也就将整个量能磁场之能源投射到你的身上，所以一生的命运趋势，就跟随着日、月、行星的量能磁场之强弱来定吉凶。

而住宅的空间就是一个接收器，如同接收卫星的圆盘接收天线般，所以住宅的坐向和环境的吉凶，也就和人的先天磁场产生了密不可分的关系，它亦可代表人的行运好坏。

每一栋房子都有自己的生命力，人会受到房子的的影响而改变行运，这也就是俗话所说的：相由心生、心随境转的道理。笔者以二十几年的风水经验统计得知，住宅的坐向(理气)、位置(峦头)磁场可以带来行运的好坏吉凶。好的住宅可以让人神清气爽、较快恢复疲劳，并且能够带给人好的财运，使居住者的一切运势顺畅。

四、选择适合自己的住宅坐向

用买衣服来形容住宅与人的关系，并不是越贵的衣服、越华丽的衣服就是好的衣服，最重要的是，衣服要让穿的人感到舒服、舒适才算是好的衣服。住宅也是一样，一栋几千万、甚至上亿的豪宅就一定是好的房子吗？符合风水要求的房子就一定能帮助你发富贵吗？那可未必！这要看你的命卦跟房子到底合不合。因此，笔者特别提供简易的个人年命最吉利的方向选择，让读者在买屋或租屋的时候，有个可靠的依据。

判断自己命卦的步骤：

（1）年运之行运有分阴阳，阳顺阴逆行三元九运，故以男命、女命区分之(男女有别，查阅时请注意)。

（2）你适合住什么坐向的房子？请在所有表格中找出自己的出生年，再看看自己的出生年是属于何种命卦？若为坎卦、离卦、震卦、巽卦则属正阳卦(太阳磁场)；若为乾卦、兑卦、艮卦、坤卦则属于正阴卦(月亮磁场)。

（3）住宅配命的方法是以节气中的冬至为界点，所以冬至以前出生者以本年之命卦论之，冬至以后出生者以下一年之命卦论之。要确定当年之冬至时间，可以查一下万年历便可知晓。

（4）住宅方向与个人最喜方向相符并不代表一切，因为外在环境所占的吉凶比例非常的高，可致大富，也可以让你大破财，甚至产生严重的病痛，所以在选房子的时候，还必须内外兼顾才可以。

适合自己居住的住宅：

（1）如果你的出生命卦为(坎、离、震、巽)，则属于正阳卦(太阳磁场)，适合居住在坐北朝南、坐南朝北、坐东朝西、坐东南朝西北的房子。只要年庚能合房子的坐山方向，居住的人其身心必定健康、财源也必广进。

（2）如果你的出生命卦为(乾、兑、艮、坤)，则属于正阴卦(太阴月亮磁场)，适合居住在坐东北朝西南、坐西南朝东北、坐西朝东、坐西北朝东南的房子。只要年庚能合房子的坐山方向，居住的人其身心必定健康、财源也必广进。

五、房子的楼层与人的关系

当我们要去选择一栋新房子的时候，只要稍微留意到整栋大楼每户的房价时，就会发现四楼的房价都比其他楼层价位便宜一点。当你搭乘医院的电梯时，从电梯楼层的按钮也绝对找不到四楼的数字，在五星级饭店的电梯亦然。尤其到香港这个最迷信的社会里，更难找到四楼的按钮，大部分都会以M来代表四楼，不然就是直接以五楼来取代四楼，如此就将整栋楼的四楼代码完全取代了。

香港人喜好三楼、六楼或八楼，以数字“三”的广东话“升”的谐音来比喻升官发财；六楼则代表六六大顺；八楼则表示人人都能大发利市，因为“八”的广东话为“发”之意也。

事实上，在风水地理的五行运用上绝对没有以上之论述，唯有在地方俗忌上才有类似的情况。虽然中国人不喜欢“四”这个数字，但是泰国人就特别喜好四的数字。因为四在泰语的发音为喜事，故在此一地方反又被看作是吉利的数字了。

所以您的住家或公司的楼层正好位于四楼时，并不用去担心四数会有伤害，你看整个社会上的房子，还不是有很多六楼或八楼的公司倒闭，或居家不平安的现象，住宅是以每一楼层的空间周围与内部摆设的吉凶而断定好与坏，并非住四楼的宅第就会一路倒霉到底，若要细部的来论吉凶，则唯有依五行的河图五子运来论断，方能断验每一栋楼的楼层五行，再配合楼层五行和所从事的行业五行的关系，来断发富贵或发凶祸了。

六、选择适合自己的富贵楼层

以现代的风水观来看，对楼层的高低并不太讲究，最主要还是放在房子的格局和外环境上，除非是考虑到某些冲煞的情形。例如这栋大楼前方正好有高架桥或城市轨道通过，其高度约为该大楼的二至三楼，因为高架桥或城市轨道的经过会对该栋大楼产生一定的影响，故在选择楼层的时候会尽量避免选择二楼、三楼，通常都是碰到这类的冲煞影响时才会考虑到楼层的重要性。

每个坐向的住宅都有它的五行，而每个楼层依据河洛数的变化也有其五行属性，如果住宅的坐向五行与楼层的五行相同则是最佳的状况，相生的五行则是次之，以下就为读者介绍各楼层的五行属性与每个坐向的住宅最佳的楼层数。

1.楼层五行

一楼为水、二楼为火、三楼为木、四楼为金、五楼为土(六楼以后则重复同样顺序)。

2.八宅与楼层之关系

（1）坎宅(坐北朝南)五行属水，以一、六楼为最佳，四、九楼则次之。

（2）离宅(坐南朝北)五行属火，以二、七楼为最佳，三、八楼则次之。

（3）震宅(坐东朝西)五行属木，以三、八楼为最佳，一、六楼则次之。

（4）兑宅(坐西朝东)五行属金，以四、九楼为最佳，五、十楼则次之。

（5）巽宅(坐东南朝西北)五行属木，以三、八楼为最佳，一、六楼则次之。

（6）艮宅(坐东北朝西南)五行属土，以五、十楼为最佳，二、七楼则次之。

（7）乾宅(坐西北朝东南)五行属金，以四、九楼为最佳，五、十楼则次之。

（8）坤宅(坐西南朝东北)五行属土，以五、十楼为最佳，二、七楼则次之。

七、从周遭的建筑来判断自己房子的吉凶

住宅与周遭环境的关系是密不可分的，所以在住宅四周的房子当然也会对自己的房子产生吉凶对应的关系，但这并不代表周遭房子的影响都是不好的，因此这个问题可以从两个面向来谈。

如果只看周围房子对自己房子所产生的影响，也就是风水学上所谓的冲煞，不管是哪一种冲煞，对自己的住宅都会有不良的影响；如果是看自己的房子与邻近的房子所产生的对应关系，就可能会有好坏之别，但是在风水学上不同的派别有不同的讲法，以下笔者提供一则简易的五行生克法可作为大家在判断的依据。

风水学上不同形状的“峦头”可以区分成不同的五行，依照这个观点来推演，我们也可以将不同形状的房子依五行来归类：

金形的房子：为圆顶造型的住宅。

木形的房子：为细长造型的住宅。

水形的房子：为弧线或波浪造型的住宅。

火形的房子：为尖顶造型的住宅。

土形的房子：为方正平顶造型的住宅。

只要邻近的房子五行是与自己房子的五行相同或相生者，则对方的房子对你而言就会产生很好的助力，例如周遭都是同一批兴建的房子，形外观皆相同，

故所有的房子五行亦相同，所以选择这样的房子居住问题不大。相反地，若是对方的房子与你房子的五行是相克的，就算它对你而言并不会产生任何风水上冲煞的问题，但它仍然会对你房子的气势产生一定的压制效果，居住者虽然能住得平顺却也无法得富贵。

八、从住宅左右两侧的房子来判断宅运

在评断一栋大楼好坏的时候，除了大楼建筑主体以外，还必须要观察这栋大楼的左右两侧的房子，因为这些房子是与该大楼最邻近的建筑，它们与大楼

之间当然有密不可分的关系。首先我们要观察的是大楼两侧是否有左右龙虎突出拱护的现象？左右龙虎就像是住宅的左右护法，住宅左侧称之为左青龙边，右侧称之为右白虎边，若两侧的房子与大楼高度相当，则这些房子就会在无形当中对大楼产生保护的作用，这是非常好的格局。但要特别注意的是，左边房子的高度不能比右边房子的基座高出太多，右边房子的高度也不能比左边房子的基座高出太多，如果右边比左边高，在风水学中称之为“白虎抬头”，会让大楼的整个运势消沉，人也会住得不平安；如果左边比右边高，称之为“青龙抬头”，论断为子女离乡背井、孤苦劳碌之兆。

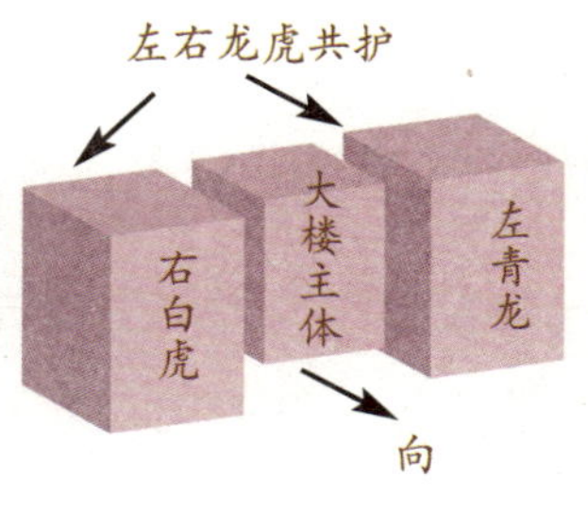

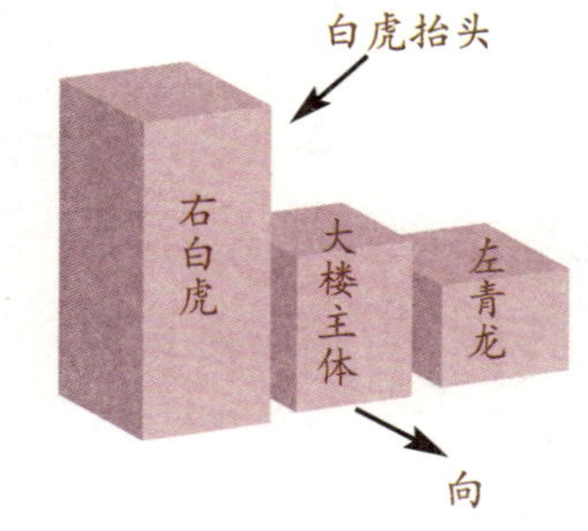

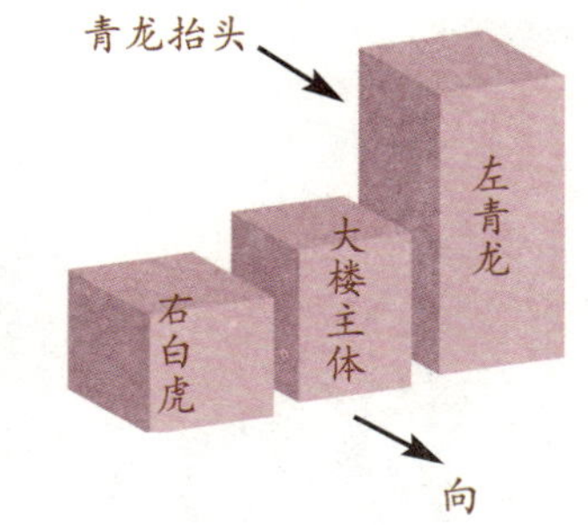

九、住宅的外墙色系与房子的旺衰

当自己要去租屋或买房子的时候，通常无法看见住宅的内部格局，于是有许多读者朋友问老师，是否能够从住宅的外观来分辨住宅的好坏？

答案是肯定的，但是这还牵涉到许多风水学上的理论，例如周围环境有没有任何冲煞等等，都必须一一去观察，如果想从住宅本身来判断吉凶，倒是可以提供你一个简单又准确的方法，就是从住宅的外墙颜色去判断此宅气运的旺衰，只要能够住到一间旺宅，保你财源滚滚来！

1.住宅与色系

建商在兴建一栋房子时，一定要注意到外墙颜色及内部的格局规划，住宅外观代表此建筑物的生命力以及建筑物的行运气势，外墙的颜色构筑也代表其格局的高低，就如同人的八字好坏之分，有好的外墙颜色气势，可将环境周围之气纳入，但颜色是必须配合方向来取用。

每一栋住宅都有属于它的色系，一般而言，色系主要以象牙白为佳，但是不要偏向于纯白色，整个气场才会比较亮。有些建筑会用红色系、蓝色系或绿色系，这些颜色都必须配合整栋大楼的整体采光面，才能得到旺气的效果。

色系开运乃是根据五行相生相克的原理，每种色系都有属于自己的五行，只要判断出房子的坐向，先找出住宅属于何种五行，再和相生的五行色相互配

合，就能产生一栋旺气的宅屋来。相反地，如果屋子采用了相克的五行色，住宅的气自然就会受阻。

举例来说，若大楼的采光面方向是坐东朝西，它的五行属木，色系上就是属绿色系，则外围环境就必须与它相生，如果房子漆成绿色，对你是有帮助的；若是漆成蓝色系，蓝色五行属于水，则水会来生木，这种房子对你也是有帮助的。

如果是一栋坐南朝北的房子，本身五行属火，火的色系是红色系，若是将房子漆成蓝色系或黑色系，这个色系的五行属于水，水会来冲克这栋房子的五行气，住宅的气就不能顺畅，即使天运五行照临，气也无法达到兴旺。

因此，建筑商若是将坐南朝北的房子外墙颜色设计成蓝色系或黑色系，售屋期间，销售率一定会受到影响；若是购屋或租屋时，选择了这样的房子居住，经过一段时间之后，也必定会产生无形的压力，让人的气运不顺，这一点，特别提出来请读者们注意。

2.五行方位与适合之色系

(1) 住宅的坐向是坐北朝南，正北方五行属于“水”，适合的颜色为蓝色系、黑色系、白色系(象牙白)，这些色系对住宅很有帮助。

(2) 住宅的坐向是坐南朝北，正南方五行属于“火”，适合的颜色是偏向绿色系或黄色系、红色系。

(3) 住宅的坐向是坐东朝西，正东方五行属于“木”，用绿色系、蓝色系才能对住宅有所助力。

(4) 住宅的坐向是坐西朝东，正西方五行属于“金”，最适合的颜色为花岗石的黄色系及一般黄色系，白色系也对房子很有利。

(5) 住宅的坐向是坐东北朝西南，东北方五行属于“土”，适合的颜色为黄色系或白色系。

(6) 住宅的坐向是坐西南朝东北，西南方五行属于“土”，适合的颜色为花岗石的黄色系或白色系。

(7) 住宅的坐向是坐西北朝东南，西北方五行属于“金”，适合的颜色为黄色系、黄红色系，最佳的颜色是金黄色系，若为玻璃围幕的大楼，用金黄色能让居住者财源广进。

(8) 住宅的坐向是坐东南朝西北，东南方五行属于“木”，适合的颜色以绿色系、浅蓝色系为佳。

第二篇 居家设计风水

本篇的重点是住宅内部的规划与设计，本篇所提出来的建议并不只是用于那些刚买屋或换屋的朋友，就算是已经拥有自己房子的一般大众，也可以用篇中所点出的重点分门别类地来检视自己的住宅内部规划。

如果您的房子正好也有风水上的问题，书中亦提供了最简易的修改与化解冲煞的方法，这些方法都只是需要挪动一下家具位置、转变一下方位、稍作一点装潢上的小修改便能完成的，完全不需要大兴土木，因此希望有缘阅读到本书的读者们都能逐条将自己的房子检视一遍，必定可以让您“趋吉避凶人安康，富贵长寿宅兴旺”。

第一章

大门和玄关

通常，我们在看一间住家的内部环境时都是从大门看起，这个家的大门就如同人的嘴巴一样，只要嘴巴进食良好，就代表身体健康，因此大门对房子而言十分重要。

从大门看出去，若是一楼，要观察对面是否有大柱子。若是门前有大柱子或电线杆，尽可能将门移到另一个空间，避免对到柱子冲来的方向会比较平安。

也有人喜欢在大门前摆放一些造型特殊的大石头来装饰，以为这有美化空间的作用，其实正好相反。门外的空间最好能宽敞无障碍，如此才能让气很顺畅地进到宅内，门前有大石挡道，就如同嘴巴上长了一颗大肿瘤，如此对宅运只是有害无利。此外，像是垃圾、杂物、废弃物等等也最好不要堆置在大门正

玄关本是佛教中的“入道之门”流入世俗，则成了进入住宅后的第一道关隘，在西方，玄关更蕴含着家庭的金钱运势。

玄关之于住宅，既对风水有决定性作用，也对美化厅屋有实用性作用。

巧妙设置玄关，进可防止阳宅旺气的外泄，退可化解屋外直冲大门的煞气，更能让运动的进入者静气敛神、调整气息直接提升住宅的吉祥运势，聚气生财！

一、大门不能有破洞缺口

住宅的门为进风口，在宅相学里，大门论之为宅之口，以人体的器官来比喻，是与嘴巴相对应。假如一个房子的大门有露风缺口的情形，则家中易有兔唇之子孙，假若家中有门缝过大或门无法密合，想生育子女就得赶快整理好，方能确保生出没有缺陷的子女。一般若不论及子女的出生问题，只论宅中之人的疾厄健康，则应论之为人的虚火旺盛，常会有口破溃疡之疾病，家里面的人彼此之间的口角也比较多，家庭和谐会是最大的问题。

二、门框、门柱不能弯曲变形

宅屋的门框若有弯曲不直的情形，主家中的成员时有打架斗殴之情事发生，子孙忤逆、每一个人的脾气都会很奇怪，会有让人意想不到的心态产生。门柱的弯曲亦代表家里成员中会有弯腰驼背之人，所以家中的门柱如果变形、弯折，应速修改为吉，否则其气就会越聚越强，到最后甚至会有导致家破人亡之虞，子孙的行运也会一直坎坷不定。为了要让家庭和谐，以及要让子孙有出息，在这方面的问题，就应尽速去修理完整，免生烦忧。

三、门柱不能有虫蛀的现象

宅屋中的门柱有虫蛀之现象，代表宅中之气涣散，有败运退气之情形，应尽速处理消除虫蛀之门柱，否则居住者的口腔易有疾病产生，若是宅中的家俱或床铺底下的木头或地板木头有白蚁侵蚀，则应尽速大翻修，否则会影响居住之人的财运与健康。

一个房子的方向在天星运退运之时，宅中就容易有虫蛀之现象；或是人的八字运适逢低潮之时，也容易去居住到宅气不吉之住宅，所以只要在宅中可以听到虫蛀声或见到白蚁所侵蚀的家俱，就应该注意到是否是住宅的方向无气运或是住宅内部的宅气消退，只要能有适度的修改或调整，则宅中气运也能转衰为旺的。宅旺则人的财运事业才会旺盛，宅旺气，人的身体也能平安健康，大部分宅中有白蚁或虫蛀之时，人的身体会有酸、痛、麻之现象产生。

四、大门不能有破损

不论是家中的大门亦或是宅中的内门有破损之情形，应尽速修理好，否则门的气会道致居住之人的破财。门是进气之口，也就是纳财必经之通道，有破损则代表平时进帐有障碍，没有那么顺利。若论身体健康，则主喉咙的毛病，以及口腔常会因火气大而长泡疹及溃烂之情形，倘若是大门之破损，则居住之人在外常会与人结怨，或常有口角是非之问题，慎之，只要稍加修改，疾病自然能痊愈，财运衰败之气也会很快有复苏的机会；在事业方面想要再突破，则自然会有人愿意帮忙去完成，对外的关系也自然能够得到助力。

五、对开之门不能有左大右小的情形

在中国台湾的大楼住宅，因局限于空间的关系，每一户住宅的入口大门，常以子母门的方式来设计，这种两边大小不一的设计正好犯了风水理论的大忌。在国外的房子，因大部分空间比较大，所以设计的大门尺寸都会以两扇很大的门来做门板，绝不会像中国台湾仅以一边大一边小的方式来规划。

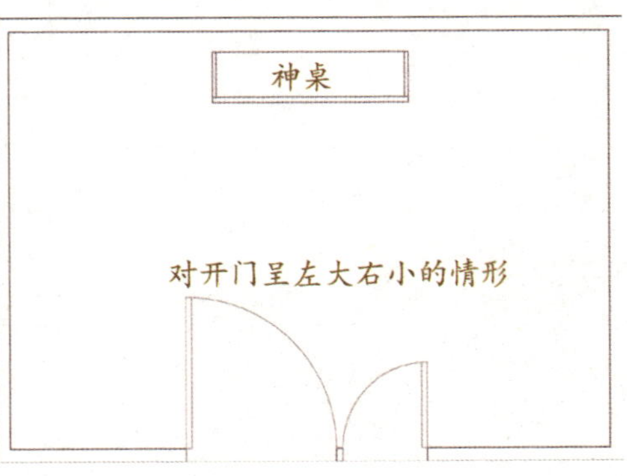

古书中说，门的大小有关夫妻的对待关系，对应为左大换妻，右大换夫。但这个理论是以旧式建筑的三合院来论断的，现代建筑就不一定会准确了。

依笔者二十几年的统计，都市大楼楼面式的住户，只要是住宅内没有安神佛的神位，而且没有安祖先之牌位，就算门是一大一小，也不至于会影响宅内夫妻的关系；但若在宅屋内有安置祖先，则门的大小就会有对应关系了。假使是左边的门较大，而右边的门较小，则代表这一家人必定会有离婚或妻早亡的现象，所以左大换妻的对应就因此而产生了。若没有安置祖先牌位，那你就无须担心了。

六、对开之门也不能有右大左小的情形

公寓住宅或三合院，以及乡下五间式的建物房屋，假使其大门的设计是右边的门大、左边的门小，则代表家庭易有离婚之象，不然就是夫早亡之现象，若是离婚必然是夫搬离家庭，留下妻儿居住，若左边大，右边小，则代表妻子离婚之后，两袖清风而离家出走，有此现象的大门，到最后妻也必定早亡。但是若在大楼楼面的公寓住宅内，家里面若有安祖先的神位，则对应关系亦如上述之情形。

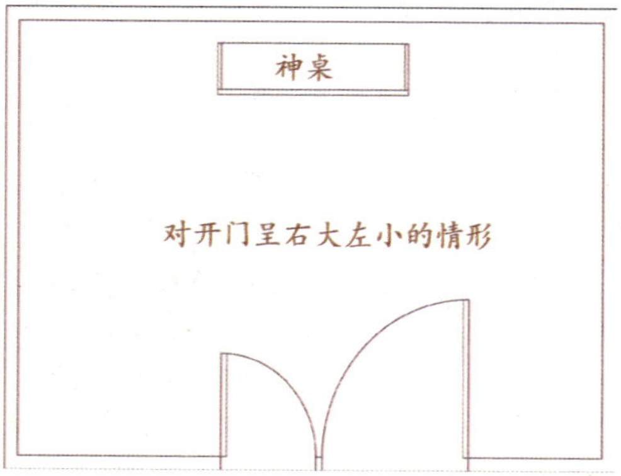

神桌

对开门呈右大左小的情形

所以在设计一个大门时，两扇门应以同样大小的设计为吉，不宜作怪而设计了左右不均的门扉，以免家庭的悲剧产生。

在笔者的统计中，大楼的楼面若宅中没有安祖先牌位，则一切不用担心，神位或祖先的安置，只要有安置

就有吉凶，没有安置就没有吉凶论。故建议读者，若住家空间不够大就不要勉强，慎终追远是好事，但若南部乡下的祖厝还有人居住，则不必急着去请祖先上来供养，以免犯了上述之大忌而生烦。

七、门的大小应与房子的大小成比例

大门既然是房子最主要的进气口，有些人就会认为若是将门做得大一点，气就越容易进到房子里来，对房子应该是很有帮助才是，但事实上并非如此。

住宅风水中所谓好的房子，是一个能够“藏风聚气”的空间，门做得大一点的确可以帮助气更容易进到室内来，但相对的，太大的门也无法让住宅之气聚守，反而会让气向外流失，所以根本无法达到藏风聚气的效果。相反的，若是您有一间大房子，却只设计了一扇小小的大门，这会让气无法顺利地进到宅中，同样是犯了风水上的禁忌。

房子小而门大，代表气不能聚，房子不能聚气，主财的耗损或流失，代表住在此宅中人无法守财；若是房子大但门却小，此宅进气不顺畅，主财不易得，代表住在宅中之人进财困难，或是财禄状况有阻碍。所以大门的尺寸，最好是以房子使用面积的比例来计算，若房子大就设计大一点、气派一点的大门，若房子小则以一般适中的尺寸即可。

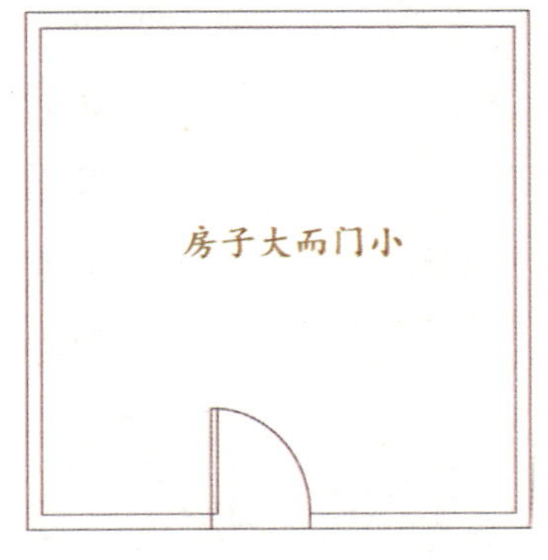

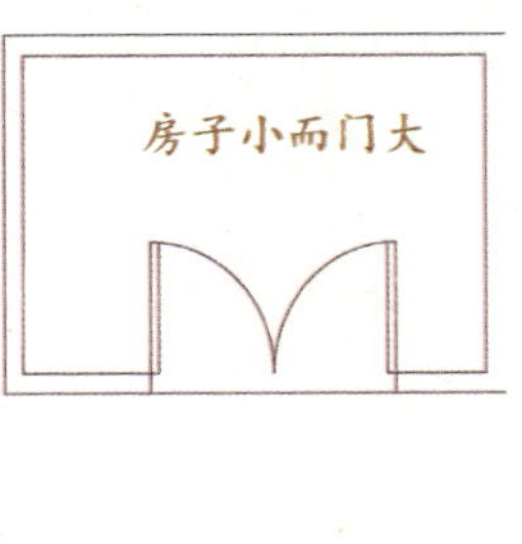

八、宅内避免有“品”字门的设计

一个宅屋的出入门中，若在同一墙面则不宜设置有两个大门来作出入口。门在住宅的理论中，其为纳气口，就如同人的嘴巴，它代表口舌之意，故在同一道墙面就不宜有两个门，因为这会带给家人口舌是非，这是出入房子大门的问题，而在内部房间的门，所忌讳的就另有不同了。

在住宅的外出之门称为“门”，在室内房间门称之为“户”，故户对吉凶的论断上最忌讳成“品”字的三个门，三个门的位置成了等角的门位，则主口角不断、家庭不和谐，另外若家里面房间门，一样有三个门，但却排列成串，成为一直线之门，那也代表口舌是非，其意代表着人容易为反对而反对。

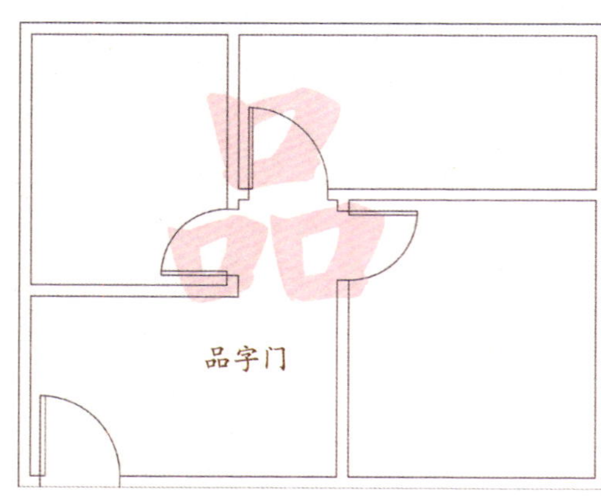

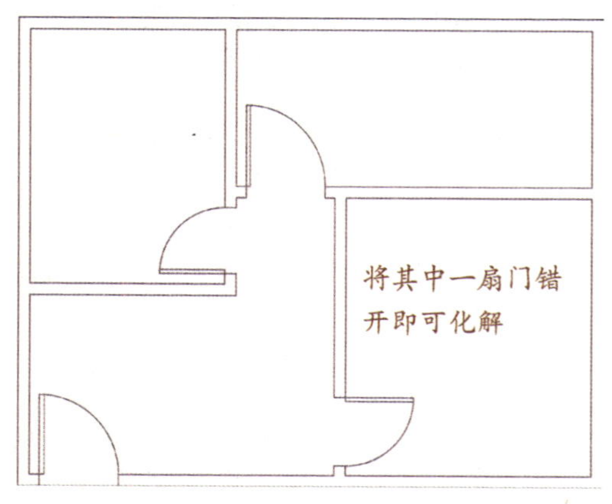

所以这些门的设置，虽然很简单，但其中却有很大的学问，只要规划不慎而形成为不良之门户，就会带给家里面的人不和谐的困扰。切记：家和万事兴，家和万事成！所以门户的开启位置是必须以风水地理的道理来作规划的。

九、宅内避免有二门相对的情形

宅屋中的门，有很多深奥的学问理论，门为宅之口，故宅中的门位配置就马虎不得，不要有“品”字的等三角位规划。一般公寓或大楼平面的房子，房间门经常会有两门相对的情形发生，这种门户的配置，只要能避开就避之，但假若两门相对而立，在无法改变的情况下其实也无妨，因为它代表着各自独立的现象，目前工商业的繁荣发达，大家都非常的忙碌，所以各自独立的情形非常普遍，不要看到古书说：“两门独立，相骂不息。”就每天惦记着它，担心受怕，天运的运行自然会改变人的生活型态，因此有些古代的理论至今也应稍加修正，配合当今之时宜为吉，旧式建筑在乡下则每一户均面朝马路，排排而座，它没有门对门的问题，因此旧社会的人们平常都有串门子的情形，而当今之公寓建筑形式，则为双并之楼房，因此每一户的门都是相对的，所以大部分住在大楼的住户，见面都只是招个手打个招呼而已，你怕我、我怕你的情形处处可见，在进门之后，立刻关上大门，也因此你绝对很难去了对门邻居的状况，这就是门对门的相对问题。

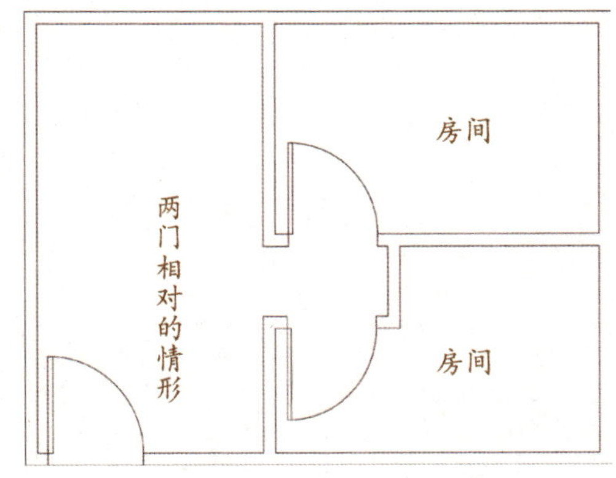

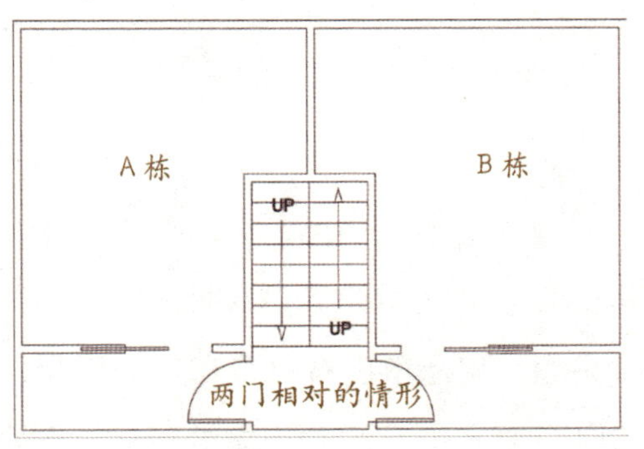

十、主卧室门不要与大门正冲

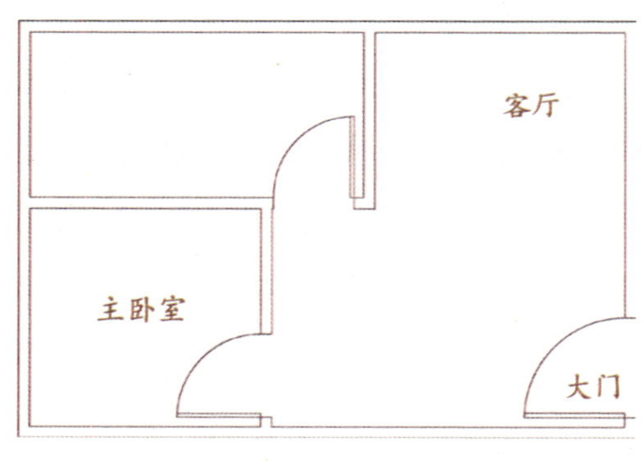

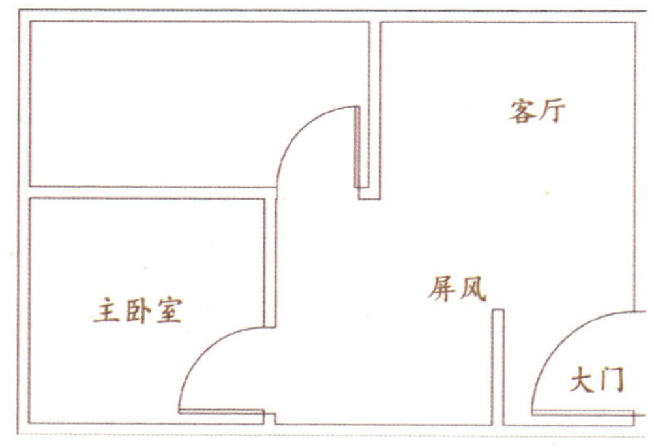

宅屋的大门，一进门之后就立即看到卧房门与大门成一直线，两门相对冲，这种房子就代表会对金钱财运不利，尤其主卧室的门与大门正对冲，流年天星到宅的大门位置时，当年必定会有大量的金钱流失，像这种状况只要在宅的大门入口处，以玄关屏风作区隔，就可以完全化解泄财之象。

假若客厅的空间不够大时，则可以在卧室门上挂门帘，来阻隔外在之煞气，这种化煞的方法，只能稍微减弱其泄财之杀伤力，无法完全百分之百地化解，所以在平常理财还是要细心去处理，否则还是会有小失之象。

十一、宅内避免有“一串门”的设计

一间宅屋的内部，若有三个房间门排列成一直线的状况，属“一串门煞”，其代表宅第之中的成员个性上都很好胜，谁都不服谁，因此，在风水学称之为口角门。房屋里面有口口相对的现象，当然就会带给全家不能平静，时有争端，所以只要家里有这种现象的时候，只要更改动线的空间，或者可以将三个门中

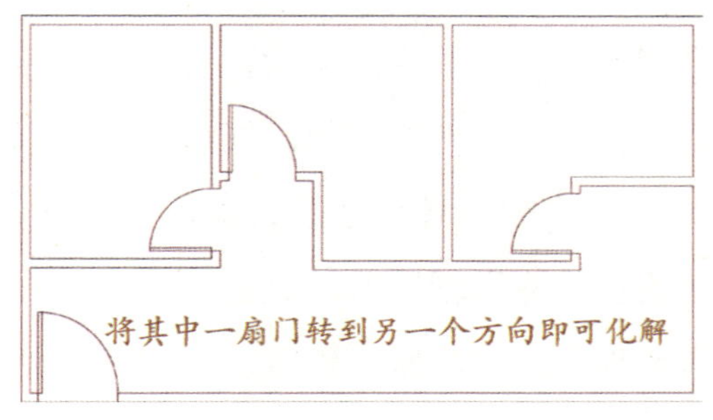

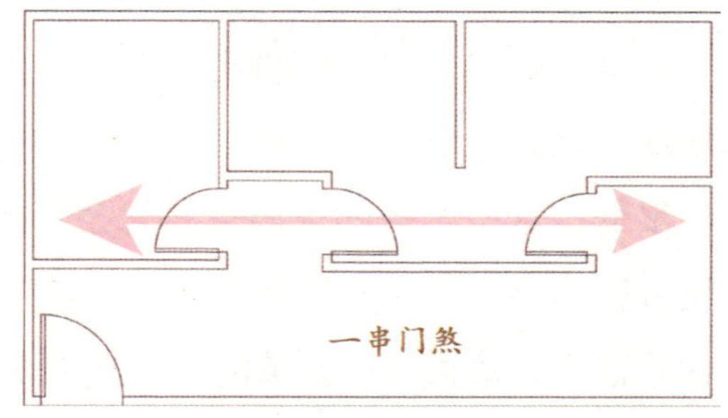

间的一个门取掉，扩大门的宽度，变为动线区隔。假使在无法更改的状况下，又不能搬家，那唯有建议在门上挂门帘，这种更改方式只是能让此宅中之人在处理事情时能稍微放低姿态，不致于有太强的争执产生，大部分的人都会因为心中有些挂碍而压抑心中的情绪，只是以忍代争的现象而已。

十二、玄关设计

通过大门之后，进门的位置就是玄关。大门是一家人每天出入的空间，也是这个家庭的门面所在，其气必定会影响所有人的生理与心理，因此对于玄关的布置也不能马虎，其设计重点是以宽敞、清爽、明亮为重点。

以人体来解释，一个人的喉咙就如同家中的玄关，因为玄关是将气道入室内的一个输送口，而人的喉咙是输送食物到肚子里面的通道，所以不论是宅的喉咙或人的喉咙，如果能够顺畅，则一切就会顺利，但假使喉咙发炎或被刺梗到，则吞咽就会有问题。

也就是说，宅的入门处“玄关”之空间，不宜有太多的杂物，否则气不够顺畅，就会带给宅中居住之人的行运障碍。玄关是导气的空间，气如果能够道得很好，这个宅里的气场自然就会旺起来，进来的气场如果弱，又没法导气，气就转不出来，人的喉咙有喉结，是帮助饮食的输送辅助器，故建议读者，假如是这样，建议您在玄关的位置摆一个圆形物体，如花瓶、瓷器、雕饰艺术品等等皆可，让外面进来的气经过圆形的物体，气在此转圆之后，就能顺利的被导入家宅中，自然富贵无碍，能带给你很好的财运。

气一进到宅中之后会马上反弹，就像撞球的原理一样，你直接将球撞到球桌边缘然后下袋，一定要有正确的三角关系，圆形物体加快正常三角关系，气场相对，互相牵制房子，才能带给居住者美好的磁场。

住宅内部格局最常听到的冲煞之一就是“穿堂煞”，但是仍有许多人不了解怎样的情况才算是一个“穿堂煞”。

“堂”就是厅堂、房子，所谓“穿堂”就是指厅堂或房子的两端被贯穿的意思。房子的四周可能都有采光面，不管是门路也好、窗户也罢，只要对外的开口都算，只要房子里相对的两面墙上皆有开口，而且两两相对，就像是房子被一箭贯穿而出现两个洞一样，我们就称之为“穿堂煞”。

现代建筑的设计经常会有穿堂煞的情形发生，特别是某些大楼的房子，其大落地窗都是向外，而大门则是在大楼中间的位置，因此很容易产生一开门便可见到大落地窗的情形，门与窗正好形成一直线，就是典型的穿堂煞。不过穿堂煞并不一定都是发生在门路与窗的相对位置，有些独栋楼房因为四面皆开窗的缘故，也有可能出现窗对窗的情形，这也是穿堂煞的一种。

居住在有穿堂煞的房子里，对人的运势、身体健康都有很大的影响，容易有泄财、意外血光、身体病痛的情况产生，若是办公室或店面有穿堂的情形，那钱财必定是左手来右手去，此为大凶之格局。为何穿堂煞对住宅有这么大的影响？一间好的房子，最重要的就是能够“藏风聚气”，前面谈玄关的时候说到，玄关的作用是将气导进屋子，然后想办法让气能够在室内回流，这就是藏风聚气，试想，如果房子也穿堂的情形，气从这一头进来之后马上又从另一头流出去，如何藏风聚气？房子的宅气一散，住在房子里的人当然就不平安。

要化解穿堂煞其实很简单，只要在两个气口之间筑一道障碍物便可化解，例如门与窗的穿堂情形可以在玄关的地方做一道屏风来间隔，窗与窗之间的窗堂只要将其中一扇窗封掉即可，要注意的是，这些用来阻隔的东西必须是要以密实不透光的材料为用，如果只是用块窗帘或门帘来阻挡，或是用透明材质的屏风，都是无法完全化解穿堂煞的杀伤力。

第二章
客厅

客厅可以说是一家人每天生活的中心，除了吃饭（有的人家吃饭也在客厅）睡觉以外，我们大部分的时间都待在客厅。客厅也是家庭对外社交宴客的主要空间，所以家家户户在装潢时都会将重点摆在客厅。

客厅既然是一个家庭最重要的生活空间，其位置就应该设计在宅心的位置，也就是房子使用面积的正中央。旧式三合院建筑的宅心就是中央的正厅，但是现代建筑为了要让客厅有充足的采光，都会将客厅设计在靠近大落地窗侧边的位置，或是大门进来的位置，这样的设计也无妨，但切忌进门之后必须先经过厨房才到客厅的格局，这样的设计会导致家运节节衰败。

在客厅的空间里，要怎样运用现场的地势地物来帮助家庭平安、求取富贵呢？建议家里的摆设越简单、越干净、越单纯越好。一般人在同一栋房子里居住了5年、10年之久，家里面的东西就会越累积越多，然后这里堆一下、那里挤一下，堆到最后没有空间可以摆，干脆就到处乱放，所以家里会显得很凌乱，气场也会受到压制，反射出来的气也会让运势更低落。房子里面要尽量整齐、单纯，利用现场环境给予变化，改变之后如果四方出现很多的角，尽量用圆形的物体摆在角的位置，让三角的磁场不会那么强烈，让它的反射显得比较圆融，这样的情形代表气的柔和，也代表气在房子空间里循环。

一、沙发的摆设位置是关键

通过玄关之后，进入房内，映入眼帘的是家中的沙发。客厅的摆设中，与人的运势关系最密切的就是沙发的位置，在主沙发摆设的位置必须要能看到房子的向。房子的大门，是给所有相界的人进出通行的，采光面则是给神、鬼、佛等等无相界的灵出入的。从沙发的主位坐下去能监视到门，也能监视到向，则沙发的摆设方式是最佳的。

有人会问："家里的沙发有四五张，主沙发到底是哪一个呢？"是一人座的还是三人座的沙发呢？事实上，一般人回到家必定是往三人座的位置（或最大的位置）坐下，而不是单人座，故三人座沙发（或客厅中座位数最多的沙发）

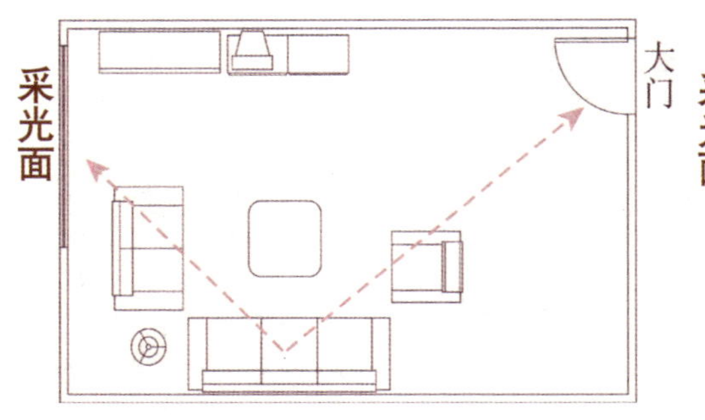

沙发的正确摆设位置。必须要能同时监视到大门和住宅的向（采光面）。

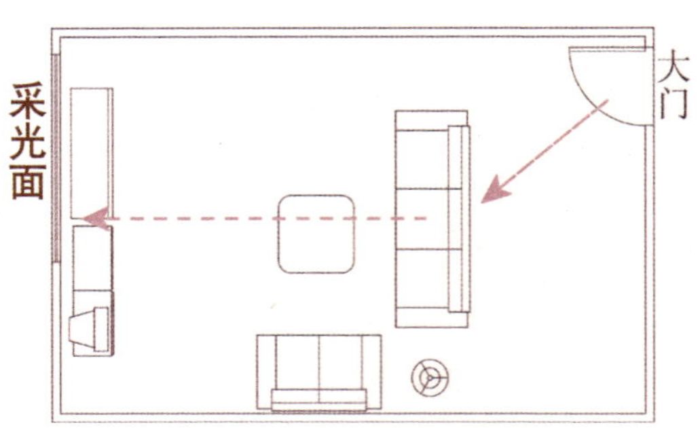

错误的沙发摆设位置。虽然能够监视到住宅的向（采光面），但却背对着大门，代表会有犯小人及诉讼的现象。

应为主位。此气场每天看得到门，看得到气，代表有监视作用，如果摆错了，沙发背着采光面、背着门，代表会犯小人；背着进来门，可以看到采光面，也代表犯小人，会有官讼现象，所以沙发摆设十分重要。

二、地板的色系与材质对风水的影响

客厅及房间内的地板，最忌讳用黑色的大理石材质，因为大理石的温度较低，所以只要室内铺设大理石，到了冬天就会觉得特别冷。夏天在冷气的吹拂之下，其阴湿之气也不容易散发，在盖大楼时，有工人会拿着瓦斯喷灯来烤大理石或花岗石地板，那就是因为地板的湿气过重，导致每一片石片有不同的色泽，必须要用火将其水气烤干。从这个事实我们就可以知道大理石的湿度与温度是不容易发散的，人居住在这个空间里，日积月累，其湿气就会让我们的身体产生病变。

据笔者多年统计，室内铺设大理石或深色石板的家庭，其宅中大多会犯到

女人子宫肌瘤的毛病、手脚酸麻、中风等病症，子孙会比较没有雄心抱负，容易倾向于懒散之性格。所以还是建议读者，在规划室内地板时，若不嫌弃木质地板的话，应以木板为用最吉，或以流行的瓷砖、刨光石英砖来用，均能使宅中的温度温暖平和。

地板除了要注意色系与材质以外，还要注意是否平整，室内地板不宜为了追求创新而采用有高低落差的设计，地板不平在风水学中论之为在外的声名败坏，在内则容易导致意外伤害及神经衰弱等病症；同时地板也不能有高低倾斜的现象，观察这一点只要拿水平仪放在家中地板上就能测出，若是房内地板倾斜，则主泄财之象，家运也会有节节败退的情形。

三、装饰挂画的内容要慎选

房子内的摆设要以简单大方为基调，但是过于单调也是不好的，因为太空旷或是太单调的空间的会给人一种冷冰冰的感觉，这时候若能适时的在墙面上挂一些象征吉祥的画作，就能达到不错的开运效果。

室内的墙壁挂画，应以暖色且带有吉祥意义之画为用，它能借由视觉感官带给人吉祥，也就是说，它是经由画的象征意涵来刺激人的脑神经，借以产生正向的内分泌。有好的感官，内分泌就会分化出较为喜气的因子，可以让人的外在散发出特有的吸引力，进而创造出旺盛的财富，以及表现出个人旺盛的企图心。

大致说来，人们在室内最喜欢挂的有招财进宝图、官居一品图、花开富贵图、孔雀开屏图、八吉祥图等等。这些图画与文字均能带给人美好的观感，自然而然地能够产生吉祥因子。

选择画作的时候，并不一定要用中国传统的吉祥画，事实上，只要是色彩鲜艳活泼、构图又能让人感受到祥和平静的画作都适合悬挂，不管是西洋油画、水彩、甚至是摄影作品、流行海报等等都可以，因为鲜艳亮丽的色彩具有活络空间气场的功能，让水泥砖瓦的屋子不会过于冰冷。

尽管如此，在选择画作内容的时候还是有一些禁忌存在，其中最忌讳的是在室内悬挂有大瀑布、急流之水的画，这代表财禄有大进大出之象；另外还有海浪图，它也代表财禄不能聚守，有大起大落之象；年轻人喜欢在室内张贴一些血腥暴力的的电影海报，这会在无形当中引起人的暴戾之气，故应避免；有些人则是喜欢老虎画或用整张的老虎皮当作摆饰，这就会带来家中的女人掌权欲望高涨，也代表家中女人较为劳碌；挂大鹏展翅图虽然能够激起人的旺盛企图心，也包含了鹏程万里的吉祥意义，但若本身就是个脾气急躁或是做事冲动的人，则最好避免悬挂；日落黄昏的景致最为画家们所锺爱，画作虽美，但它所传达出来的讯息却是十分消极与负面的，应此也尽量不要悬挂，故在风水上应尽量讲求平和，多摆饰一些柔和的画作，以吉祥之代表物作为人的潜能激发辅助品。

有些人为了增加自己家中的文化气息，会在家中悬挂对联或书法作品，但不要悬挂太多，因为书法作品多半是黑白色系，悬挂太多会让人有冰冷的感觉，建议可以选用红色朱砂所写成的书法作品来替代。

四、室内花木不可顶到天花板

家庭房屋内的绿化是可创造旺盛的宅气，但时常有朋友因所栽植的植物生长过于茂盛，时间一久，植物不停地往上生长，又舍不得去修剪它，因此让植物的顶端顶到了屋顶的天花板，这种气场对一个宅气来论是有克杀的煞气。

住宅的天花板代表头部，而木来克穿宅体的土，木克土在顶部，顶部为人体的头部，所以这种情形就会带给居住之人的头部有胀痛的现象。如果是在公司办公室的情形，就会导致办公室之内的人会有胡思乱想、思考比较杂乱的现象，相对的人也会比较固执。再依五行相克的理论来分析，树木五行为木，木

为财，房子之五行为土，土之六神为印，固有木头顶屋顶，就叫作财破印的克应关系。印为保护作用，所以从商在外也较易犯小人的攻击，商场上的竞争对手也相对地会增加。所以在住宅内的树木盆景，虽能带来好运，但若不能达到适中之大自然原理，也会带来厄运的。

第三章
卧室

卧室是人们停留时间最长的空间，因为一天约有三分之一的时间是用来睡眠，而卧室就是休养生息的重要场所，因此一个人的身体健不健康、夫妻的感情和不和睦，跟卧室的设计都有绝对的关系。

一般家庭都会将卧室区分为主卧房、小孩房、老人房、客房等等，其实不论房间是给谁居住的，其设计重点都是相同的，只要设计得宜，不论是谁住在这个房间里都能平安健康。但是主卧房除了要能住得健康以外，还要能够增进夫妻的感情，因此在规划上要比较小心谨慎。

如同客厅里最重要的是沙发一样，卧房里最重要的家具就是床，只要床位摆对地方，一般都不会有太大的问题。卧房内第二个要注意的是厕所，一般主卧房都是采用套房式设计，也就是会设计厕所的空间。其实，在传统的风水理论中，卧房的位置应该远离厕所才对(卧室要设计在宅的吉方，厕所则必须在宅的煞方)，所以套房最常发生的问题就是厕所与床的冲煞关系。

一、卧室房间配置凶吉

知道房间卦位与六亲特性有对应关系之后，我们就可以依据每个人性格上的特质来选择合适的房间，补足每个人在磁场上不足的部分，亦或是压抑其过盛的部分。原理就像是用补药来调理身体的体质一样，并不是每个人都适合吃同一种补药，要根据每个人体质的差异来做适当的调配，体质虚寒的人就适合用温补，体质燥热的人则应该改用凉补，用错了药不但不能补身，还可能伤身。卧房卦位的选择亦是如此。

依八卦八方的原理为家中每个成员选择最适合的房间居住，可以让一家平安和乐、相处融洽。不过原理、原则是死的，该怎么活用才是最重要的，并不

一定非要依照卦位所代表的身分来居住，例如乾卦代表父亲、坤卦代表母亲，若要依卦而居，岂不是要叫父母分房而睡？当然不是如此。这里要强调的是，每个卦位所产生的磁场不同，必须善用不同的磁场来改造个人运势，同时在实际规划的时候，也要兼顾房子本身的功能性与整体性，不必过度为之，例如依照原理推断你应该居住在房子的东南方，但是房子的东南方偏偏是规划为厨房的空间，你大可退而求其次，另觅较佳的房间居住，也不必硬定将厨房改成卧房，这就有点本末倒置了。

最后要强调的是，房间配置规划的应用范围很广，绝不是仅仅一符合身份地位”这么简单，调整个人磁场才定重点，若是个人磁场能够得到空间磁场的适当转化，不论是事业运、爱情运、健康运、财运、人际关系等等，都可以有不错的突破，特别是家中有一两位个性较为特异的家人，例如脾气特别易怒、特别悲观、特别软弱、特别武断、特别封闭等等，都可以藉由空间磁场来加以转化，这才是房间配置的真理所在。

1.位于西北卦位的房间（乾卦之房）

乾卦之房是指方位为西北卦位的房间，六亲中代表父亲及男性长辈。房子的西北方卦位的房间是给一家之主居住的，换言之，西北卦位的房间用来当作主卧房最为适当，相对的，此房最忌讳给儿女居住，因为西北卦位所对应的人格特征是刚健、勇猛、无畏无惧、勇往直前，所以若是给小孩居住，其个性会变得特别刚烈、叛逆，因此不容易管教，不论男生或女生居住都不好。

在姻缘桃花方面，住到西北方卦位房间的人，在感情的态度上会显得非常强势，男性会有大男人主义，女性则是过于阳刚，而感情要发展，应该要突显柔性的特质，刚烈的性格对大多数恋爱中的男女都有负面效果，因此西北方卦位的房间建议避免之。

但是此卦位对于下列三种人是有帮助的。

第一种是天生性格柔弱的男性，或是倾向于女性化、个性比较阴柔的男性，可以藉由此卦位的阳刚之气来增强本身的男人本色，强化积极进取之心，以及刚健果敢的精神，这对他在事业上的冲刺会有很大的帮助，同时也会让他对异性能产生较佳的吸引力，得到更多异性贵人的帮助。

第二种是身为公司或企业的主管或领导人，有这种特殊身分的人一方面必须具备一定的威严，而且对公司的所有员工必须肩负起领导与统合的责任，若是本身威严不足，则所作所为难以发挥统御之效，因此住在此卦位可以增强男性这方面的缺失，若是女性来住，容易出现女强人的情形。

第三种是生性浪漫、爱玩，只喜欢享乐而不愿意负责的人，这种人让他住进西北卦位的房间最好，因为西北卦位代表的就是有担当、负责任，就像一家之主一样，若是你有成天只知道吃喝玩乐而不知责任为何物的小孩，不知道要如何管教，不妨让他住一阵子试试看，不过一但情况好转之后，就要让他搬到其他房间居住，不能长住西北卦位的房间，否则会让他爬到父母头上来就更难管教了。

2.位于西南卦位的房间（坤卦之房）

坤卦之房是指方位为西南卦位的房间，六亲中代表母亲及女性长辈、妻子。如果你是一个优柔寡断、处处太过依赖、个性软弱没有主见的女性，则建议可

以搬到西南卦位的房间居住。坤卦代表母性的光辉，五行属土，是大地的象征，因此女性住在此卦位，能够充分的展现母性包容力与亲和力，能做个有爱心的母亲或长者，也可以成为一位既体贴又温柔的好情人。

不过坤卦也是一个纯阴之卦位，因此居住在此房间的女性脾气上会比较强势，有管家婆的迹象，大大小小都会操心，但这样也代表她对家庭有责任感、个性会变得比较独立自主，对自己也会比较有自信心。

坤卦的磁场代表着孕育一切、包容一切，对于已婚的妇女而言，西南卦位的房间是最佳的选择，但是男性若居住在此外位会压抑到本身的阳刚之气，一般较不适宜，不过对于个性刚烈急躁、喜欢横街直撞，凡事专断独行、我行我素、喜欢鸡蛋里挑骨头的男性而言，住在此房之中反而具有软化个性的效果。

若是因为个性较为偏激、喜欢批评讽刺，导致不容易交到朋友、人际关系及异性缘都不佳的人，能够利用坤卦温顺包容的磁场来加以调和，特别是某些对感情婚姻之事过份执着的女性朋友，她们对于另一半的要求过于严苛，眼里容不下一粒沙子，搞得自己在恋爱或婚姻的过程中痛苦万分，对方也生不如死，有这种情形的人让她住进西南卦位的房间之后，情况就会有所改善。

3.位于正东卦位的房间（震卦之房）

震卦之房是指方位为正东卦位的房间，六亲中代表长男。对男孩子而言，正东卦位的房间是最适合居住的，住在正东卦位的男性特别有责任感，对于家庭的观念深厚，代表对家庭很重视，也比较有责任心，对父母也有孝心，同时正东卦位也是一个充满生命力、朝气蓬勃的卦位，积极、正面、开朗、有魄力、敢作敢当，因此最适合家中青壮年的男性来居住。

到了适婚年龄还苦无对象的男性，可以试着搬到家中正东卦位的房间来居住，藉由震卦磁场的影响，提升年轻男性特有的魅力，这样的男孩子在外面较能让女性有安全感，也能博取女性的好感，因此可以帮助他的桃花缘向上提升。

正东卦位也是一个很有冲劲与魄力的卦位，若是觉得在工作上亦或戚情上不善于表达，或是因为生性较内向害羞不懂得与别人建立良好人际关系的男性朋友，常常会因为临阵退怯而错失了拓展交际空间与追求心仪异性的大好机会，有此情况者，可以藉由居住在正东卦位的房间来增强自己的胆识，让自己勇于表达对朋友的热诚以及对爱人的真心。

此卦位女性较不适宜居住，个性较为急躁或冲动，做事往往不懂得适可而止的男性朋友亦不适合居住在此卦位，否则会产生反效果。

4.位于东南卦位的房间（巽卦之房）

巽卦之房是指方位为东南卦位的房间，六亲中代表长女。巽卦的五行属木，所对应的季节是春季，所以巽卦又代表着春季春暖花开、生气蓬勃、绿意盎然的意思。东南卦位的房间适合年轻女性居住，居住在此卦位的女性一般都是性情温顺、谦恭有礼，同时具有母爱，懂得照顾人，对家人和朋友都很体贴，是属于贤妻良母的类型。对于桃花姻缘而言，东南卦位也是一个极佳的方位，它具有很好的催情磁场，能帮助你在感情的路上一路顺风，想招姻缘桃花的男性亦可居住，但建议短暂居住即可，长住会让男性朋友行车变得缺乏决断力，特别是在商场上工作的男性，虽然能会出现较多的异性贵人相助，但在生活上却同样容易出现桃花劫，不可不慎。

对于人际关系及异性缘欠佳的女性朋友而言，居住在东南卦位的房间对你会有很大的帮助，若是你的爱情昔等不来，或是每每遇人不淑，总是遇不到理想的伴侣，不妨藉由此卦为之磁场来改善状况，不过巽卦在易经的卦象中也有进退两难、犹豫不决的意涵，若是你已经有了理想或稳定的交往对象，建议可改居住正西卦位或正南卦位的房间居住，否则心性会变得较为浮躁不定，已婚的女性易有红杏出墙或三角恋情的发生，未婚者则常会出现感情上的纠葛。

5.位于正南卦位的房间（离卦之房）

离卦之房是指方位为正南卦位的房间，六亲中代表中女。离卦在五行中属火，是一个充满活力、热情洋溢、精力充沛的卦位，但也因为如此，居住在正

南卦位房间的人个性会显得特别冲动，对自己虽然很有自信，但做事的时候往往会受到情绪的影响，不经考虑便任性为之。所以，若你原本就是个性急之人，或是个容易感情用事的人，建议你不要居住在正南卦位的房间。

若是将正南卦位的房间设计成小孩房，小孩在成长的过程中会显得格外聪明伶俐，反应很快，也很爱表现，对事情充满好奇心，天生活泼好动没有一刻静得下来，从好的方面来看是活泼开朗，但是住久之后会有过动的倾向，虽然天资聪明却无法静下来好好学习，不过此卦位的房间反倒对于天生内向害羞，或是反应迟缓的小孩很有帮助，有此问题的家长不妨让您的小孩住在此一卦位的房间。

从感情运的角度来看，有些人天生优柔寡断，对感情的事总是考虑太多；或者眼光太高、东挑西捡的结果让他超过了适婚年龄依然单身；亦或者曾经受过感情的伤害，对自己缺乏自信心、对婚姻抱持的怀疑与不信任的态度而无法接受他人的爱，像这样的人，所缺少的就是对爱的信任，常言道：能结婚除了需要爱情以外，还需要一点冲动。考虑的太多反而会令人却步，如果你也有这方面的困扰，住到正南卦位的房间对你一定有帮助。

6.位于正北卦位的房间（坎卦之房）

坎卦之房是指方位为正北卦位的房间，六亲中代表中男。坎卦的五行为水，水的特性是变化多端、顺势而为，居住在此卦位之人，在个性上属于较不稳定的类型，心思敏捷、想法多变、敏感、疑心病重，容易见风转舵。

从好的方面来看，居住在正北卦位房间之人能够有灵活的社交手腕，因为他们反应快、心思细密，很容易跟陌生人打成一片，因此能经营出良好的人际关系，且特别容易获得对方的信赖，在家有长辈缘，在公司则能够得到长官的青睐，对于从事交际工作的人而言，例如业务人员、服务人员、公关人员、演艺人员等等，居住在此卦位房中对你的工作绝对有很大的帮助。

不过在感情的表现上，住在正北卦位房间的人往往会给另一半难以捉摸的感觉，善变的特质让他的爱人心中对他充满了不安，他的桃花缘虽然颇佳，经常可以看见他在多位异性之中游移，但是要他选择其中一位定下来却是很困难的事，因为他对感情缺乏信心，也喜欢过自由自在的生活，因此若想要找一份固定感情的人，还是少住为妙。

严格说起来，此卦位的房间对于正在谈恋爱中的男女并不太适合居住，不论男女都一样，男性建议改居住正东卦位的房间，女性则建议改居住正西卦位或东南卦位之房间。

7.位于正西卦位的房间（兑卦之房）

兑卦之房是指方位为正西卦位的房间，六亲中代表少女。一般女性最适合住在正西卦位的房间，住在正西卦位的女生特别有女人柔美的魅力，娇羞的姿态十分惹人怜爱，关心家庭、对父母有孝心、与兄弟姊妹相亲相爱，从头到脚都能够散发出强烈的女人味，故在外面的异性桃花缘会特别好；如果有个性较阳刚、豪气的女性朋友，想要增加自己女人阴柔的特质，不妨建议搬到正西方卦位的房间来居住。

家中若有年幼的小女孩，让她住进正西卦位的房间准没错，你会发现小女孩不但聪明伶俐，而且很懂得向大人撒娇、讨长辈欢心，对父母长辈也很贴心，因此特别惹人怜爱。若是男孩居住在正西卦位的房间则有损男子气慨，个性会

变得较为软弱、没主见，严重者会有女性化的倾向，表现出娘娘腔的情况，故不适合男性居住。

对于感情运或是异性缘不佳的女性朋友，建议改以正西卦位的房间来当作卧房，她不但能够增强你的女性特质，也能够柔化个性，使你变成一位不折不扣的娇羞美人，对于你的桃花姻缘一定有帮助。特别是有些女性上班族的高阶主管，从年轻开始就全心投入工作，也由于环境的关系，造就出她强悍的个性，也就是一般常说的女强人性格，这样的女性在工作上的确较容易出人头地，但相对的在感情上就显得十分空虚，身旁的男人都会惧于她所表现出来的坚强外表而退避三舍，因此不容易桃花上身，建议她可以藉由正西卦位的磁场来涵养女性柔美的特质，增强异性缘，相信要找到理想的对象并非难事。

8.位于东北卦位的房间（艮卦之房）

艮卦之房是指方位为东北卦位的房间，六亲中代表少男。若是男孩子的个性比较冲动，容易意气用事，或者太过大男人主义，导致外在的异性缘不佳者，可以考虑搬到东北卦位的房间居住，会让他的行事作风及个性变得比较收敛，态度也会显得比较亲切，可以增加其桃花异性缘。

做家长的一定会发现小男孩在发育的过程中，有一个阶段是最难管教的，也就是青春叛逆期，父母讲的话都当成耳边风，任何事都为反对而反对，好像没有一件事情看得顺眼，在外经常意气用事，动不动就与人口角争执，甚至还会到处打架滋事，有些家长认为这是男孩子成长过程中必经的历程，但看看别家的小孩，也有从小就懂事听话的，如果你怎么管教都无法使小孩的行为改善，不妨让他住到东北卦位的房间试试看，东北卦位的磁场是属于比较静态、稳定的状态，它能够安定小孩的心性，让他能够收敛放纵的性格，若是小孩还在求学的阶段，住在东北卦位的房间也有助于他学习吸收的能力，因此当做小男孩的房间最适合。

相反的，若本身就已经是比较稚气性格的男生，就不适合居住在此一卦位，否则会变得任性幼稚。成年男性若居住在此，会给人一种长不大的感觉，有些男生长大后还会对父母撒娇，做事缺乏魄力，总是临阵退缩者，多半都是居住在东北卦位的房间，一般女性对这样的男生都会比较反感，但是对于母性较强的女性而言，反而会产生某种特殊的吸引力，因此住在此卦为主男性较容易有姐弟恋的情形发生，但工作上却无法承担重任，难有突破性的发展。

二、卧室床铺的摆设

1.床铺与窗户的相对位置十分重要

卧室是我们作新陈代谢最主要的空间，每个人每天待在卧室的时间至少有6个钟头以上，因此所睡的位置与空间要格外注意，特别是头部的位置，睡的时候头部如果是靠窗的话，会有脑神经衰弱、睡不饱、睡不着的现象。

一般人常会将床头安置在窗户底下，以利躺在床上可以看书，事实上，一个人躺在床上看书的机会并不会太多，只是贪图一时方便而已，但这样的规划安排，常会让睡在床铺上的人脑神经衰弱，时常会有头痛的现象。这最主要的原因是因为窗户有光线，太阳光一出来就会扰乱人的睡眠品质，况且靠窗的地方也比较吵杂，再加上无相的气场投入，自然就会影响人的健康。

假使一个人忙碌到半夜一二点才上床睡觉，而早上五点太阳就出来，这种状况就会直接影响睡觉之人，故为凶相之床。所以在摆设床位的时候，床头所靠的必定要是墙面，不可设计成靠窗的摆设。

若房内只有一扇窗，建议改变一下床位，倘若还有其他窗户，就将此扇窗用板子封掉，有人问可不可以用窗帘遮起来就好？事实上用窗帘遮掉以后，光线仍会透进来，一样会带来磁场光线，还是会影响睡眠。

靠窗不靠窗是大学问，要是这间卧室没有窗户呢？一间房子，在长久的居住中，若室内只有门路而无窗户，那这种房子绝对不能住，房子没有采光源，气没有循环，居住久了之后，宅中只有煞气秽气而没有吉气，人的运势就会低迷不振，一些雄心壮志之气都会被空间所吸纳光，最后只有失败破产一途，身体状况也会越来越糟糕。

在大城市里，笔者常看到有些住家的采光源是在后面防火墙，而且后面的防火巷也是3米空间，与隔壁的房子面对面，或为面对别人房子的后墙，大楼建筑若只有3米的宽度，只有顶楼的房子能得到一点光线之外，其他的户别几乎都没有光线，因此像这种房子还是少住为妙。当住家用，可能后面所要支付的医药花费是相当可观的，此外财禄也会散尽。当成公司办公室使用，到最后必定是走投无路，财败人落跑之象也。

2.床铺与房门的相对位置有很大的影响

房间的门与床铺是有很大的关联的。卧房之床所摆放的方向与卦位都会影响人的健康，但光以自然环境的规划，其中也有很深奥的学问。床位必然要合乎命卦，合乎宅之六亲卦位，但动线空间的气也是疏忽不得的。

假使你放置床的位置，正好有冲到床的情形，睡在此床铺的人，身体与门成一直线的部位必定会有疾病产生。若门冲床头，则人的头部必定有疾患；门

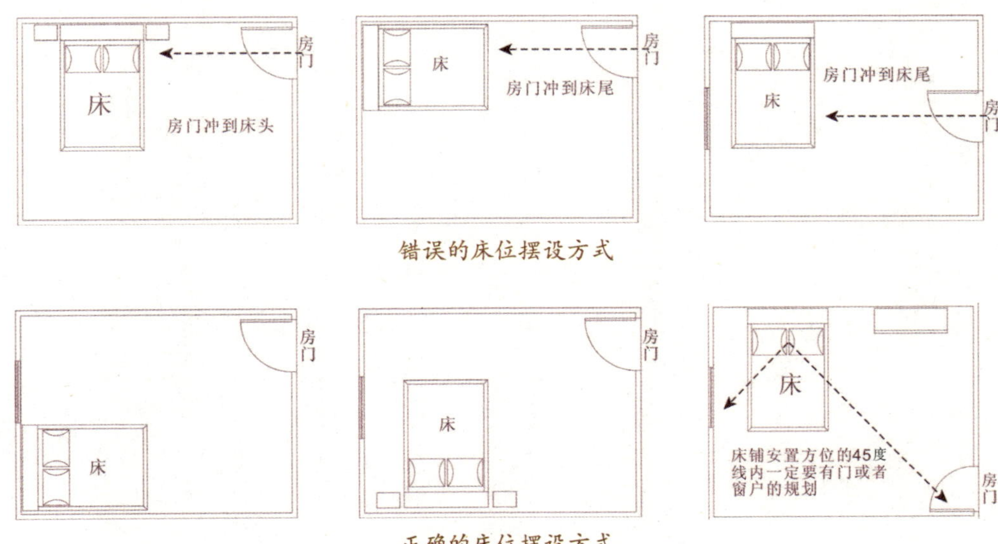

从右胸部方向进来冲卧床，则代表右胸或肝脏会有症状出现；若冲卧床的左方，则代表左胸或胃肠之症状；若为脚腿的部位受到门的冲煞之气，则会有脚之酸痛麻及其他征兆。常有人说床不能对门，但一般读者都没有深入了解其意，认为只要床铺的床尾在门的这一方向就论之为冲煞，实在是大错特错，害了很多人。事实上，它所说的是床不能正面安置在进门的一直线中，不是说进门来看到床尾就论之为冲煞，切记！

床铺安置的方向，必须注意到其45度线中，一定要有门或者窗户的规划，才能让人有自然新陈代谢的能量，若所睡的方向45度线的空间中都没有门或窗，其呼吸的能量源就会降低。试看我们人的两个鼻孔，其虽往下呼吸，但事实是在整个构造中呈45度线，所以我们的呼吸线就是以45度线为最佳方向。宇宙体中，一切自然的生成大都是以45度线来布局，埃及金字塔的构筑如此，大地地底龙脉龙气的运行亦如是，因此在作各种规划时都必须去注意到此角度的光源与气源。

3.床铺上方千万不能有横梁

床铺若正好在横梁的下方，这种摆设是大凶的格局规划。床放置在横梁下方，长年睡在此处，人的精神必定会有异常的现象，内在的魂魄会与外来的气场克应，压梁之气下降到人的身体，新陈代谢差，内在性情会受气之攻击，长年睡不好觉，那当然就会有身心之障碍。笔者鉴定住宅的过程中，常会看到此现象，大部分的人身体都会很虚弱，脑神经衰弱，常易有恶梦，常年肚子易当药橱，甚至有早亡之现象。故建议读者，若碰到类似的情形，只要移开床铺就能化解了，或者以木板将整个天花板面拉平，遮盖掉梁的凸出现象，或在床头摆个床头柜来延伸拉开亦吉，它就不会有导气与扰气的作用，自然就对人体没有妨害了。

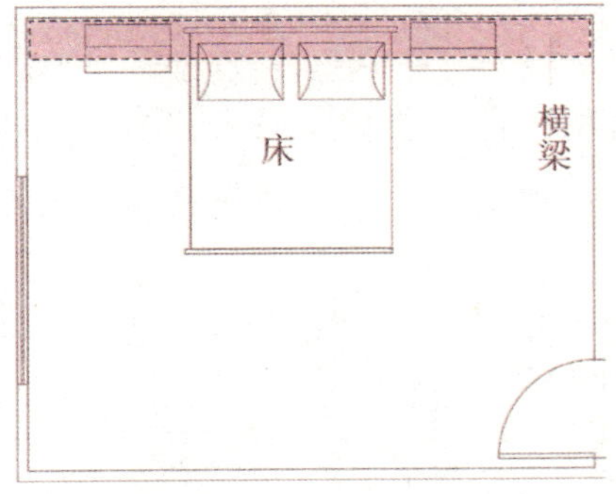

床头有横梁是十分常见的情形。

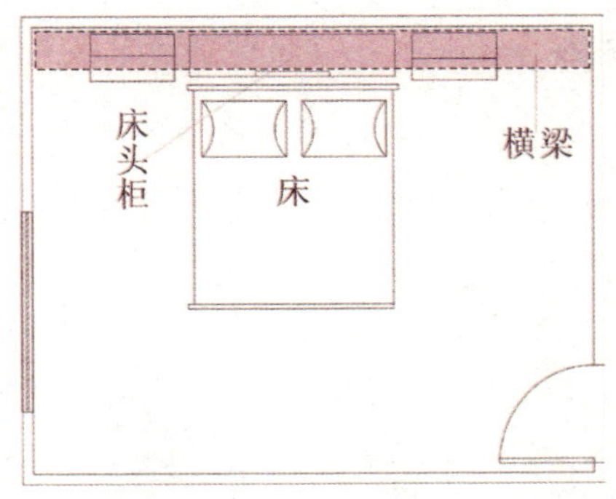

除了将天花板面整个拉平以外，也可以用床头柜来避开压梁的位置。

4.房内的镜子与床的关系

床与柜是不可分的，古人在结婚的时候，必定会在嫁妆中附带床与化妆台。化妆台有镜子的设置，但在摆设时忌讳让镜子照射到床铺的位置。

以前的床铺安置与化妆台的摆设，必定是平行的，因此，就不会有镜子照射的机会。然而，现代建筑因空间狭小，要在房间内再放一座化妆台都显得拥挤，也因此将它往侧边一摆，如此，化妆台的镜子就直射床铺了。这种情形就会影响睡眠品质。

人的本质五行为金，镜子五行为水，在睡觉当中会被摄去魂魄之气，容易导致被照的身体部位有病变。由于金会生水的关系，元神外泄，人就会比较疲劳，若镜子在床尾，则另有鬼魅之情形，事实上是因自己睡眼惺忪而将自己的气摄入镜中而产生误会。改进的方式唯有移开化妆台为吉，免得伤身又伤神。

此外，时下很多年轻人在新婚的时候喜欢在卧室内装设很大的镜子，让你感觉待在房间的时候气氛非常美好，其实正好相反，这是很糟糕的事！房间内

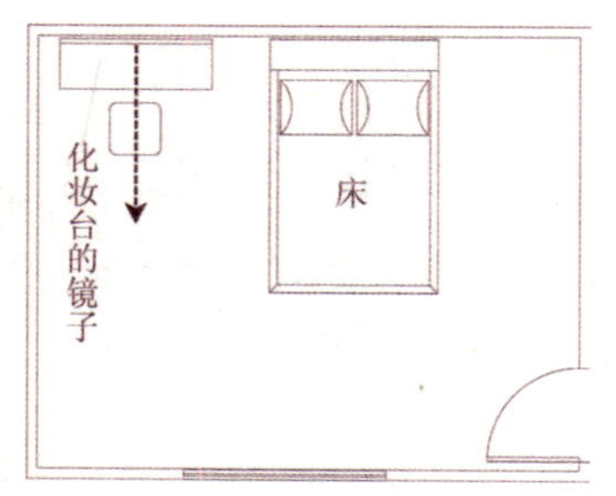

正确的化妆台摆设位置。因为化妆台与床平行，因此不会有镜子对到床铺的顾虑。

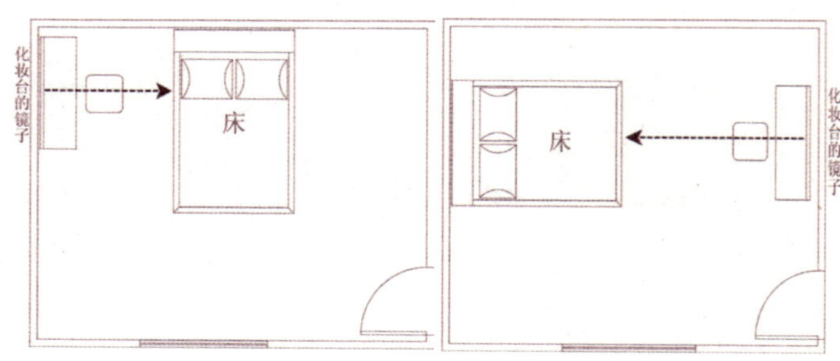

错误的化妆台摆设位置之一

错误的化妆台摆设位置之二错误的床位摆设方式

装设太多的镜子会有肾脏的毛病，还会有桃花的问题，故卧室的镜子不要直接照到床，镜子多也容易犯桃花。

5.床头边柜的设计要谨慎

一般床头为了置放物品方便，都会另外放置一个床头边柜，床头边柜早些年都还做得蛮高的，但边柜比床铺高过半尺或一尺就会出毛病，柜子旁边刚好有直角，其边柜桌角就会引道气流来冲击睡觉之人。边柜的角度45度线位置往外直线延伸，若是对在人的喉咙部位，则此人的气管喉咙必定常有病痛。若是直角的45度延伸位置在人的胸口处，则主人会有胸口发闷及肺部之疾，一般常见的是胸口闷气与胸口涨痛之现象，冲到头部则代表会产生头部的毛病。所以若有床边柜的冲煞，只要移开床边柜有二尺的距离，或是干脆拿掉不要摆，就能完全的化解掉。

若是觉得移开边柜不方便，改变的方法也很简单，只要将边柜的高度降低，或者找个木工将边柜的第一层稍作修改，修成圆弧状，就不会有直角的冲射，

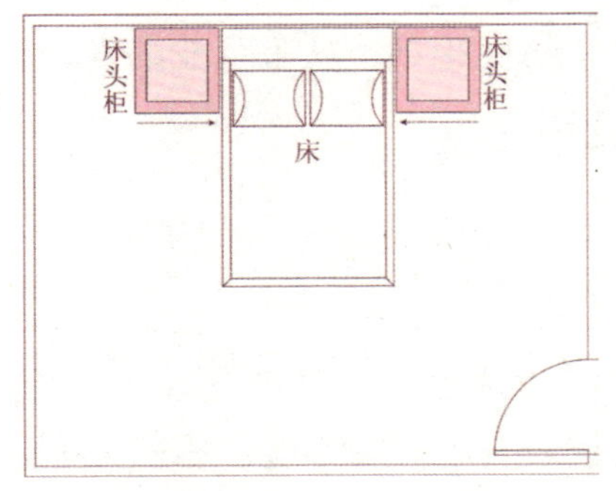

有直角的床头柜会引导气流冲击睡觉的人。

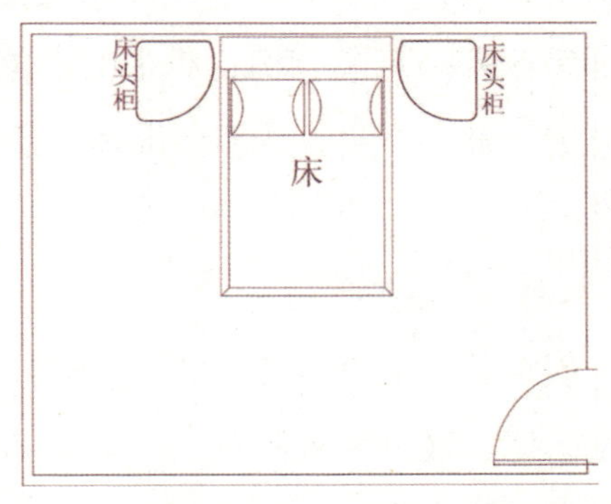

将床头柜的直角修改成圆弧状就能化解冲射。

您的卧室就会变得很舒适。

6.床铺不可以设置在楼梯下方

卧室的床铺安置空间，必须要去注意其空间的气场，配合得宜才能有好的睡眠，且能常保身心健康。

笔者在帮读者鉴定住宅时，常看到有些人因为空间不够用，所以会在楼梯底下安置床铺，这种安置方法是错误的。楼梯具有斜面往下压的气场，假使是长年睡在楼梯底下，其胸口必定会有闷气，且也会有开刀血光之象。若是一个上班族，则其平常人缘也会较差，官运不济，事事不顺心。

7.床头必须要靠墙而置

现代人很注重自己的起居环境，也有很多人有洁癖，有些人为了怕床头的墙上有虫子或壁虎爬上床，有的则是因为爱干净的缘故，会将床移到房间的中间来摆放，这种情形就会形成四面无靠，当你睡在这种床铺的空间里，人的心里整个灵魂会有不安定感，因此容易导致脾气不稳定，心疾也容易产生。若为夫妻房，则必定会有桃花犯主的现象产生，宜防桃花劫。从事企业的人，会有不稳定、贵人不明、是非会很多，且有无谓之困扰。

8.床铺不能倒置

床铺虽安置在卧室的适当位置，但有很多人常会反方向而睡，脚在床头，头睡床尾，这种现象睡久之后，对人的命运就会有不好的影响。床头无靠，代表一个人没有靠山，没有任何可以依赖的对象，所以心理也会较空虚，处事也必然起落不定。一个从事企业经营的人，如果有这种睡觉的方式，则必然会有力不从心的感觉，员工手下的助力也自然减少，凡事自己较为操劳，所有事情都必须亲自处理，故为劳碌之格也。

三、卧室其他物品的摆设

1.卧室内电视机不能摆在床尾

卧室在床铺安置好之后，常会在床尾摆放电视机，但大多数人都忽略了电视机的辐射会对人体有害，更不知电视辐射波的走向，因此就将电视机正面安置。电视的辐射波不是往外扩散之波率，而是往内汇聚的扩大波，因此只要电视在床铺的正后床尾处，辐射波经由床的弹簧凝聚辐射能量，人睡在床上，每天与辐射在作新陈代谢，自然体内的阳极能量就会被破坏，阴极能量则增加，人的脾气就会有很大的转变，口角、是非必定不断，夫妻之间就会有同床异梦的情形，所以只要床尾有正摆的电视，大多会对人的脾气及家庭和谐构成威胁。所以建议家中有犯到此状况的朋友将电视机移开，如果你只是将电视以布帘盖

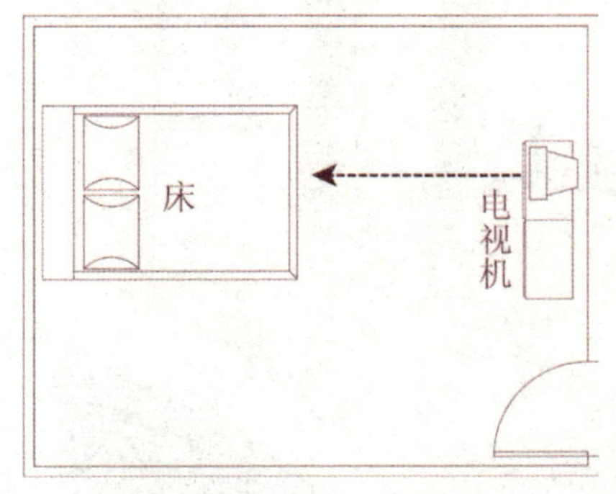

房内错误的电视机摆设方式（直对到床）

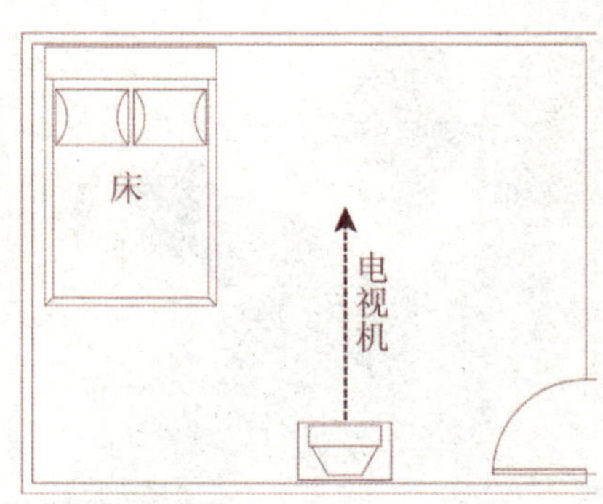

房内正确的电视机摆设方式

住，或比照饭店的方式，做木箱橱柜隔离，要看再打开，事实上它还是没有完全隔绝辐射波的。

2.卧室内的灯具选择要慎重

卧室的布置实在很简单，只要能避开床头与床不要有压梁的现象、镜子不要照到床、门不要对到床等等一般都不会有大问题。除此之外，还有一个问题是常常会疏忽掉的，那就是床上天花板的大灯。

中国人喜欢在卧室设有天花板的主灯，而外国人就较注重卧室内罗曼蒂克的气氛，所以不在卧房中间天花板设大主灯，均以壁灯为主轴设计。卧室天花

板的主灯若正好压在床上，就会形成一股空气的汇流而影响睡眠品质，所以建议若一定要设计主灯在天花板，应以半圆弧之造型贴于天花板面为吉。

笔者有一知己朋友，她住在一栋豪宅中，卧室的天花板设计了一串水晶灯作主灯，有一天她在整理床罩时，水晶灯突然整个掉了下来。试想，若当时有人在床上睡觉，岂不是很容易被砸伤！所以建议设计卧室的灯饰，应细心思考，不可粗心大意，否则后果不堪设想。

3.卧室内要避免有“房中门”的设计

风水地理中，有创造财富的格局布置，也有创造异性缘的摆设方法，当然也有所谓创造外遇机会的方法。但是有一种情况，通常是在意想不到的情况下自然衍生出桃花外遇之现象。

平常在家里很少有机会会将两个房间打通，但是家庭主妇常会因夜晚方便到隔壁房间为小孩盖被子，就从墙壁打一扇门进出，懒得绕到外面再开门进房间看顾小孩；另外有一种是夫妻的睡觉习惯不同，而在更衣室的大空间中，另放一张床，以便晚睡之时，不会吵到对方。用意虽美，但后果却不堪设想，故不得不慎。笔者曾应一位拥有5位妻子以上的富商鉴定住宅，本来还不敢大胆于对方面前揭示，于是在私下饭局中，才大胆明示富商，一五一十地依卧房的格局来论述，后来也证实风水地理的巧妙。如图例所示，可知其情形。

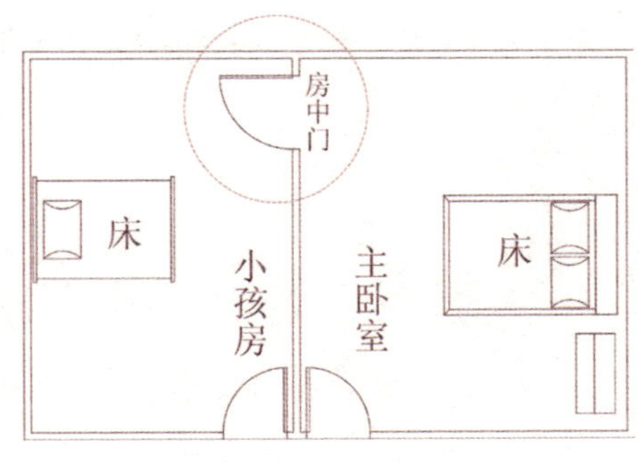

房中有门，乃犯桃花之格局。

4.床头与神位不能共享一面墙

床的床头靠墙，必须单纯、安静，方不致影响人的脑神经系统。佛、道家的宗教信仰，大多会在家中的墙上安坐神佛及祖先牌位，而基督教及天主教的信仰者则通常会在楼梯间安置耶稣圣像、圣母玛莉亚像或十字架。不管你住家的墙边或墙上安置神佛、祖先、耶稣或玛莉亚，在墙里面的房间皆不宜安置床头，否则居住之后，会有多梦、脑神经衰弱之现象。

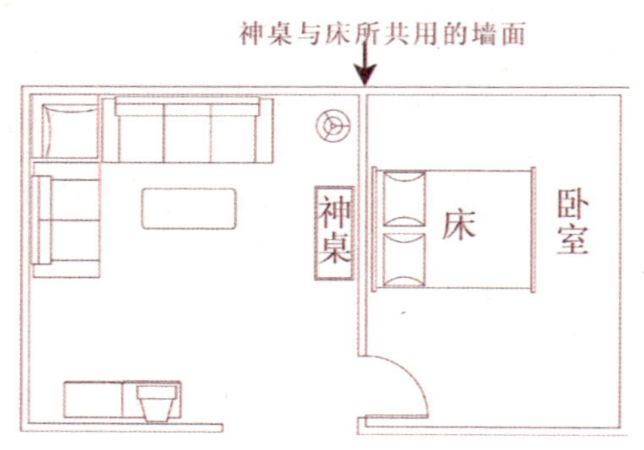

神桌与床共享一面墙，夜里必定睡不安稳。

现代公寓房子大多为双并之宅屋，自己的屋内还好控制，可以避开这些状况，但隔壁户人家的内部，我们就不得而知了。都市人户户相对的格局导致邻居都很少往来，因此就会导致一些自己无法确知的状况，像安神位的墙，若正好与隔壁共享墙，而你却正好将床安置于此墙面，自然会影响健康，而你却不得而知，这大概就是社会的多元病态吧?

5.床头所靠之墙内不能埋水管

风水师常会要读者在安床时，床头不宜靠厕所的墙壁，但只知其然而不知其所以然，一味地以讹传讹，真是误人误己。

事实上，在厕所的墙面不宜安床的道理是，此墙上有水管的管道，当水静止的时候，水管有空气的流动，自然就会有声波的干扰；假使有人在用水，水的流动所带动的声波也相对增高，因此，若你的卧床安置在厕所的墙面，必定会受其影响，如果厕所内的水管管道不在床头之间，则水的波动声波就不致会有影响的力量了。只要你能注意一下厕所的水管管道位居何面墙上，就可知床应该安放的位置了。

6.厕所的门位不能对到床

有些人是住在阁楼或是套房里，房间比较小，套房里厕所的门可能会对到你的床铺。若是厕所的门冲到的是你的头部，会影响到你的睡眠品质，让你睡得不好；如果厕所门对着床右边的位置，代表会有肝胆方面的毛病；对到左侧则会有胃酸、胃疾。如果马桶又刚好设置在正对厕所门的中央，代表会有胃癌的现象；如果厕所门对到的是脚部，代表脚会酸痛，所以厕所门与床铺有十分密切的相对关系。

厕所门如果对到床铺的话，可以用屏风来遮挡，可以挡掉厕所冲煞之气，所用的屏风也不必很高。不过，在厕所门上亦应挂上门帘，如果卧室很大，可以用高一点，若是卧室不大却弄得太高的话，反而会有压迫感，这将会影响到

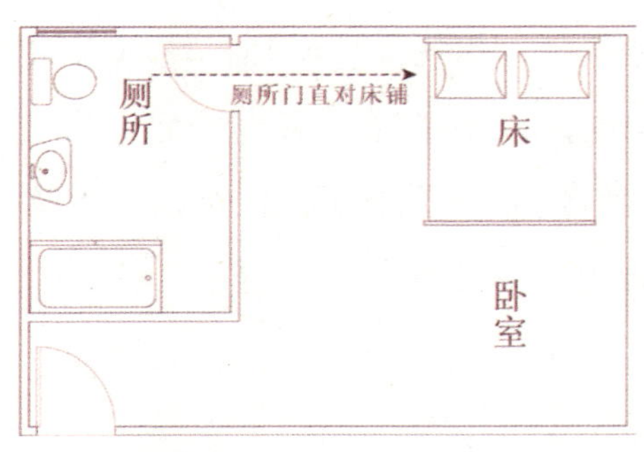

错误的床位摆设（厕所门直对到床铺）

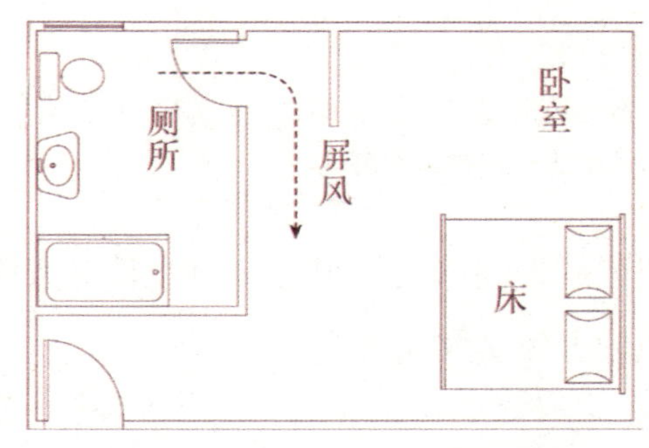

化解的方法是移开床，避免与厕所相对，或是在厕所门前以屏风区隔皆可。

主人或居住者的心态与行为，使他对这间房间没有任何的眷念之情，没有喜爱的感觉，根本不喜欢进入这间房间。所以装置屏风，建议能够做到齐胸的位置，或者在厕所门口挂一门帘，让外部的屏风与内部的门帘遮掉不好的气，使整个气场由底下回流而不是由上回流，因为秽气由上回流对人体会有一定的伤害。

7.卧室当中不宜有炉火的设置

大都市里有很多人都居住在套房的独户空间里，但套房的空间小，又要面面俱到，自然就会犯到很多风水方面的禁忌，也因此带来很多气场的困扰。

房中大多会有洗手间、厨房的设施，厕所必然是独立的，但厨房的炉灶可就不一定了。通常为了让空间有宽敞的感觉，因此厨房没有特别隔开，所以就会有炉灶对到卧床的现象。在风水学里，其断验为会犯到火煞。火之卦为离卦，离火为光明之象，故代表易患眼疾。再者，在卧室当中有炉火的存在，其气会较燥烈，所以人的脾气也会较为暴躁，家庭必定不和谐。笔者常看到居住在套房的朋友，当他在恋爱的期间一切都很好，但当带对方回来居住一段很短的时间之后，就会因为犯到火炉之煞而告吹。

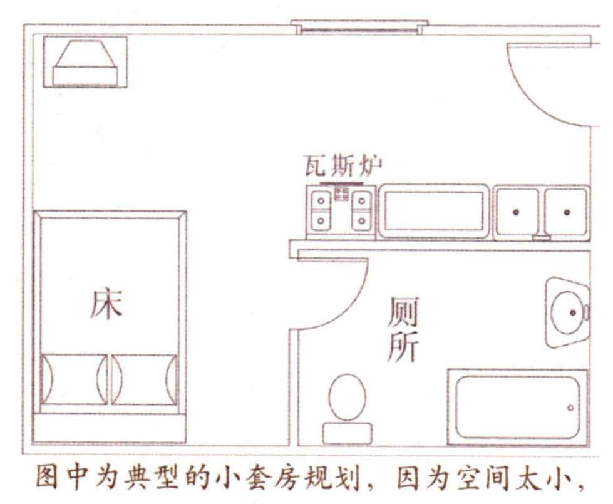

图中为典型的小套房规划，因为空间太小，风水上的问题处处可见。

8.卧室内不宜摆设过多的盆栽

一般人都喜欢在家里种植盆栽来绿化整个空间，盆栽若放于客厅或书房都属于很好的装饰物品，但是将盆栽种植在卧室之内，那可就不一样了。

卧室是人的休息场所，在休息的时候，人体需要阳气来补足，将体内的阴气新陈代谢掉。但是假如你在卧室内摆放太多的植物，其阴气就会比较强，自然对人体无益，它容易带给卧室内的人脑神经受损，手脚的酸麻胀痛也绝对难免。因此建议只要是睡觉的卧室都不宜摆放盆栽，应尽量让室内气流通顺即可，更何况植物在白天吐出氧气，晚上会吐出二氧化碳，进而影响身体的健康。

卧室开运摆设 1 ：如何增强异性桃花

虽然姻缘天注定，但只要运用适当的方法，也可以让您觅得美好良缘。如果您想要让子女或是自己赶快有所婚嫁，可以将床位移至东南卦位，这个方位会使居住者的个性变得非常好，这是利用现有的地形、地物、方位来加强个人桃花气运的方法。

曾有人问笔者，他有一个女儿，30出头还没有结婚，可不可以借由卧室摆设的改变帮她求取好的姻缘？事实上，风水地理有很多方式可以改变地理磁场，让你有很好的异性缘，建议将您的卧室色系作很好的修饰，最好是以粉红色系来作为配色的主色调，可以带来很好的桃花。有些女孩30几岁还没有结婚，虽然心里一直有结婚的念头，却没有这样的机会，这是因为她本身的阳刚味太重，欲望减低，事业欲望过高就耽误了她的桃花。

床头右角或左角，可以摆设圆形的金鱼缸或是高脚杯、玻璃杯，里面放一点水，并请随时在里头放些玫瑰花或是鲜红色的花朵，让水里一直飘散着花香，水飘花现代表有桃花气息，异性缘加重，会有很好的桃花运。如果只是插花而没有带水，代表只是多了欲望却没有人真正来追求你；如果有水有花，愿望就很容易达成。整体上，角落位置可以放些圆形造型的物品，里面堆放些女性化妆品，就可以达到改变的目的，这就是求姻缘桃花的卧室摆设。

卧室开运摆设 2 ：子女的房间方位与个性关系

小孩房间的方位非常重要，你有没有注意到小孩换了房间之后反而变得比较叛逆呢？因为这是受小孩睡的位置，也就是卦位的关系而有所影响，八卦八方当中有六亲代表，如果小孩的房间摆在房子的西北方，西北方代表乾卦，主刚健、刚强，这个卦位让小孩住了之后，小孩的脾气会变得比较暴躁、刚健。倘若不是给小孩，而是给客人来住，这小孩住进来之后，刚开始个性还好，二三个月还可以忍受小孩脾气倔强，比较难以管教，本来告诉他衣服要挂好、棉被要折好，但经过二三个月之后便会出现叛逆不服、脾气太过倔强、思绪一乱，让整个家庭不和谐。

房子六亲西北方，最忌给儿女住，因为西北卦位的小孩个性特别强烈。小孩位最好的方位，对男孩子而言，最适合东北卦位或是正东卦位，住在正东卦位的小孩特别有责任感，家庭观念深厚，代表对家庭很重视，也比较有责任感，对父母有孝心。女生适合住在正西方卦位，住在正西卦位的女生会娇滴滴的，关心家庭、对父母有孝心、与兄弟姊妹相亲相爱，如果要让女儿对家庭责任心加重，建议放在西南卦位，虽然西南卦位脾气比较强，有管家婆的迹象，大大小小都会操心，但这样也代表女孩对家庭有责任感。

第四章

书房

谈过卧室之后，接着要谈的是书房。

并不是家家户户都有书房的设置，最主要是因为生活空间狭小，如果再加上家中的人口多，根本没有多余的空间来规划成书房，所以小孩的书桌往往就设置在其卧室里，一般人也会在房里多摆一张小书桌当成阅读或工作的场所。不过现代人越来越重视生活品质，特别是家中有小孩的人家，为了让他有一个能够专心念书的地方，都会将书桌移到另一个独立的空间。其实不管家中有没有预留一个独立的书房，这个念书的空间位置仍然十分重要。例如，快要考试时，到底让小孩在什么方位念书才可以让他考试顺利？让他即便没有很充分的准备也能考得不错的成绩？关键就在于读书的方位，也就是我们常说的文昌位。

文昌位到底在住宅的哪个位置呢？这是本章所要介绍的重点。住宅文昌位只要运用得当，就可以增强小孩念书的记忆能量，虽然小孩的头脑不是很聪明，但是可以帮助他将书念好一点，出现比较理想的考运。除了家中有正在念书的小孩需要注意书房或书桌的摆设位置以外，还有从事需要经常动脑的工作之人，如企划、作家、分析师、设计师、教师等等，也都要特别注意书房摆设。

一、住宅的文昌位概念

文昌位置亦即天上文昌星的投射空间，天上行星磁场下达于地球空间，住宅空间一形成，就能接收其无相磁场力。大宇宙中，地球的每一个方位亦会受天星文昌方位的干扰，故每一年中，世界各国也必定会受磁场方位的助力与左右。得天之助的国家，在那一年里必定受惠，假如又逢天星四一同宫，必为发科甲之流年。被文昌星拱照之国家，必有好的文学发展或科技突破，举凡过去的科学、医学或诺贝尔得奖之人所居住的世界空间位置，以大宇宙化为小宇宙的住宅来论之，道理都是相同的。故天星的磁场五行，与天地的相生相克的原理，关系着一切繁荣与衰退。以世界经济的循环、政治的变革，只要带入五行

生克制化的论断，都能完全地符合大自然生成衰囚之运势。这一切都是科学的，只是人们不以此处依循，而超出了大自然的领域，所以才会产生那么多的灾难。因此，笔者衷心期望五行的大自然原理能发扬光大，借以祈求世界和平，让宇宙间的一切顺乎于天地，让世界的人们共享安居乐业，让一切的生态和平，臻达天下太平之境界。

二、住宅每一坐向之文昌位

1.坐北朝南的房子（坎宅）

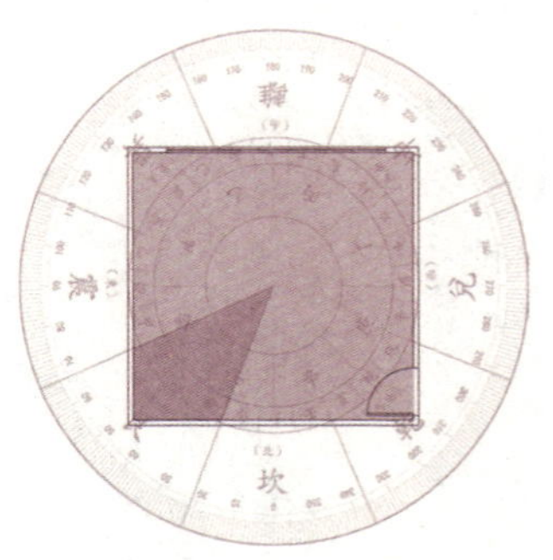

坐北朝南的房子其文昌位是在宅中的东北方卦位，如图所示，若能在东北方的45度线内，也就是文昌星所能照临宅屋内的位置里，设置为小孩读书空间、摆设书桌或当作书房使用，必定能让家里念书的小孩达到事半功倍，如果要参加学测或大小考试的考生，也必定能带给应考者很好的考运。

2.坐南朝北的房子（离宅）

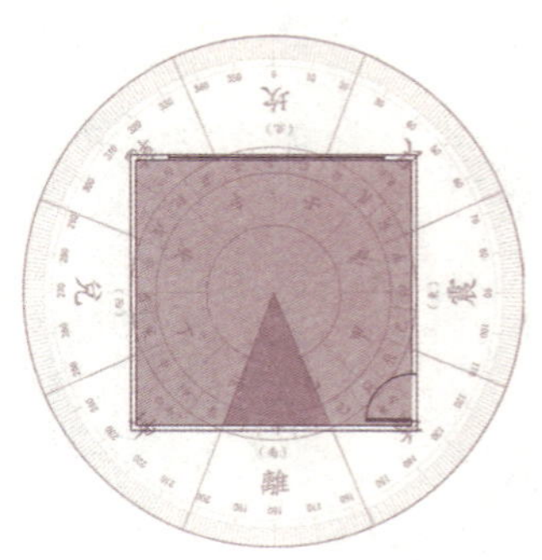

坐南朝北的房子其文昌位是在宅中的正南方卦位，如图所示，若能在正南方的45度线内，也就是文昌星所能照临宅屋内的位置里，设置为小孩读书空间、摆设书桌或当作书房使用，必定能让家里念书的小孩智慧开窍、念起书来容易融会贯通，如果

要参加各种学测或大小考试，也必定能带给应考者很好的考运。

3.坐东朝西的房子（震宅）

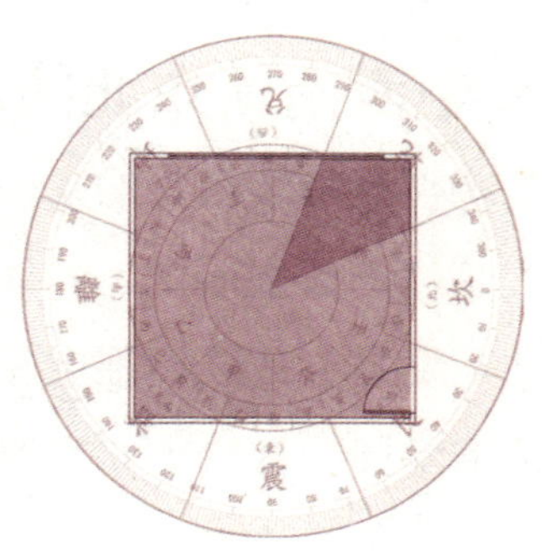

坐东朝西的房子其文昌位是在宅中的西北方卦位，如图所示，若能在西北方的45度线内，也就是文昌星所能照临宅屋内的位置里，设置为小孩读书空间、摆设书桌或当作书房使用，必定能得到天时地利之助力，以达事半功倍之效，参加考试无往不利，每次的考运都会相对地提升，成绩也能渐入佳境。

4.坐西朝东的房子（兑宅）

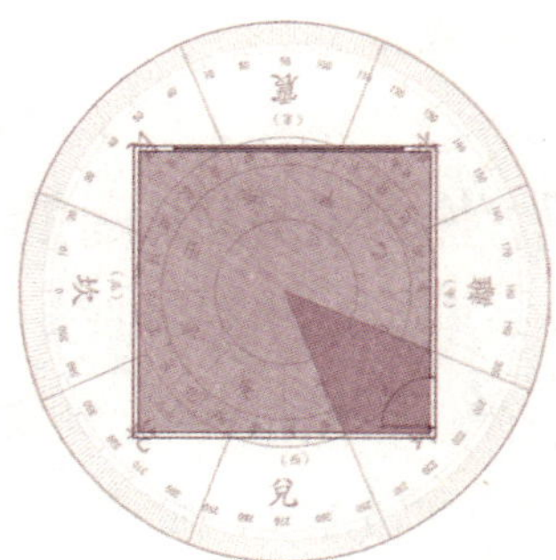

坐西朝东的房子其文昌位是在宅中的西南方卦位，如图所示，若能在西南方的45度线内，也就是文昌星所能照临宅屋内的位置里，设置为小孩读书空间、摆设书桌或当作书房使用，必定能让家中念书的子弟心思敏捷、思绪清晰，学习新知可以举一反三，通达无碍，如果是要参加各种考试的考生，也必定能带给应考者不错的考运。

5.坐东北朝西南的房子（艮宅）

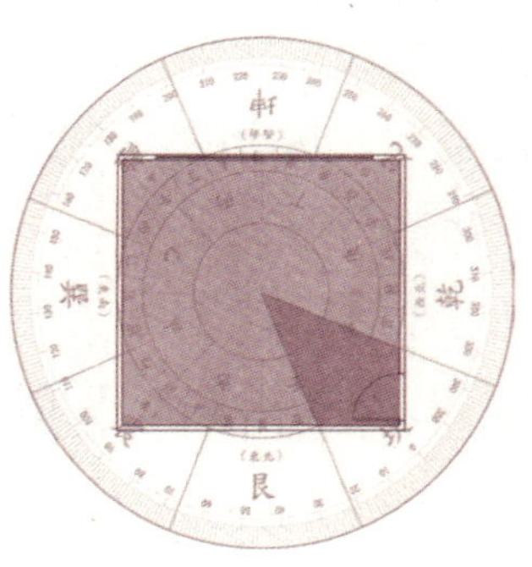

坐东北朝西南的房子其文昌位是在宅中的正北方卦位，如图所示，若能在正北方的45度线内，也就是文昌星所能照临宅屋内的位置里，设置为小孩

读书空间、摆设书桌或当作书房使用，能让家里念书的小孩在学习方面圆满无碍、事半功倍，参加学测或大小考试，也必定能考取理想的高分。

6.坐西南朝东北的房子（坤宅）

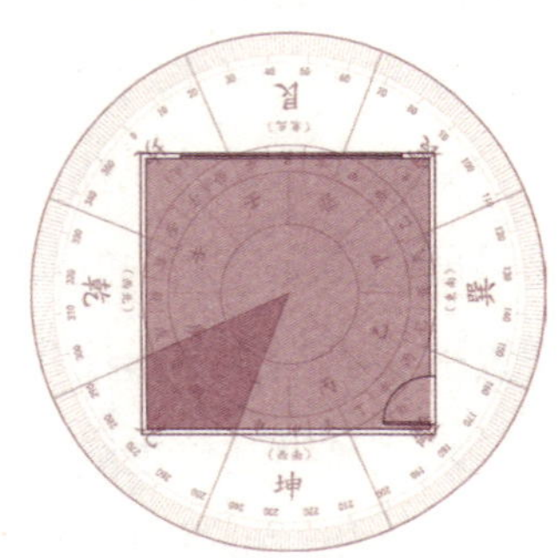

坐西南朝东北的房子其文昌位是在宅中的正西方卦位，如图所示，若能在正西方的45度线内，也就是文昌星所能照临宅屋内的位置里，设置为小孩读书空间、摆设书桌或当作书房使用，必定能让家中念书的子弟考运吉祥、智慧开窍、变得聪明伶俐，若要参加各种大小考试或征试，也必定能考取不错的好成绩。

7.坐西北朝东南的房子（乾宅）

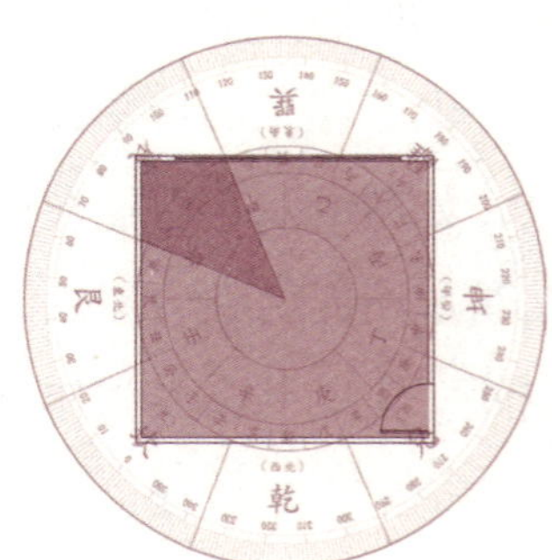

坐西北朝东南的房子其文昌位是在宅中的正东方卦位，如图所示，若能在正东方的45度线内，也就是文昌星所能照临宅屋内的位置里，设置为小孩读书空间、摆设书桌或当作书房使用，必定能得到天时地利之助力，以达事半功倍之效，参加考试无往不利，每次的考运都会相对地提升，成绩也能渐入佳境。

8.坐东南朝西北的房子（巽宅）

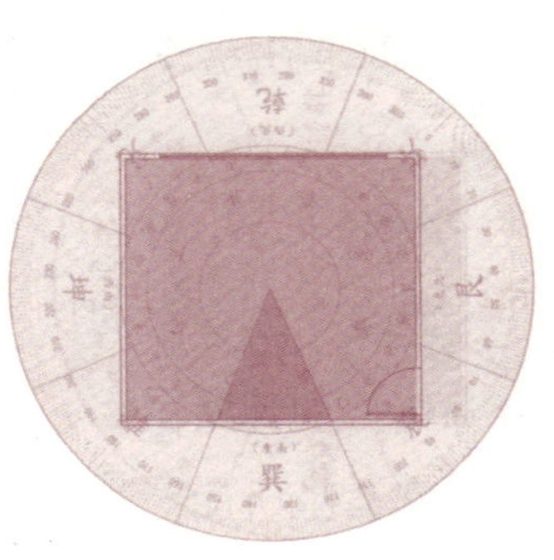

坐东南朝西北的房子其文昌位是在宅中的东南

方卦位，如图所示，若能在东南方的45度线内，也就是文昌星所能照临宅屋内的位置里，设置为小孩读书空间、摆设书桌或当作书房使用，必定能家中念书的子弟智能开窍、处事圆满、心思敏捷，若要参加学测或大小考试，也必定有很好的考运，试场中无往不利。

三、文昌位的开运布置法

家中的文昌位要如何彻底地运用呢？除了将家中的文昌位规划成书房或是小孩的房间以外，其实在小细节上，我们还可以做一些加强。

1.书桌的摆设要注意

念书或工作都少不了书桌，书桌要如何摆才能让念书的人心无旁骛、专心用功呢？首先是要选一张大一点的书桌，同时桌面要平整，不能有破损或缺角，同时另外为小孩准备一个书架。桌上除了该念的书本以外，其余的东西最好能放置在书架上，这样能够让孩子在念书的时候不会因为桌上的物品而分心。

其次，书桌摆设的方式也要注意，首先书桌不能正对着房门或窗户，因为门外若有人走动或窗外有任何动静都会分散小孩的注意力；书桌也不要背对着门，这会让人产生不安全感而影响念书的情绪；最后，书桌要避免放在床边，读书的时候最怕看见床铺，因为一见到床就会让人想睡觉，哪还有心情念书？

2.以开运吉祥画来当作摆饰

在住宅的文昌位悬挂能够帮助开智慧、求功名的开运吉祥画是最方便、效果也最好的方法，它可以让小孩在读书的时候增强自己的自信心，让想要升迁、求官之人加强自己的官运。如果是想开展智慧，可以用“聪明伶俐图”、“魁星踢斗图”；想要考试高中的话可以用“三元及第图”、“状元及第图”、“连中三元图”、“一甲一名图”、“一帆风顺图”；想要开通官运或事业运的时候可以用“官居一品图”、“加官晋爵图”、“平升三级图”、“官上加官图”、“翎顶辉煌图”、“尚书红杏图”、“青云得路图”等等。

第五章

餐厅和厨房

中国人非常重视饮食这方面的事，因此对于厨房好坏的要求自然不在话下。在风水学里，厨房对整个住宅的确也扮演着非常重要的角色，只要厨房能够设置得完美，不但可以兴家旺宅、常保身体健康、还能招来富贵荣华，所以千万不要以为厨房只是家中一个不起眼的空间哦。

厨房既然是一个煮菜做饭的地方，当然少不了水(流理台)和火(煤气炉)，换言之，厨房是个水火共存的空间。想要规划出一个理想的空间摆设，首先就是要让水火能够相济，一般厨房最常出现的错误就是水火相冲，这会产生很严重的健康问题。另外，厨房因为是个充满油烟的地方，在规划时也要注意到通风的问题，通风不良的厨房会让秽气徘徊在整个室内空间，久久无法散去，长年居住于此，健康必定大受影响，家运也必定衰败。

住宅风水学在论及厨房的时候，一般都会将重点摆在流理台与煤气炉的相对位置上。厨房里总是堆满了各式各样的烹煮器具，但是最重要的还是煤气炉的位置，此位置需要搭配到个人命卦的先天气场方向。命卦的方向关系很复杂，但都是属于学术的分析，在接下来的内容当中，会针对什么命配什么方向、灶向哪个方位等等作一个详细说明。除此之外，厨房的设计仍有许多值得注意的地方，大家不妨多花些心思。

一、餐厅设计

餐厅，这是每天吃饭的地方，民以食为天，吃饭皇帝大，我们要如何吃得健康、吃得舒服呢？餐厅位置的禁忌比较少，餐厅摆设唯一要特别留心的是，小心不要让厕所的门正对着餐桌的位置，也不要让厕所门对着餐厅的位置，亦或者餐厅的楼上正好是厕所的所在，这代表厕所的秽气往中间发射，这个气场会干扰煮出来的饭菜，不好的秽气吃进肚子里，会产生其他的毛病。以科学的角度来看，坐在这种地方吃东西，难道不会有“食不知味”的感受吗？所以最好能在餐厅的位置摆些水果字画、相片或海报，平时在餐桌上也可以摆放一些新鲜水果、鲜花摆饰等等，这些都可以大大的增进人们进餐的食欲，也可以让

你的气达到平和。

乡下地方因为厨房的面积都很大，因此多数家庭都干脆将饭桌摆在厨房里，不会再另辟用餐的空间。这种将餐厅与厨房结合在一起的做法其实是很不好的设计，因为在烹调炒菜的时候会产生大量的油烟，这些油烟都会影响到人的身体健康，同时吵杂的做菜声音也会影响用餐时的情绪，因此厨房和餐厅最好要分设在两个不同的独立空间为宜，但彼此也不要相隔太远，餐厅位在厨房出门的位置为最佳，这样端菜送饭都很方便。

餐厅是一个经常被忽略的地方，因为我们在规划室内空间的时候，通常只会考虑到厨房的位置，等到一切都就绪之后，再看看哪里可以摆得下餐桌？于是这个位置就变成了我们日后每天进餐的空间。其实在风水学中对于餐厅的讨论并不多，再加上现代人以客厅茶几当餐桌的比比皆是，因此也就不怎么重视它了。不过，我们仍然能够借由一些简单的方法利用餐厅来帮助开运。

餐厅既然是用餐的地方，因此餐厅周遭有任何位影响食欲的东西都要尽量移开，如此能够让人专心吃饭，对健康当然有益。餐厅在非用餐时间，桌上往往是空无一物，其实平常时间你也可以在桌上摆放一些水果、食物，代表这个家中无时无刻都能丰衣足食、永不断粮。另外，你也可以在餐桌附近的墙壁挂一面镜子，让镜子能直接反射到桌上的食物，它可以让餐桌上所有的食物立刻倍增，同时也象征着家中财富的倍增，这些都是利用餐厅摆设来帮助开运的好方法。

二、厨房设计

1.煤气炉不能对到门

现代建筑因寸土寸金，很多房子的空间都不大，尤其厨房的面积更是狭小，时常会有门来对到煤气炉的现象，若不是进去厨房的门，就是后阳台的门。门正对煤气炉煤气炉，则气直冲炉火，代表家庭和谐会有问题，在健康上代表会有血光开刀之疾患。若为后阳台的门来冲煞煤气炉火，那流年天星之地支降临卦位处，当年就必定会有血光开刀，或者意外血光之象。像这种情形一定要移开炉灶，改掉煤气炉的位置。若在完全无法改变也无法搬家的情况之下，则应以门帘挂于门上，自然就会将大祸化为小祸。

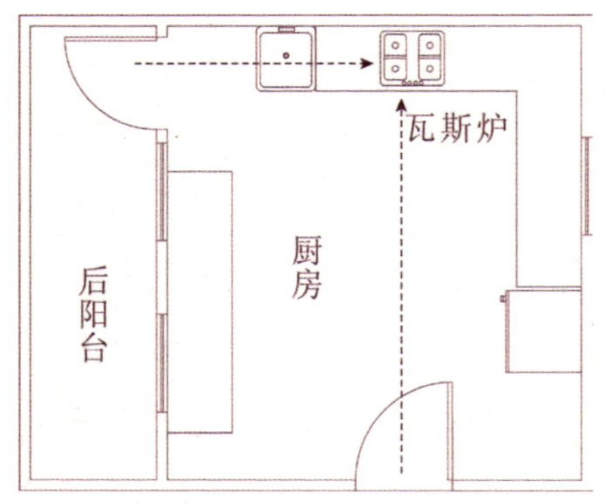

煤气炉应注意不能对到厨房的门，也不能对到后阳台的门。

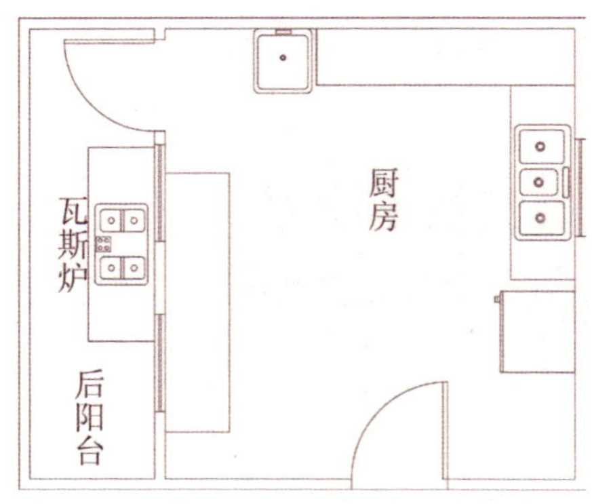

煤气炉不能因为节省空间而移至后阳台，阳台下方为气散之空间，除非下楼之空间化为室内。

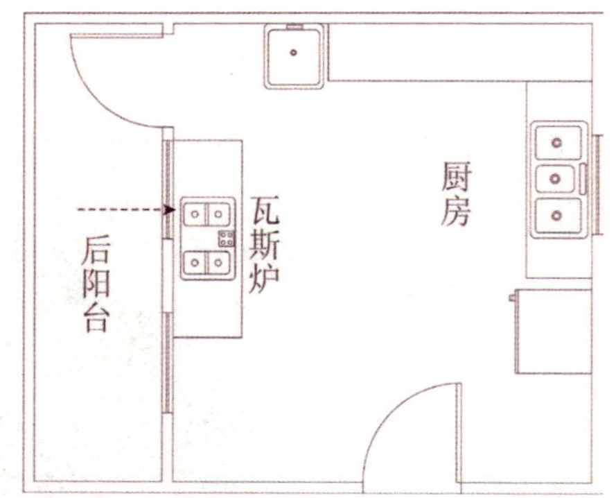

煤气炉设置的方位不能对着后阳台窗户，因后阳台也是房子的风口，会影响煮饭菜时的火焰，让火焰不稳定。

另一个煤气炉的禁忌是不可以对着后阳台，因为后阳台也是房子的风口，若正好对冲你的炉灶，家里会有火气旺盛的情形，容易产生身体新陈代谢缓慢，使整个生理结构循环变差，故特别注意不要对着后面的门，这代表血液循环不良，内分泌失调；还有人是因为厨房的空间太小，为了贪图一时的方便，干脆将整个煤气炉设置在后阳台，如此便成了大凶的格局，对人的影响就更大了。

2.煤气炉不能对到厕所的门

如果炉灶的位置正对厕所的门，那就代表住在此宅之人必会有长年病痛之情形，就是时常把门关上，也是无法化解秽气之冲煞，因此宅中若有此现象，建议应尽快移开炉位，否则每年中的月令星与位置卦气相合，那个月的健康就会产生问题，不得不慎。如果空间够宽大，可在厕所门口再加上曲角之“L”型屏风来阻隔，便能完全化解凶煞，挂上门帘是无法达到完全化解的效果。

3.进大门不能直接见到煤气炉

厨房的炉火是主火气之根源、财禄之征兆、食禄之基。故一户住宅中，从进门处绝对不宜见到煤气炉。另外，在客厅主沙发所坐的位置也不宜见到炉火，从门及大厅可看到炉火，主会有口角是非之兆，并且家中财富不易聚守，有散财之象，更严重者也会有损丁之虞。

进门立刻便能看到厨房炉火，代表家里人容易意见相左，彼此容易起争执，但这种现象在今日的居家中应该较少见，反而是在一些小套房中比较常见。所以一个家庭中炉灶的布置是需要有很好的空间来安排，不可大意，尽可能地改变门位或炉灶，以免有炉火外露之情形。假使在无法改变的情况之下，建议你去买个门帘来遮住视线，这就是化解的最佳方法，有很多人喜欢将小空间的厨房更改为开放式的空间，厨房与餐厅合而为一，但厨房与客厅还是以墙或屏风阻隔为吉，若无则主凶象，也必有上述之征兆。

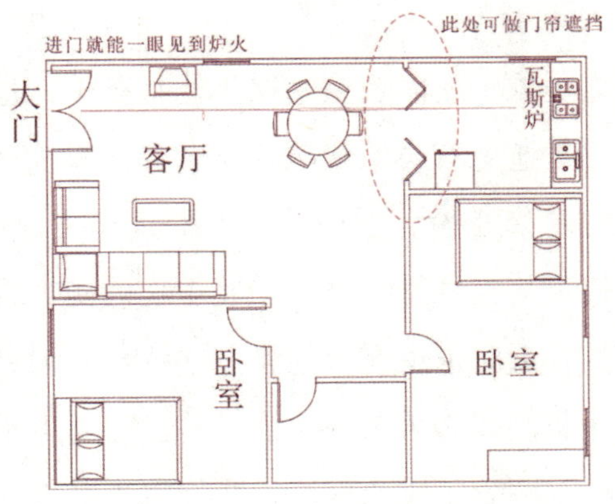

4.煤气炉不能设置在厨房的正中央

住宅的厨房中煤气炉设置的另一个重点，是不得将炉灶安置于厨房的正中央位置，安置煤气炉必须要靠墙为吉，煤气炉放置在中央处，四面都会受风侵袭，炉火不稳，火不稳定则所煮出来的东西就不尽理想，人吃了之后自然对身体的健康产生伤害。以风水的理论来分析，空间的中心为心脏部位的克应点，以人的身体来作对照，也就是代表宅主之心脏必有疾，血压必定一直有不稳定的情况。故家中有此现象者，宜尽速移开为吉。

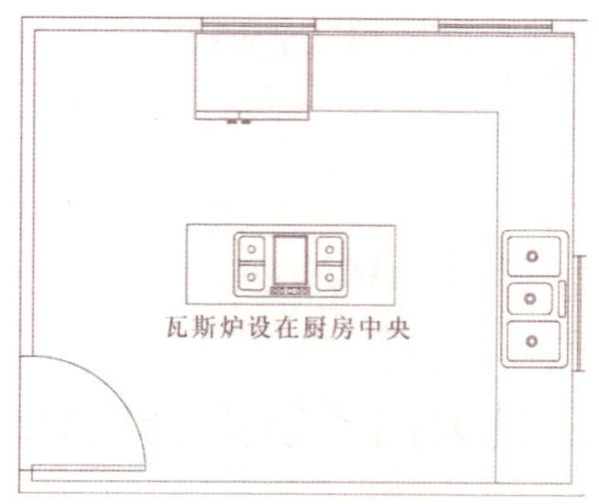

5.煤气炉不能直接对到楼梯

厨房内的煤气炉与楼梯的关系，在风水学理论中，只有怕楼梯正冲炉灶；最忌讳的就是灶口正对楼梯口。假使住家有犯到这种风水禁忌的情形，则主宅中有人犯小人口舌是非很严重，或有人患舌癌之现象。所以在空间狭小的状况下，也要尽量避免有类似状况。笔者曾在看过这样的厨房摆设，宅中的大儿子为地方流氓，每天与人打打杀杀；二儿子吃槟榔吃得很重，因此也患有口腔癌。这些事例都足以让我们作为风水的实证，前已有人患了病症，应验了风水理论，我们就不必再铁齿

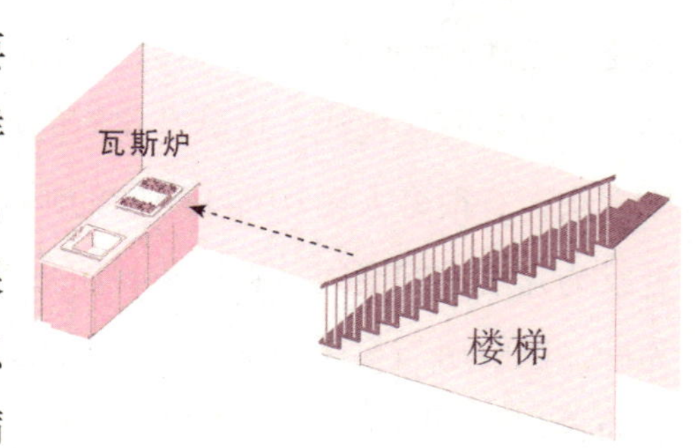

下去，唯有信之以免闯祸。灶口冲楼梯的主要道理是：楼梯往下，气往下冲入，炉灶之火会受空气来阻碍，所以煮起来的东西，口味就不稳定，其中也暗藏着对人体有害的气场，所以只能避免，没其他化解方法，慎之！

6.煤气炉上方最忌有横梁

炉灶与人睡觉的空间都有相同的禁忌，事实上，这些禁忌都是以大自然的气流来判断吉凶祸福。梁是一栋房子的主结构，一般家庭的厨房都会设置在宅的侧面空间，但房子的周边势必会有横梁来支撑，故很容易在炉灶的上方有较粗的横梁。假使横梁直接压在煤气炉的上方，炉灶受梁压迫，磁场的气往下压，代表会有出现肿瘤的现象，则主宅中必有恶疾、肿瘤之症，因此若宅中煤气炉上方有横梁，只要以吊柜或抽风机来阻挡，让横梁隐藏在柜内，则不会有引导气流来冲炉灶的现象，便能完全的化解冲煞的气场，居家之人也必定能有平安吉祥。

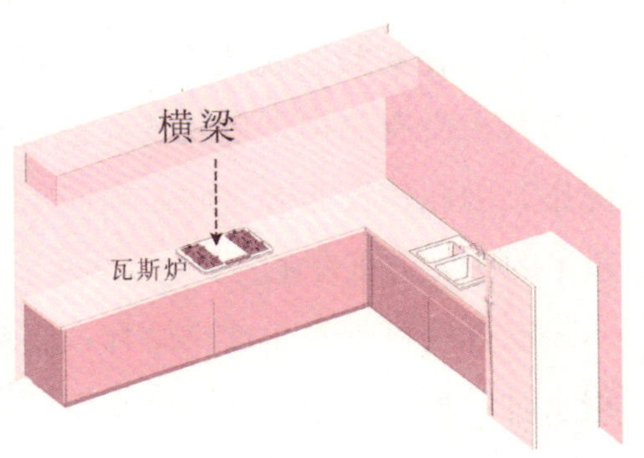

煤气炉位于横梁下方，必受由上而下之气所压迫。

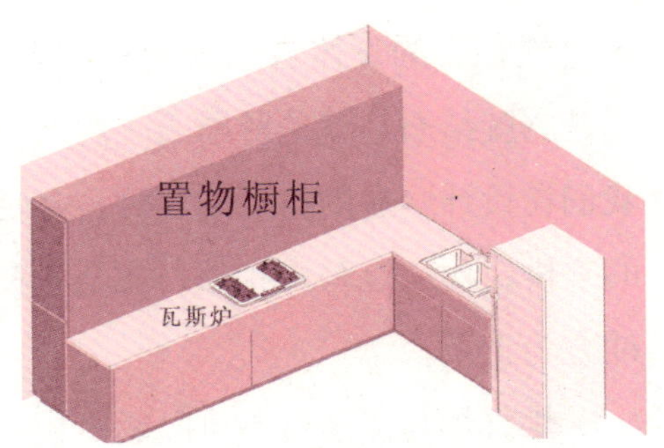

在横梁下方设置橱柜或悬挂吊柜，横梁自然消失与无形。

7.煤气炉与流理台必须分开

厨房的炉灶与流理台的位置，有其自然科学的关系。流理台有清洗之水龙头，其五行为水，而煤气炉的五行为火，水会来克火，故中间必须要有隔神，方能达到圆满。假使炉灶与流理台之间没有间隔，那水与火没有隔神，自然就会影响家人的健康，因此建议两者之间必须间隔至少一尺半的切菜空间为宜。

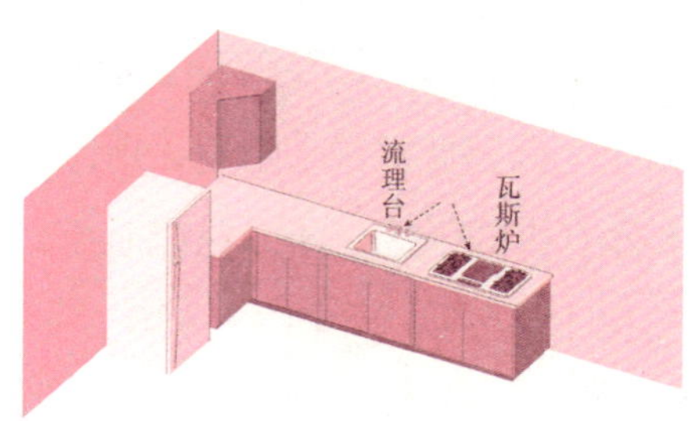

煤气炉与流理台的位置太过接近。

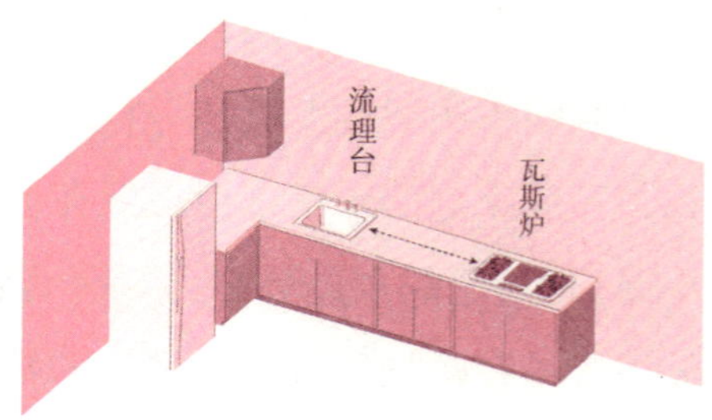

正确的摆设位置，煤气炉与流理台之间必须有适当的间隔。

以自然科学的角度来解释：当你在使用水时，炉火正燃，锅子被水所溅到，则锅子会产生黑点，这个黑点就是碳的结晶物，若长年吃到水火相克的炉火所煮出来的东西，久而久之，肚子里吃了太多的炭火之气，人的身体自然就会有结石的现象，不是膀胱结石，就是肾结石、胆结石。因此我们在设计厨房的格局配置时，必定要慎重的安排，勿让灶与水相邻，或是水在对面正冲方为上策。

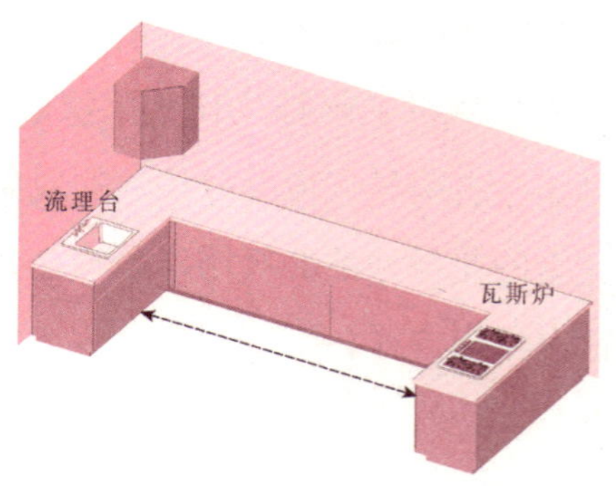

煤气炉与流理台不可分设两处遥遥相对。

煤气炉与流理台不可以紧紧相连，但也不可以分在两墙遥遥相对，因为相对也叫水火相克，如二者遥遥相对，不但生病时查不出病因来，而且还会有开刀现象，出门意外也会多一点。

8.若有两座流理台，应避免相对

有些大户人家的豪宅，厨房空间比较大，因此在规划与摆设上就需要好好斟酌。因为空间大，许多人就会在炉灶的另一面墙多设一座流理台，如果两者正好相对，这种情形就叫作“桃花煞”，风水理论判断为宅内会有犯桃花的问题，所以必须要特别审慎地规划厨房设施为要，免得生烦心之事。

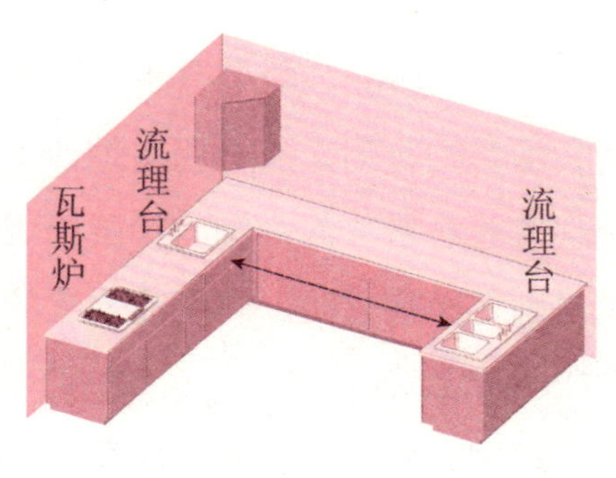

厨房有两座流理台相对，宅内必定桃花不断。

若是单身贵族来求桃花，用此法可增加很多机会，一但有了结果之后，必须要立刻更改过来，否则最后将功亏一匮。

9.煤气炉和抽油烟机附近不宜有任何摆设

煤气炉的周遭，有人为了美观，喜欢摆放一些盆栽植物，而且是摆在煤气炉上方，结果植物在此枯萎，代表家中会产生子孙的问题，小孩不易管教，因为这会克制他们的思绪，让他们会一直唱反调，所以厨房炉灶与子孙是有相对关系的。

另外，有些家庭为了让炉灶上方的抽油烟机看起来干净一点，就拿穿过的旧衣服往抽油烟机上盖，以为这样可以吸掉油烟，但是在炉灶上盖衣服，代表你家里容易散财，家人也会有糖尿病的现象，也容易带来皮肤的毛病，所以在厨房里，不可以用旧衣服来盖抽油烟机，若要盖掉油渍，也只可用铝薄纸或报纸遮住就好。

10.厨房内不宜安神位

有些家庭因空间的关系，常会将神位安置在厨房里，以风水理论来分析，那是会犯大凶的。厨房有油烟与秽气，是不宜神明安座的，否则有损神明之威，是大不敬的行为。有神明之炉灶代表天上本我之财库受秽气所伤之相，主财不聚且散财之格，而拜神的神灵为天上本我之灵魂，灵魂受油烟污秽之气，家里成员则有多病之兆。厨房能安置的神明只有司命灶君与火神，安置其他的神佛均属不吉之安座方式。

神明应安置在居家环境里的财位、旺位，方能对宅中居住之人有好的对应。

财位方、旺位方主流年到位，家中成员在外赚钱进帐的机会可加倍，故建议将菩萨、神位、祖先牌位等等，通通安置到厨房以外的财位上，才能带给这个家庭和平。否则安神位、菩萨于厨房，居住者会常有忧郁、焦虑之感，且时感压力沉重。在家中有安座神明应请大师为你作完整的规划，并作最理想的加持开光净宅祈福，方能化解宅中不该有的煞气。

三、厨房开运摆设

1.炉灶设置催发富贵大法

每种命卦各有适合的住宅坐向，而每一个坐向又可以区分为四个吉方与四个凶方。根据古代住宅学的理论，一栋房子的厨房和厕所最好是位在宅主本命的凶方，因为厨房和厕所都是屋内最容易产生秽气的地方，聪明的先人想到了以煞制煞的妙招，只要将厨房和厕所设在本命的凶方，便可以达到镇煞的效果。

根据古书《住宅正诀》的“游年法”中记载，只要将炉灶压在本命的四凶方，将火口向着本命的四吉方，就能够帮你快速催财、急发富贵，只要几个月的时间就能够应验!

值得一提的是，古代的厨房皆以灶为中心，故古书有时会以灶来统称厨房，但厨房和灶是实际运用上还是有区别的。在台湾，即便是落后的乡下地方，也难以见到“灶”的踪影，因此，以今日的理解，灶指的就是“煤气炉”、火门就是煤气炉的正面(有开关的那一面)。

以东西命卦来看，每种卦都有不同的摆设方式，但以整体来看，属于东命(太阳磁场）之人(坎、离、震、巽)，要将厨房设在住宅的西方，煤气炉(火门)

则要朝东；属于西命（太阴月亮磁场）之人(乾、兑、艮、坤)，要将厨房设在住宅的东方，煤气炉(火门)则要朝西，反之则为凶。

2.安灶求财法

一般新居入宅，可能只会注意到要“安床”，因为人的一生都离不开床，但其实“安灶”的重要性并不亚于安床，想想看，又有谁的一生离得开吃呢？

“安灶求财法”是指将厨房压在本命的凶方，煤气炉则要向着本命的三吉方，即生气方、天医方和延年方，但是这三个吉方的应验年、月却有所不同，安置的时候，最好能依其应验年、月来安置，否则无法发挥其摧财的效果。

（1）生气方——应于“亥、卯、未”年、月安置。

（2）天医方——应于“申、子、辰”年、月安置。

（3）延年方——应于“巳、酉、丑”年、月安置。

（4）伏位方——比照“生气方”，应该于“亥、卯、未”年、月安置，但其力量较为薄弱。

第六章

厕所

厕所是一个经常被大家忽略的地方，但是对一所住宅而言，厕所不但是不可或缺的，而且厕所设置的位置也与住宅的吉凶有着密不可分的关系。

在谈论厨房的时候已经提到，因为厕所和厨房都是会产生秽气的空间，所以在设置的时候最好能规划在宅的凶方，借此达到以煞制煞之功效。除此之外，厕所也要避免设置在住宅的财位以及文昌位上，若是厕所的位置正好落在宅的财位，则财禄必定出状况。如果家中有两间厕所，则位于财位上的这间最好能够避免使用。如果非使用不可，则建议要经常保持厕所的良好通风，让其干净与干燥，千万不能潮湿或让秽气久久不散。若厕所的位置是位于宅的文昌位上，这叫做污秽文昌，家中有念书的小孩在学习上必定会比较辛苦。

其实不光只是看得见的厕所部分会对住宅有影响，就连看不见的化粪池也对住宅有极大的影响。大家可以根据以下的检视重点逐一来检查自己家的厕所是否也有相同的毛病。

一、厕所不能正对大门

家宅的大门一打开，绝对不宜有正对厕所门的情形。若厕所正对大门，主宅中之财必定是左手来右手去的现象，家里也必定会有恶疾产生，投资理财也会不顺畅，为防小人五鬼的财禄流失。像这种格局的住宅，必须以屏风或橱柜挡在门前，作为气的转化效用，不然宅中成员的财禄必是两年一小失，三年一大失，再用什么方法来补救财运都是徒劳无功的。

二、厕所不能设置在大门旁边

厕所为秽气的汇集地，其门为秽气的排气口，在风水上所谈的位置，必须合个人命卦的吉凶方来布局。但在公寓大楼的建筑里，厕所的位置都已事先规划好，建商或建筑师都已将空间配置完成，各种用途的管道都集中到某一个地点卦位，绝对无法完全合乎命卦的需求，但是当我们要去买这间房子的时候，就要事先请地理师来配合规划，否则住进去之后才想要改变厕所马桶输送秽物的管道，可就没那么容易改变了。

但是目前的厕所都是使用抽水马桶，只要通风良好，能够保持厕所的干净干燥，没有秽气流通在室内或者存在有臭味的潮湿状态之下，并不会影响人的健康。但是有一种情形是必须避免的，就是厕所的位置门向不宜位在大门的门口。欧美的设计师，常会将厕所设在大门口以利使用，事实上它是会影响人的财富状况的。你看大部分的欧美人士终其一生身上都没什么钱，平常用钱都是事先贷款，而后再欠一大笔债，这就是散财的表征，所以只要房子的大门口有厕所，其门路都必须改在往内的墙，而不宜设计在大门口边。

三、厕所不能设置在房子的正中央

厕所的位置在房子的中心点，即中宫的位置，在风水理论中乃论之为凶相，为何会说它是凶相？主要是指空气不流通，因为厕所的秽气会直接流入宅内，无法顺利排到宅外，故论之为宅内人员会有多病的情形。

但现代的公寓大楼建筑，只要是大坪数的使用空间，为了设置客人使用的

厕所，必定会在中宫位置设置厕所，这样的设计才不致于让客人要上厕所时，还必须经过房间的门，那就没有宅第的隐私感可言了，所以才做如此的设计。虽说是凶相，但也很难避免，在这方面笔者会建议只要将抽风机设有延迟的开关即可，好让每次使用后的秽气能顺利排出室外，尽量保持干燥、干净、没有臭味，相信一切的凶祸都会远离宅第。

四、厕所不能对着神位

住宅的神位安置必须要配合住宅坐向的吉旺方才能带来旺盛之财富及事业运，而厕所是一间宅屋中最常有秽气流动的空间，假使你将神位的与厕所门相对，就注定你的财运有很大的障碍，绝对是破财之格。拜拜为拜天上的本我财库，而秽气正冲财库位，你说还会有好的财运吗？除了要将厕所门避开不要对到神位以外，还要注意安座的墙面，不论所靠的墙面为何，都必须避免神位背后有水的流动以及水流动之波动声，那会影响财库让财不稳定，以前的人会说厕所墙不宜安座神位，事实上他就是担心会碰到厕所墙面内有水管管道之流水声波的干扰，并非其他的因素。

五、床铺的下方不能有化粪池

卧室的床铺位置与门有关系，与厕所的门路也有相对影响，现代大楼建筑中，住家的规划都会有套房的房间，所谓套房就是指房间内部安排有厕所的空间。但大多数的卧室都不大，所以厕所门经常会对到床铺。像这种情形，其秽气经由门的流出，人体与之对流，必然会影响人的健康。但有很多人会想，只要睡觉时把门关上就好，到最后事实证明还是会犯同样的毛病，主要原因是秽气流出冲到床铺，床之实体自然会融入秽气，人再睡于床上，当然会有很严重的毛病产生。

古时候旧式三合院厕所必定在院子外面，那是因为有茅坑的关系；现代使用的是抽水马桶，所以可以放置在宅内，但相对地厕所的化粪池就可能会在房子正下方。

笔者就曾看过这样的房子，有一铁工厂的老板，在搬入新家之后，连续三年都有家人犯癌症而死亡，于是特别邀请笔者前往鉴定住宅。在勘查整个环境之后，断定外在环境没有任何情况会影响人到患癌症的地步。后来到室内勘查之后，一楼后面的房间有问题，在房间的地板角落，笔者看到了一个铜盖的水口，因此断定宅中必有化粪池。经查察之后，其床铺底下正是化粪池，前一手的宅主就是因癌症身亡之后，才由其妻将房子卖掉，前一手并不知道化粪池的伤害，是因改嫁而卖掉此屋。

当时因该栋房子二次施工违建的部分，所以才将化粪池的空间上面贴上地砖当成卧室，买屋之人不太可能知道，才会导致宅主买屋之后，居住在此卧房的人都相继死亡，这就是秽气所产生的杀伤力。在规划一栋房子的时候，这些都是不能不考虑的吉凶对应关系。

第七章

神位

大部分的家庭都会设置神位，用来供奉神明以及祖先，但是神位的安置在风水学上的确是一门大学问，很容易就会犯到某些禁忌，因此必须格外注意。

人们在家设置佛堂神位来作为日常的供养，并非完全是一种精神的寄托而已，其实还有另一层意义存在：敬神礼佛本来就是在供养天上的本我，我们是宇宙的一分子，从宇宙间来此生，亦从宇宙间消失其有相体，但是无相体是永远不灭的，所以借由礼拜神佛供养天上的本我来达到天人合一的境界。

简而言之，敬神礼佛就是在修持天上的本我灵魂来与地上的自我灵魂融合为一，当修持到心中能有不灭不减的供养心、清静心，其智慧就能顺乎大自然的供养，创造出自己的美好命运。了解了供养之精神之后，就必须虔诚地供养敬礼，好让我们的灵魂能顺利达到永生。

不论是佛教徒所供养的佛及菩萨、道教所供养的天上诸神明，还是天主教、基督教所设置的十字架或圣母玛莉亚像、耶稣基督圣像等等，其安置的原理原则都是相同的，只是因为各宗教的发源地五行不同，所以在安置的方法上略有差异而已。

一、神位的安置位置要慎选

神位的安置在住宅学中是一门大学问，虽然宗教和住宅学是一点关系也没有，但是神位的安置，只要在宅屋里面，就会跟宅主有相对的影响。神位的位置首重藏风聚气，所以在选择安置的位置时就必须以能藏风聚气的空间为吉。但是公寓房子，要寻找一面墙来安置神位已经是很不容易的一件事，况且还要选择宅卦的财位来安座方吉，所以我们要安神位之前，第一，要先找出宅中的财位；第二，要讲究聚气与否；第三，若所安置的位置并非在财位的空间时，不宜向内，宜向外安座。

安座的两侧不宜有门路来泄气，必须要有一方的墙面来聚气，若能有双面的收纳墙，则气就会聚，自然就会对财有帮助，否则神位安置错方向或位置，对财的影响是很大的。

二、神位上方不能有横梁

安置神位在现代的大楼公寓格局中，常会犯到安在梁下的情形，压梁不论是在床在炉灶均属不吉，更何况是将神位安置在梁下。若神位安在梁下，家中之财运大多不稳定，而宅中之人的生肖若与神位的方向正合卦气，则此人之神经系统必定有毛病，严重者则亦有脑神经衰弱、精神恍惚之症，而且神位有压梁的情形，常会导致家人在外的人际关系不理想、贵人不明，更有太岁到方之时，宅中之人当年的意外频传。

因此建议只要有类似压梁的情况，请将天花板拉平即可化解。若天花板拉平后变得过低的情况，则应以木工到现场做橱柜的方式，化解神桌压梁的情形，不宜购买现成之神桌为用，否则难以化解此凶兆。

三、神位下方不能放置鱼缸或水缸

神位的设置必须务求稳固，下方最忌讳摆设鱼缸或水缸，因为这样会造成正神落水的现象，这个现象从风水学的角度来看，可能会造成破财的情形。

若是将鱼缸放在神桌的上方是否可行？当然不可以，因为神明的地位是非常崇高的，不能有其他东西凌驾在宅之上。另外，鱼缸的水也可能不小心溅到神桌或神明身上，这是不敬的行为，应该要避免。

四、神桌上供奉的神明不宜为双数

通常供奉神明的数目，以单数为宜，如一尊、三尊、五尊，双数则不宜，至于八仙、四大金刚等神明则以一尊论之。若能将神明供奉得宜，对宅主的财禄将会有很大的帮助；相反地，供奉的神明太过于杂乱也会影响宅主的家运，不可掉以轻心。

五、神桌上供奉的神明不能太多

不要以为家中所供奉的神明越多，就代表越能得到神明的庇佑。在一般居家里，不宜供奉太多尊的神明，否则会把居家变得像神坛一样，在风水学里，会产生不好的影响。因为供奉的神明太多，会吸引周遭的一些阴灵前来聚集，对宅内所住的人自然有不好的影响，若引来一些恶灵，家中的时运会变得比较低落，财运也会受阻。

六、神位不能安置在吵杂或经常移动的地方

神位安置的地方，最重要的原则就是“宜静不宜动”。有一个稳定、能够藏风聚气的场所来安置神位，才能达到好的聚财效果。有人将神位安置在工厂或店面里，想祈求神明保佑，却偏偏将神位安置在吵杂的机器旁边，不但对你没有帮助，反而有破财之虞。

另外，神桌也必须经常保持干净，但在清洁神桌的时候，切记不可动到神明或祖先牌位，否则将可能有不好的影响。

七、神位不能安置在卧室内

卧室之中不宜设置神位或摆放神像，原因有两个：一是卧室之中难免有男欢女爱之事，但是在神明面前就显得十分不敬；其次，若是将神像安放在卧室中，半夜睡眼惺忪之时若看见神像，恐会受到无谓的惊吓。基于上述两点，卧室中不宜也不能设置神位或神像，否则将无法得到神灵的庇佑。

八、神位应设置在房子的最上层

现代人多半是居住在公寓式的建筑，家中大多只有一层楼的空间，所以比较不会碰到这个问题，如过您的房子是独栋的别墅、透天厝或是有两层以上的话，在安置神位的时候就必须注意这个问题了。

乡下地方很多都是二三层楼的透天厝，而且大家在设置神位的时候都习惯将它安置在一楼的正厅中央，其实这样的安置是有问题的。我们之所以敬神礼佛，就是因为神明的至高无上，所以必须以最崇敬的心来对待家中所供奉的神明，如果将神位安置在下面的楼层，人却在上面的楼层活动，如此岂不是将神们都踩在脚下了吗？这是大不敬的行为。因此建议家中若有二层以上的空间，应该将神位安置在最上面的楼层为佳，借以表达我们对神明、祖先的尊敬。

九、香炉的安置

香炉有分立香炉与卧香炉。立香炉是一般家庭供养用的，分为“益利炉”和“添丁炉”，公司行号供养菩萨或神位之尺寸，必须为益利炉之规格，若为家庭的神位供养，则可选择益利炉或添丁炉，求财则为益利炉最佳，求添人丁则应以添丁炉之规格为吉。若是用卧香炉则一切无所禁忌，大小均宜。

香炉安座之后，卧香炉可以随时移动清理，并没有吉凶之禁忌，但立香炉在安座之后则不宜任意移动。有些家庭喜欢让神桌保持干净，所以常将香炉请下，清扫后再安置上去。事实上，神位的安置之所以要选择吉日良辰，就是在作接气的仪式，好让神位之位置，能得天星旺气，从而得到财利、事业平安；但为了爱干净，香炉被请上请下之时辰并非神位座向的吉旺时辰，就会有吉凶的对应关系产生。

假如香炉请下来的时日，正好是对你的财禄有影响时，则近日内必定会有泄财的状况；如果请下来再安上去的时日对宅内所居住的生肖有健康上的影响时，则最近家中必定有人身体上会出现疾厄之毛病，故在这方面不可不慎。若真的非常脏必须清扫，可请老师配合贵宅神位座向，择一良辰吉日用之为吉。

十、神位最佳安置方位

在八宅的坐向中，其最佳的安置方位如下：

坐东朝西（震宅）：取正东方和西北方卦位。

坐西朝东（兑宅）：取东南方、正南方或西北方卦位。

坐北朝南（坎宅）：取正北方和西南方卦位。

坐南朝北（离宅）：取正南方及东北方卦位。

坐东北朝西南（艮宅）：取东北方和西北方卦位。

坐西南朝东北（坤宅）：取西南方和正东方卦位。

坐西北朝东南（乾宅）：取西北方、正西方及正北方卦位。

坐东南朝西北（巽宅）：取东南方和西南方卦位。

十一、安置神位应注意的事项

神位的安置方法是首先要注意择日、择时，以旺日吉时来接气，可达旺财、家庭圆满。安置的位置也必须配合住宅之吉旺方，方能得到财利，守住财利。

若同时安置神佛与祖先牌位时，应注意安置的顺序，必须先安神佛再安祖先牌位，且安置神佛的位置需比祖先牌位大，以表示对神佛的尊敬之意。另外，安置神佛的位置最好能比祖先牌位高，若为平台式的神桌，可以在神佛底下以红布包寿金或以红漆木底座来垫之。

神佛安置的位置应在祖先牌位之前，若神桌上不供神佛塑而是神佛图腾者，则应以香炉来论之，也就是说，神佛香炉的位置应该置于祖先的香炉之前。

第八章
楼梯

现代人多半居住在公寓式建筑里，所以并不是家家户户都有楼梯，公寓大楼的楼梯是位于住宅的使用空间之外，如果没有直接对到房子的大门，楼梯对住宅几乎是没有什么影响。但是家中有楼梯设置者，就必须非常注意楼梯的位置是否有犯到风水上的禁忌了。

另外，有些房子因为加盖顶楼的关系，除了室内原有的楼梯以外，为了方便还会在室外另搭一座楼梯，这是不好的设计，主散财、破财之格局。试想，户外多了一道方便人攀爬的楼梯，岂不是容易引起小偷的觊觎？如此，想不破财也难。关于楼梯还有哪些注意事项，请看以下的说明。

一、大门避免与楼梯或电梯正对

有些大楼的房子，常会看到开门刚好就是上下楼的楼梯。一般门出来之后，不要直接对着下楼的楼梯缘，楼梯下来如果没有一个大一点的空间，气场会马上流失，不会停留，气若散掉，代表财的流失，所以住宅的大门，不喜欢与楼梯距离太近。如果是这种情形，空间如果够的话，可以在下楼梯的前方位置，做个屏风挡掉；如果空间不够，可摆圆形大花瓶，让这个气场有回流，气如果出去，碰到物体能回流，气就不会流失掉。

大门若开门向电梯，依风水学上来看，电梯就如同一只老虎蹲在你家门口，可能会给居住在宅中之人带来意外，因此必须要在门口挂水晶球，但此水晶球

必须是要有特殊切割面的水晶球，让电梯开关之气与水晶球之间有反射，才能让我们平安。

如果大门外同时有楼梯和电梯，二者之间常常会形成一个直角正对门心，若有这种情形家里必定会泄财，小孩常会发生意外，只要在二者所形成的直角摆上盆景，就可以化解此冲煞。

二、卧室里面不要设楼梯

房子内的格局以动线设计的首要原则，有好的动线才会带给空间较宽敞的感觉，也能让人产生视觉上的美感，视觉有舒适的美感，就会使人产生正向的内分泌，并且能有好的因子在体内出现，自然就会有好的财运、事业、健康。

现代的建筑很复杂，因此人的问题也相对地复杂起来，居住的空间越来越小，内部格局也相对会有互相冲克的现象。居住在夹层屋及楼中楼的住宅中，常会看到楼梯的安置空间有问题，就像卧室里，为了要节省空间，就在卧室内做了楼梯通往楼上的小孩房间，这种情形在风水理论上断言为“寡妇煞”。

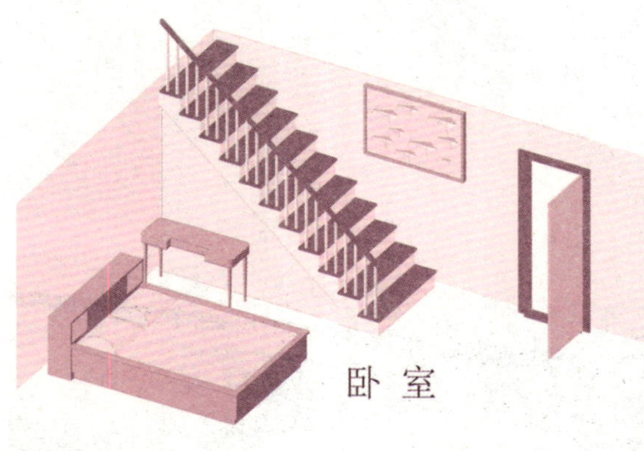

所以读者若要做楼梯通往楼上，不宜在卧室内做楼梯为吉，否则流年天星下达到宅的坐山或逢三合四正之流年，人的身体健康就会有不好的现象产生。

三、楼梯不要设置在房子的正中央

楼中楼的房子，设计师常会不经意地将楼梯的位置规划于整个房子的中心点，这是犯了住宅学的中宫煞动的原则，因此常导致宅主会有心脏、血压之疾，更严重者为家中常会有遭小偷的现象，故建议读者在规划一间房子的室内空间时，能注意一下，不要将楼梯设计在整个空间的中央处，就是要设计在中央处才能规划出好的动线，那也要很巧妙地隔间配置，这绝对不可大意，最好是能请风水师帮忙观照一下，能将整个住家的厨房、卧室、客厅作一合乎命卦以及大自然动线的配置，不要一味地盲目顺着不懂风水大自然原理的室内设计师去安排，只得到了设计师的美感，但让人居住之后却会得到病痛或灾难。

第九章

庭院与围墙

过去几乎家家户户都有庭院，但随着人口的增加，建筑物不断地向上发展，如今除了乡下地方和一些高级的别墅住宅区以外，很少人有属于自己的庭院了。

有庭院的房子为了防范窃贼入侵，在庭院外都会筑起一道围墙。庭院和围墙都是住宅的一部分，它们虽然位于房子以外，但是仍然对住宅有吉凶对应的关系。

庭院的设计其实和住宅一样，讲求的是中正平合、朴素典雅，能够种种花草来美化空间是最合适不过的。但有些人为了要标新立异，会在庭院内设置一些非常突 的装饰，其实对住宅都是有伤害的。

另外，围墙的设计也是大学问，不能太矮也不能太高、不能太贴近房子主体、不能有破损或开口、不能有高低不平的情形，也不能有攀藤类植物爬得满墙都是，由此可见风水学对宅外的庭院与围墙的重视并不亚于宅屋本身！

一、庭院设计的注意事项

有钱人家在住宅的设计上常爱作怪，喜欢标新立异，所以常会在房子的庭院做很特殊的造景，就连都市的大楼里，笔者也曾看过在客厅的阳台上，整个地面铺上石头，作为观赏与健身之用。有庭院的居家，笔者曾见过将整个庭院铺设很多乱石，作为观赏之用，像这种居家环境的气场就会有杂乱无章之感。

在风水的吉凶判断，论之为易有骨头酸痛之症。若石头杂乱的空间为宅的正南方，则论之为会有眼疾的产生，青年人的白内障也会产生。故在住宅的景观布置上，必须以中庸顺畅为设计主轴，方能达到居家的平安，一切顺心。

1.明堂环境的注意事项

住宅环境学所指的明堂，是指宅屋的前面庭院或空间，如果明堂太过杂乱则代表一个人的运势会受其干扰。当你住在这里的时候，每天要进出这个家，必定会经过杂乱的空间，视觉所见的一切就代表运势的吉凶，杂乱就代表在外会有处理不完的事，在内也会有很繁琐的事情逢身。

杂乱的空间也会带给家人疾厄上的困扰。在北方的杂乱会带来肾脏的疾病，在女人身上会对应到子宫、卵巢的毛病；南方的杂乱，对事业的冲击会很大，工作易有障碍，心血管易有毛病；东方的杂乱为肝胆之疾病；西方卦位的杂乱为家里面的人气管及肺部有疾。所以居住环境应打理得整齐划一，才是常保安康之道。若是明堂的位置为荒废的土地亦或常年被人当作是堆放废弃物的场所，自己无法加以清理时，这样的房子也建议不要居住或购买为宜。

近期兴建的大楼式住宅，都十分讲究休闲空间的设计规划。一般来讲，设计师会在大楼前方设计中庭花园，如果你的房子正好向着中庭，那中庭就是你

家的明堂，中庭的设计最好以简单大方、朴素典雅为原则，种些花草树木来美化即可，但建商为了吸引购屋者，会在中庭大作文章，又是假山瀑布，又是水池喷泉，要不然就是种满了二三层楼高的大树。这些哗众取宠的设计虽然乍看之下十分吸引人，但是却也把原本宽阔的明堂给封闭了，所以中庭设计的好坏也会影响一栋大楼的旺衰，同样是疏忽不得的。

2.十三种庭院吉祥之物

（1）棕榈，又名棕树。既有观赏价值，树干又可作为亭柱等，棕毛可入药，功能为收涩止血，主治吐血、崩漏诸症，在风水上具有生财护财作用。

（2）橘树，即桔树。“桔”与“吉”谐音，象征吉祥，果实色泽呈红、黄，

充满喜庆，盆栽柑桔是人们新春时节家庭的重要摆设，而桔叶更有疏肝解郁功能，能够为家中带来欢乐。

（3）竹。苏东坡云："宁可食无肉，不可居无竹。"竹是高雅脱俗的象征，无惧东南西北风，更可以成为家居的风水防护林。

（4）椿树。《庄子·逍遥游》云："上古有大椿者，以八千岁为春，八千岁为秋。"因此椿树是长寿之兆，后世又以之为父亲的代称，在风水上有护宅及祈寿功用。

（5）槐树。槐树木质坚硬，可为绿化树、行道树等，在风水上被认为代表"禄"，古代朝廷种三槐九棘，公卿大夫坐于其下，面对三槐者为三公，因此槐树在众树之中品位极高，镇宅有权威性。

（6）桂树。相传月中有桂树，桂花又即木犀，桂枝可入药，功能为驱风邪、调和作用。宋之问词云："桂子月中落，天香云外飘。"桂花象征着高洁，夏季桂花芳香四溢，是天然的空气清新剂。

（7）灵芝。灵芝性温味甘、益精气、强筋骨，有观赏作用，是长寿之兆，自古被视为祥物，鹿口或鹤嘴衔灵芝祝寿，是吉祥图的常见题材。

（8）梅。梅树对土壤的适应性强，花开五瓣，清高富贵，其五片花瓣有"梅开五福"之意，对于家居的福气有提升作用。

（9）榕树。含"有容乃大，无欲则刚"之意，居者以此自勉，有助于提高涵养。

（10）枣树。在庭院中植枣树，喻早得贵子，凡事快人一步。

（11）石榴。含有多子多福的祥兆，很有富贵气息。

（12）葡萄。葡萄藤缠藤，象征亲密，自古有葡萄架下七夕相会之说，而夏季在葡萄荫下纳凉消暑，亦是人生一大快事。

（13）海棠。花开鲜艳，令富贵满堂，而棠棣之华，象征兄弟和睦，其乐融融。

3.庭院八大驱邪植物

（1）桃树。"千门万户瞳瞳日，总把新桃换旧符。"桃树为五行的精华，故而每逢过年总以桃符悬于门上，能制百鬼。

（2）柳树。柳为星名，二十八宿之一，柳树亦有驱邪作用，同桃树的作用一样，以柳条插于门户可以驱邪。

（3）艾。艾的颜色古时用作对老年人的尊称，而艾叶加工后可用作灸法治病燃料。端午节将艾制成"艾虎"，带在身上，能起到辟邪除秽的作用。

（4）银杏树。银杏树龄长达千余年，因在夜间开花，人不得见，暗藏神秘力量，因此许多镇宅的的符印要用银杏木刻制。

（5）柏树。刚直不阿，被尊为百木之长，木材细致有芳香，气势雄伟，能驱妖孽。

（6）茱萸。“遥知兄弟登高处，遍插茱萸少一人。”茱萸是吉祥植物，香味浓烈，可入药。古时习俗，夏历九月九日，佩戴茱萸囊，可以去邪辟恶。

（7）无患子。以中日两国为多，在植物中尤为受到尊崇，因为其结实球形如枇杷，生青熟黄，内有一核如珠，就是佛教所称的“菩提子”，用以串联作念珠携带，可保平安。

（8）葫芦。多籽，原产印度，在风水学中葫芦是能驱邪的植物，亦有多子

多福的含意，古人常种植在房前屋后。

二、围墙设置的注意事项

别墅房子虽能给人有悠闲高雅的居住环境，但一般的建筑业者们都会为了防盗起见而兴筑围墙。在美加地区所见到的住宅区环境都非常好，澳洲亦如是，因为这些地区住家环境根本都没有水泥围墙的构筑，只有低矮的树篱而已。在南非地区，早期受白种人统治时，高级住宅区根本没有围墙，也没有篱笆，但当曼德拉当总统之后，南非地区的各户人家，就纷纷兴筑了竹篱树篱与大门。

围墙虽为防御外来的盗贼，但也会因此带来不良的环境影响，它也会对住宅有吉凶的对应关系。围墙的设计，必须四方齐高方为吉，若四面不齐高，其气流会有乱窜之情形，风水的论断为泄财之格，有泄财之象，故一定要谨慎去设计规划，若设计不当也容易带来灾难或囚禁之牢灾。

在菲律宾的住宅群中，其围墙构筑都非常地高，高过于一楼的比比皆是，故此地区大家都会感到身处于恐慌的环境当中，有人人自危之感，这就是受围墙所造就的环境之气的影响。

1.围墙形式的注意事项

住宅周围的围墙上，为求不受盗贼入侵，常在围墙上设计铁丝网，并且会在上头设计有铁刺尖来防盗。在做铁刺尖的设计时，必须将铁刺尖之尖射的一方往外，不得将铁刺尖往内设计安装，否则主宅内之人，常会有小血光之灾，也代表着家中必有人长年肚子当药罐。气场的好坏、环境周围的一切和你所布局的一切事物都是息息相关的，唯有多涉猎风水的大自然理论，方能让你居住的宅第大发富贵。

2.围墙门位设置的注意事项

在一栋别墅的房子或独栋的宅屋，若有围墙的构筑，前面的大门最好是设于整个宅屋围墙的正中间开门，而后面的出入门，则不宜开于围墙的中间，必须开于龙边的后面，而且前面的大门必须配合围墙的长度来配置，不可墙长而门小，或墙短而门大，这都会导致气的不能收纳，气不能凝聚，那就会导致财气涣散。后门若开于宅后围墙的中间，那就代表宅居之人的身体易有脊髓的毛病，骨头酸痛的病症会很严重。

第十章
财位

在谈完住宅内部各个部分应注意的事项之后，最后要为大家介绍善用住宅财位来为自己招财运、招富贵的开运方法，由于本书的重点是在住宅而非专论招财，对招财有兴趣的朋友不妨参考笔者所著之招财系列丛书，内有最完整的说明。

住宅基座之坐山立向，具分八卦八方，有二十四山向，三元卦运之六十四卦，有当运、有失运、有零神、正神要分明、卦运与人的命卦又有极为密切的关系，大致上卦位与住宅都是论“八宅”居多，若要细分则必需以六十四卦来论，本书所述以八宅为主。要更精细的三元住宅造运造财，那就直接敦聘大师为您来开运，以免有所失误。

八宅中每个宅都各分为一个太极，每一个太极当中有生旺方、财官方、泄财方、休囚方，我们在进行室内空间规划的时候，最好能先将房子的财位找出来，一般而言，每个坐向的住宅都有二到三个财位，每个财位都能充分地被运用到当然是最好，不过一般的情形多半会有财位被其他空间所占而无法运用的情形，如财位正好是厕所、厨房、楼梯等等。因此，建议您先将自宅所有财位先找出来，经过取舍之后再对最佳位置的财位进行开运摆设。

一、八宅财位表

坎宅	坎方即北方，即坐北朝南的宅屋，财位分别在西南方与正北方。
离宅	离方即南方，即坐南朝北的宅屋，财位分别在正南方与东北方。
震方	即东方，即坐东朝西的宅屋，财位分别在正东方与西北方。
兑宅	兑方即西方，即坐西朝东的宅屋，财位分别在东南方、正南方与西北方。
巽宅	巽方即东南方，即坐东南朝西北的宅屋，财位分别在东南方与西南方。
艮宅	艮方即东北方，即坐东北朝西南的宅屋，财位分别在东北方与西北方。
乾宅	乾方即西北方，即坐西北朝东南的宅屋，财位分别在西北方、正西方、正北方。
坤宅	坤方即西南方，即坐西南朝东北的宅屋，财位分别在正东方跟西南方。

二、利用财位摆设来招财

1.用聚宝盆来招财

聚宝盆可以说是风水招财物里最受人喜欢、招财效果也最灵验的一项招财宝物，聚宝盆在风水上的运用的确也获得许多的实证；聚宝盆如果使用得当，确实有意想不到的招财效果。

优点：

一般来讲，聚宝盆只要摆对财位就能发挥很大的聚财功效，使用上也没又太多的禁忌。

缺点：

坊间自称是聚宝盆的东西实在太多，形形色色各式各样都有，让人眼花撩乱，如何选择一个真正能够帮您招财聚气的聚宝盆？其中还是有很大的学问。

2.用鱼缸来招财

使用鱼缸招财可以说是坊间最普遍的一种招财法，风水学认为山管人丁、水主财富，如果能够善用水，的确可以改变一个人的财运气势，因此在口耳相传之下，鱼缸招财法就流行了起来。

优点：

水不但是招财的法宝，同时也是避邪挡灾的最佳工具。它的优点是简单、方便、价格便宜，并且鱼缸也具有赏心悦目的装饰效果，十分受到一般大众的欢迎。

缺点：

水能载舟亦能覆舟，鱼缸摆对了可以帮人招财，但摆错了却也会让人失财，

因此在摆设鱼缸的时候，必须留意它与五行方位的生克关系，若不小心很容易产生问题。此外鱼缸的照顾比较费时费力，没有耐心的人最好不要尝试。

3.用盆栽来招财

用盆栽来招财的方法乃是出自户外“风水树”的概念，因为在都市里，绿色植物越来越少见，后人就把风水树的概念转移到室内，以小型盆栽来代替大树，于是才有了室内植物的风水理论。

优点：

盆栽植物随手可得，室内种植适量的绿色植物对住宅也颇有帮助，兼具开运及美观两种作用，此外，也可以依照个人喜好选择不同种类的盆栽，变化性较大。

缺点：

室内植栽虽有开运作用，但同时禁忌也多，因为植物的五行属木，房子的五行属土，木会克土，故在摆设盆栽的时候必须小心。

4.用金库来招财

将金库、保险柜摆在房子的财位，其功效就如同将公司的财务室设在财位是一样的，以财位来旺金库里的钱财，能够改善你的财禄状况，助你进财顺利、财源不断。

优点：

方法简单，不像摆设鱼缸或摆设盆栽那样有那么多的禁忌，也无需花时间照顾。

缺点：

并不是家家户户都有金库或保险柜，若是有，金柜里如果也是空空荡荡的，根本无法帮你招财。另外，保险柜多半是设置在比较隐密的地方，若是室内格局无法配合，硬是要在财位上摆个金柜也会让人感到很突 。

5.用开运吉祥画来招财

在笔者向社会大众介绍过开运吉祥画之后，许多人都已经亲身感受过它的妙用，也带动了坊间一股挂画开运的风潮，其中又以招财画最受大家欢迎，原因很简单，因为金钱永远不嫌多嘛！

招财画的种类有很多，读者朋友只需要选择其中较喜欢的来悬挂即可。较著名的求财开运画有：招财进宝图、荣华富贵图、四季发财图、金玉满堂图、刘海洒钱图、连钱图、十全图、本固枝荣图、一路荣华图、连年有馀图等等。

优点：

简单、方便、价格便宜，同时又兼具美化空间的装饰效果，同时开运画的种类繁多，每个人可以依照个人的喜好选择不同的吉祥画来悬挂。

缺点：

虽然悬挂招财吉祥画目的都是相同的，但是依照画的内容不同，每幅画所适合的对象也都有所出入，并且想要达到最佳的开运效果时，最好还能搭配其最佳的悬挂方法及方位。

第三篇 店面设计风水

开店要成功，除了本身必须具备有开店的相关知识以外，店面的风水设计也决定着成败，千万不能小觑。看看这么多的加盟连锁店就能明白这个道理，同样的装潢、同样的摆设，有的能够兴旺赚大钱，有的却是一败涂地，这就说明了店面的设计必须将行业特性、环境地点、店面形式以及店内外的动线设计等等因素都考虑进去，只有这样才能真正打造出一间既美观又能赚大钱的好店面！

本篇将会从店面的选址到店面的室内外风水设计一一为读者介绍。

第一章

风水与室内设计

不管是居家、店面、办公室，乃至于大到整栋大楼建筑，在兴建或设计的时候，许多人都存有这样的疑虑："风水和室内设计到底哪一个比较重要？"

其实这并不是什么大问题。或许是过去风水给人的错误印象，好像看过风水的房子一定要大兴土木，不是拆东墙补西墙，就是来个乾坤大挪移，将厕所由东移到西，再将厨房由南移到北等等。其实笔者一再提醒大家，许多风水问题其实是可以借由一些简单的方法就可以化解的，除非是遇到某些严重的问题才需要动土。而且真正厉害的名师就是能够用最简单的方法来达到最佳效果的人。风水与室内设计的问题也是一样，两者并非是相互对立的，一个好的室内设计同时也必须符合风水的原理才称得上是完美，就像那些精致的百万名车，哪一部不是兼具漂亮的造型与优越的性能，房子的道理也是一样。

本篇所要讨论的主题是店面设计，店面的室内设计要比一般的住家更讲究，毕竟做生意必须有顾客上门才行。想要吸引顾客上门，就必须要有一个能够吸引人目光的门面才行，等顾客上门之后，还必须要让顾客在店内有流连忘返的感觉，进而引起对方强烈的购买欲，如此生意才会有进账，这样的店面也才是个能够赚钱的摇钱树。

一、找到好店面是成功的一半

住宅的好坏，取决于内、外两方面，“内”是指室内的装潢格局，“外”则是指住宅的外环境，如果能够二者兼顾当然是最理想的情况，不过要作比较的话，外在的风水格局有比内部的装潢来得重要，店面的道理亦然。因为一间店面能不能兴旺、进财、发富贵，最基本的判断方法就在于它是不是开在会发财的地方。就像一颗再好的种子，若是没有肥沃的土壤，根本就没有办法开花结果、茁壮成长。因此，在创业或开店之前，宁可多花一点时间来找寻适合的地点，也不要贪图便宜的租金，随便找一间有冲煞的店面就做起生意来，这样当然不会赚钱。所以找到一间地点合适又能发富贵的好店面，就等于是成功的一半，其余的只是赚多赚少的问题而已。

二、风水为主，设计为辅

至今仍有许多人存有这样的偏见，认为风水与室内设计是完全无法同时兼顾的，其实要让两者共存一点也不困难，只要注意两者的先后顺序，也就是在规划设计的时候，必须以风水原理原则作为最优先的考虑，先将门路位置、动线设计、柜台方位、办公室位置等等先规划出来，然后再来考虑要如何加以修饰、美化。其实一般室内设计的流程也是如此，只是室内设计所考虑的是以视觉美感为出发点，而不是以风水为主要考虑。

三、找出自己的特色

现在坊间开店流行连锁加盟，举凡便利商店、漫画店、快餐店、饮料店、小吃店、早餐店，几乎都是连锁加盟店的天下。探究其原因，就是想开店的人变多了，但知道如何开店的人却很少，最简单的方法就是加入所谓的连锁加盟事业，只要有钱，从店面装潢设计、原物料的供应、经营管理的模式，通通帮您包办到好。

连锁加盟事业是目前市场上的主流，也是未来市场发展的趋势之一。不过从这几年发展的情况来看，加入所谓的连锁事业并不是一劳永逸的开店方法，相反的，我们看到街上的商店长得越来越像，几乎是用同一个模子印出来似的，根本毫无自己的特色可言。再加上中国人擅于抄袭与模仿的性格，一但看到有哪一家生意做得好，就原原本本地照抄一个，连店名都取得很像，一点创意也没有。试想，如果客人走在街上，到处都是长得一模一样的商店，你的店面有

什么吸引力可以让消费者上门呢？所以就算是开设连锁商店，也要找出自己与众不同的特色来，这样才能让精明的消费者选中你！

四、不可太过前卫和标新立异

店面要有自己的特色，才能从众多同质性商店中脱颖而出。但话说回来，如果将店面布置得太过标新立异、太过先进与前卫，是不是也有助于吸引消费者的目光？

答案虽然是肯定的，但从长远来看，这样的设计并不能持续很久，或许用“昙花一现”来比喻会比较恰当。想想看，一个穿着打扮十分怪异的人走在大街上，是不是往往都能引起众人的注意？当然是！但这样的注意并不是因为他本身吸引人，而是他让人感到好奇或觉得格格不入，这与一位美女吸引众人目光的原因是不同的，店面的设计也是一样。

看看很多大都会的流行商圈，经常都能找到许多装潢摆设十分奇特的商店，这些商店的主人多半是年轻人，利用同样是年轻人爱酷爱炫的心态来吸引顾客上门，这样的店面或许在短期间会有不错的成效，甚至造成一股小小的流行风潮。但是想要走在流行的尖端，就要先做好被流行淘汰的准备，因为流行的商品其寿命往往是非常短暂的，如果不能随时跟着流行在变动，必定会遭到被淘汰的命运，所以我们会发现这些所谓的流行商店，往往不断地在换主人。相反地，一些打着老招牌、老字号的店家往往一开就是数十年，生意还是十分兴旺，这就是店家吸引人的原因不同所造成的结果。

五、确定设计之后再施工

许多人经常犯的一个毛病，就是在规划时没有自己的主见，想要参考别人的意见，偏偏又得到许多不同的答案；设计师说的是一套、风水师说的又是另一套，到底要相信谁的？让人伤透脑筋。有些人等不及作决定就先动工，工程还没有完毕又听信了另一种说法，于是就陷入了边建边改、边改又边建的窘境。

设计之前多听别人的建议固然是对的，这样可以避免犯下许多不必要的错误。但是太多的意见也不见得是件好事，这会让人无所适从。最好的方法，就是能取先取得风水师与设计师双方的意见，然后再来作比对与修正，两者取得共识之后再来从事装潢设计的工作，才不会发生改来改去变成四不像的惨剧。

六、遇到问题要立即修正

大部分的人都以为店面一但装潢好了之后，就可以完全不去理会，至于生意好不好，那全是商业上的经营关系，与店面的设计没有关系，这是非常错误的观念。

一旦店面开始正式营运，也就是店面风水开始发生作用的时候。所以生意的好坏与否，当然与店面风水脱离不了关系，就像开车在路上跑，感觉车子的行进不是很顺畅时，你会觉得问题出在车况不好还是驾驶人的技术不佳？或许两者都有关系，不过建议您还是要对自己的店面作一番完整的审视，看看是否有冲犯到任何风水上的禁忌或是有规划欠周的地方，找到问题然后立即作修正，不要等要问题恶化到不可收拾的时候才到处找大师求救，一切都为时已晚。

七、时时给人新鲜的感觉

店面遇到问题的时候要立刻作修正，那如果店面营运正常、一切顺利是否只要一值保持原状即可？

任何的装潢材料都会有老化的问题，举最简单的例子，就算装潢维持得再好，墙上的水泥漆在灰尘不断地侵蚀之下，一段时间之后也会有脏污或剥落的现象，所以不论是一般的居家或是办公室、店面，笔者都建议每隔一段时间最好都能重新粉刷过一遍，视情况而定，但最好不要超过6年。你会发现只要将室内的墙壁重新粉刷之后，室内的气场会突然变得焕然一新，给人重获生命的感觉。

至于其他的装潢摆设，笔者也建议最好能配合现况随时作一些调整，就算一切都没问题也是一样，最主要的目的就是要让客人随时保持新鲜感。现代人总是喜新厌旧的，就算是最忠实的老顾客也会有这样的感觉。笔者的住家附近有家大型量贩店，由于价格便宜，吸引不少人经常光顾，但就在不久前，距离这家量贩店不远处又开了另外一家，在它刚开幕的第一个月，旧的这家业者的生意只能用“惨淡”二字来形容。但经笔者实际走访比较之后，发现以商品价格而言，反而是新开的这家比较偏高，但为何它能吸引另一家的顾客上门呢？说穿了就是看准了群众喜好新鲜感的心态。

经过这次教训，原先的这家业者也有了动作，它变动了部分货品的摆设位置和摆设方法，让老客户有耳目一新的感觉，又逐渐地将人潮吸引回来，这个

例子就是最好的证明。

以上的几点建议只是概略的说明，在接下来的内容当中还有更详细的解说。

现代人虽然有风水的概念，但普遍还是不懂得如何运用在实际的设计上，因此往往将这最棘手的问题全部丢给了室内设计师，这是很危险的举动，因为我们并不知道聘请来的设计师对风水了解有多少。所以本书的目的，就是希望整理出一些简单容易遵循的法则供读者依循，让所有读者也能实际参与店面设计的讨论。您可以请设计师先将构想的草图画出来，再根据草图及本书的要点来逐一检查有无风水上的问题，也可以事先将设计的概念及应注意的事项告知设计师，这样都可以大大减少完工后仍须重新调整修改的问题，如果您想更妥善地的规划好您的店面，也不妨在设计前敦请大师参与讨论和规划。切记！做好事前的准备，胜过一切事后的修改。就像每一栋大楼一样，有稳固的地基才是让房子屹立不摇的根本之道。

第二章

如何选择一间赚钱的店面？

任何想要开店的人，第一个要面临的问题应该就是：如何选择一间会赚钱的店面？选好店面和选好住宅道理是一样的，笔者每每谈到住宅的部分，总不忘再三提醒诸位：要判断一间房子或一栋大楼的好坏，绝对不能从单方面来看。就好比一个人去做健康检查，要判断这个人健不健康，不能光看身高、体重、血压，必须将身体各部位的检查结果做整体的评估之后方能下定论。看住宅、店面的好坏也是一样。

或许您不能像专业的风水老师那样面面俱到，将每一个细节都注意到，不过建议大家可以从四个方面去判断一个店面能否赚钱：首先，店铺所在的房屋的外在环境是判断这间房子好坏的根本依据；其次，建筑主体也能判断这间房子的好坏；最后就是房子的内部格局和房子与个人命卦的关系。

一、挑房子的四个秘诀

1.房子的外环境

一间房子的外在环境是判断这间房子好坏的根本依据。没有良好的环境、处处是冲煞、放眼四周都是穷山恶水，就算房子盖得再漂亮、再豪华，还是无法让这间房子转祸为福。原因是什么？道理很简单，若是将一颗种籽丢在干涸、贫乏、恶劣的土地上，就算种籽有再强的生命力也不会发芽；相反的，一颗普通的种籽，只要有肥沃的土壤、充足的阳光和水分，也能长成一棵健康的大树。

以现实的个案来说明，汐止基隆河沿岸地区的房子每逢大雨或台风必定淹大水，建商虽然投下巨资兴建漂亮的大楼豪宅，但多年以来房价依旧不见起色，因为店家只要一想到淹水的恶梦，谁还敢把全部资本投注在此？再看看台北市东区或西区热闹的商圈，虽然都是几十年的老房子，外观丝毫不起眼，但说它是会生蛋的金母鸡一点也不为过，生意好得不得了，房价也始终居高不下，所以房子的好坏并不等同于建筑物的好坏，反倒是房子的环境对它的影响比较大。

2.房子本身的建筑主体

从房子的建筑主体也能判断这间房子的好坏。所谓好的房子，其建筑主体必须要四平八稳、格局方正、没有缺角或结构损坏等情形。好房子就像一个四肢健全的人，必定能够跑得快、站得稳一样；不好的房子就像身体有残缺的人，在生活、行动各方面一定不会像正常人一样来得方便自如；另外，房子的外观也可以作为参考，特别是房龄高的老旧建筑，若是见到房子外观有瓷砖剥落、墙壁龟裂、脏污不洁、残垣破瓦等情形，代表这栋房子的气运已衰，除非经过一番重新整修方可再使用，所以建筑物本身也是一项重要的判断依据。

3.房子的内格局

所谓“风水”，对外而言是指房子的外环境，对内而言当然就是指房子内在格局。房子本身就像人的身体，而内格局则像是人的五脏六腑，身体要健康，不光只是要有强健的骨骼和肌肉，更重要的是要有良好的体质，每个内脏都能发挥它正常的功能，彼此配合无间，才算是有健康的身体。

许多人都将房子的风水误以为只是房子的装潢格局问题，其实这是不正确的。之所以会有这样的偏见，是因为外在环境不论好与坏，大多是属于公家或其他私人的土地，所以就算外环境不好也无可奈何，只能寻求其他的化解之道而无法做修整与改变，因此大家才会将风水的重心放在房子内部，毕竟房子是自己的，想要怎么设计都可以，但这并不代表内在格局的重要性超越外环境。

4.房子与个人的关系

许多都不明白，房子就是房子，为什么会因为不同的人居住而有不同的命运？

每个人都有属于自己的命卦，人降生到这个世间的那一刻，当时的日、月、行星所下达的能量磁场与地球的相对关系就会投射到人的身上，并且与这个人产生密不可分的关系，于是日、月、行星的能量磁场变化就影响着个人运势的吉凶祸福。

房子因为坐向卦位之不同，每一栋房子也都有属于自己的宅气，不同命卦之人适合不同的房子，就像不同体型的人适合穿不同款式的衣服一样。如果不是这样，你就很难解释为什么同样一间房子，有人住了几十年都平安无事、有些人才住几个月就祸事不断，问题难道只出在房子身上吗？

如果房子本身没问题但却不合您的命卦，当然还是可以居住的，只是房子对你的帮助不像合命卦的房子那么大而已。不过既然知道房子与人的命卦息息相关，何不在找房子的时候就选一间合命的房子？

店面的选择是一个很大的题目，但是本书的重点是放在“店面设计”，所以只能用较短的篇幅重点提出几个注意事项，其实选店面和选住宅的原理约有百分之八十是相同的，但是因用途不同，两者之间仍有一些差异存在，因此本章会针对这些差异的部分稍作说明。

二、挑店面的注意事项

想要找理想的店面，不光只有从“风水观点”去着手就可以，其实还要考虑到店面的“市场条件”，因为店面并非是拿来居住而是营业的，因此店面的所在位置也相当重要。例如一间房子有好风水、环境不错，但却位在安静的住宅区，若是用来当店面也不容易赚钱，店面要赚钱，要看它是否能够聚人气，一

个能够聚人气的地方，人潮也才会汇聚，所谓人聚财就聚，因此所谓的“好房子”并不一定都适合当成店面使用，这就是本篇所要讨论的重点。

一条马路这么长，又分为左右两边，那么多的店面，该选哪里好？其实这个问题没有一定的答案，因为除了房子本身，它还必须配合许多客观的因素才能成为一家真正赚钱的店面。不过就风水学的观点，倒是可以提供以下几点建议，来作为大家选店面时判断的依据。

1.要选在整个地势最低洼的地方

如果你仔细观察，会发现在同一个区域里最热闹的地方，都是这个区域地势最低的地方，例如人潮最多的市集，菜市场、夜市，多半处于最低洼处，因为水往低处流，人潮同样会往低处汇聚，因此在地势低的地方开店将会有络绎不绝的顾客上门，这绝对不分中外亦然。

2.要选在马路弯抱面，切忌选在马路反弓面

道路在规划的时候往往会因为地形地物的阻碍而呈现弯曲的现象，在弯曲面的内侧称之为弯抱面、外侧则称之为反弓面。在弯抱面开店容易聚财发富贵，相反地，在反弓面开店则容易破财，也容易有血光之灾。若从科学的角度来分析，马路正好直冲反弓面的房子而来，因此住在这里，不但会感受到车流来往的无形压力，也容易受到交通事故的波及，不论是居家或是开店都不适宜。

3.选择适合自己行业的路段

每一条马路都可以区分为路头、中段和路尾，这三个区段会形成不同的气势，一般来讲，以马路中段的店面比较容易聚气，生意也会比较旺，但这并不

表示路头和陆尾的店面都不好，要看自己所开的店面是属于哪一种行业而定。

（1）路头：路头是整条街道的气刚形成的地方，因此比较不稳定，通常都是在交通繁忙的路口，行人或车辆经常是来去匆忙，较不易聚集人气，但若开设便利性、交通性质的行业，反而容易有生意上门，例如快餐店、便利商店、汽机车行等等，都是不错的选择。

（2）路中段：马路中段的气势较容易凝聚，若是再加上低洼的地势，一定能够汇集人潮，因此，开设什么样的店面都会有不错的好成绩。不过，好地段也要有好的经营策略，否则业绩也只能持平而已。

（3）路尾：路尾的气势通常会呈现衰退的迹象，从消费的观点来看，一个消费者从路头逛到路尾，一定会感到有些疲累，而且身上的钱也花得差不多了，因此消费的意愿也会大大减低。不过，若是路尾的地势较为低洼，或是有大型的卖场或商圈，也能够将人潮往里头带，不见得路尾就不能开店。

（4）阴阳面：一条马路中两面的店面里，必定易有左高右低或右高左低之情形，那我们在选择店面时就要以地势较低的一边为用，水是会往较低这一边倾泄，所以自然人潮会行走于较低这一面，那当然店开在这一面人潮多，赚钱的机会就相对较多。

4.选择适合自己行业的区域

所开设的行业性质，最好能够和当地的整体环境相融合，如此一来，二者所产生的气场才不会有冲突的现象，生意也容易有发展。例如在安静的学区附近，就不宜开设热闹的泡沫红茶店；相反地，在熙来攘往的市集旁，就不宜开设静态的书店，若是两者能够反过来，整体气场就能够融为一体，也没有人会因为感觉突　而不敢上门。

以下列举几个实例供读者参考：

（1）文具店可以开在办公大楼旁、学校、补习班、安亲班附近。

（2）快餐店、快餐店、饮料店可以开在年轻人聚集的商圈附近、工业区或办公区附近。

（3）小型百货店、便利商店可以开在社区的重要入口，但最好与同业保持一段距离，能离越远越好。

（4）快照店、冲印店可以开在学区、办公商业区、风景区、汽机车监理站附近。

（5）药局可以开在医院、诊所附近，或是选在社区的中心。

（6）理发店可选在学校、社区、营区附近生意会特别好。

（7）洗衣店可以开在高级社区或办公大楼附近。

（8）服饰店可选在热闹的市集、车站、商圈附近。

（9）自助餐店、快餐店以办公大楼、工业区、学校、政府机关附近地区生意最好。

5.选择在圆环开店

在风水的理论中，圆环之地居于四通八达的马路气场直冲而入，因此会导致居住之人的心受气之干扰，常会有想自杀的念头，所以从风水的角度，建议不宜居住，但若作为商场市集，反为能有川流不息的商机存在。不过随着时代变迁，旧的圆环已经无法再汇聚人气，建议不要采用，若能加以重新整治或规划，应该可以再现风华。

6.选在十字路口开店

十字路口通常是交通繁忙的区域，因此变化的速度相当快，若是选择静态的行业，如书店、服饰店等等，恐怕无法留住顾客的脚步；相反地，若是开设动态、新潮流行、讲求变化的店面，如快餐店、便利商店、机车行，反而会带来不错的商机。

7.选在三叉路口开店

由两条马路交叉所形成的夹角，也就是俗称的“叉路口”，这样的地形会形成很严重的冲煞，对一般的行业来讲，都有不利的影响，应该尽量避免。唯有某些与刀、火有关系的特定行业，能够借煞为官登将台以外，其余行业切勿使用。

类似的情况，如果店面正好有马路直冲，不管是路冲或巷冲，和上述三叉路的建议一样，一般的商家还是少用为宜。

8.店面避免开在孤高的大楼

若四周都是低矮的房子，孤高的大楼会显得十分格格不入，因为气场到大楼之后，就会受到大楼的影响而有气流混乱的迹象，因此人潮比较不会亲近此地。选择的店面，应该和四周的楼房一般高，这样才能连成一气，气场才会顺畅。

9.店面避免开在大楼林立中的低矮房子

和前例正好相反，若是四周都是高楼林立，只有店面所在的房子是特别的低矮，就像是被夹在高楼当中一样，如此，房子的气势完全被四周的大楼所抢走，气势上早已矮人家一节，生意自然不会好。

10.太长或太宽的房子不宜当店面

房子不论是用来开店做生意或是居家，都应该以方正格局为最佳考虑，其面积比率应该是宽二长三为最佳，太宽的房子气散不易聚，太长太深的房子整体气场上不会流畅，因此多半会给人阴森的感觉，若是用来当作店面，生意将会一落千丈。

11.店面不宜选在天桥、高架桥、陆桥旁边

店门前有天桥或高架桥经过，会严重影响到店面的气场，桥墩的高立就会有导气的作用，桥梁的横面，自然就会有回风转气来冲煞宅屋，以自然环境来分析，一间店面受桥阻挡在前头，自然经过的人潮就看不到店面，生意就会受

影响，人车要停下来进店买东西会带来很多不方便，故有桥墩在前的住宅或商店，均属不吉之格局。

12.店面与住家最好能够分开

许多人为图方便，在寻找店面的时候，会考虑与住家合并，一方面可以节省房租，另一方面也方便店面的照应，不必每天两地奔波。其实这样的做法可能会产生一些意想不到问题，毕竟营业场所的设计与一般居家有很大的不同，或许这是一间能够让人发大财的店面，但如果当成住家，可能会对人的健康产生不良的影响，因此店面与住家最好能分开为宜。

13.外观破旧的房子不宜当成店面

很多人认为店面重视的是内在的装潢布置，只要能花点钱重新整理，就算房子有些破旧也无所谓，其实这是不对的观念，住宅的外观会影响到店面的整体气势，住宅外观的破旧不仅会影响到店面的营运，对人的身体健康也会有很大的影响，把旧房子装潢布置为商店之用，必须宅屋内外都需同时作装修方能达到气旺人聚赚钱之目的。

14.外环境有任何冲煞的房子都不宜当成店面

虽然有些冲煞可以借由住宅风水地方法巧妙地化解掉，但是不管任何的冲煞，多多少少还是会对生意有不好的影响，不管是路冲、巷冲、角冲、门前有电线杆、烟冲、高压电塔等等，能避免最好都要避免。

15.选在省道或快速道路旁开店

开店最好选在人潮容易汇聚停留的地段，若是在快速道路旁，人车通常只是呼啸而过，根本不会驻足停留，但是有些需要大坪数的店面，为求便宜的土地，则经常会选在省道两旁开店，例如家俱店、大卖场、汽车修理场等，如果能在四周规划好停车空间，让人车方便进入，或许可以弥补这一方面的缺点。

16.地下室不宜当作营业场所

地面上的建筑物属于阳面、地下则属于阴面，地下室虽然是属于住宅建筑体的一部分，但是它的位置却在阴面，因此地下室很容易汇聚阴极磁场，故并不适合当成营业场所来使用，长时间待在地下室对人体的健康会有很大的伤害，故地下室一般只作为停车场或者杂物堆置空间，住人则绝对不宜。不过也有例外的情形，如果是规划得宜的地下街、地下商场等等，因为容易汇聚人潮，所以也会带来旺盛的阳气，正好弥补地下阴气过重的问题，但如果是一般大楼的地下室则不建议使用。另外还有一种说法，认为地下室空间适合经营属于阴性的行业，如舞厅、酒吧、娱乐业、特种行业等等，因为地下磁场与行业属性比较契合，故经营起来也比较容易得利，但笔者并无确实的统计数据来证实这一点，此说法仅供参考。

17.不宜选在庙宇附近开店

在台湾，五步一小庙、十步一大庙，每逢初一、十五、初二、十六、这些庙宇更是人潮拥挤、万头攒动。大家可能会认为在庙宇附近是开设店面的好地方，其实不然，庙宇附近容易汇聚阴灵，应该避免，但若是开设佛俱店、金纸店、小吃店、水果摊、命相、占卜则不在此限制当中。

18.门前经常有杂物堆积的房子不宜当成店面

大都市多半地狭人稠，在骑楼下经常会有成排的摩托车停放，或是被摊贩、杂物所占据，这样的店面，气不会顺畅，生意当然不会有起色，应该要选大门宽敞明亮的房子当作店面才能大发。

第三章 门面设计

人之不同，各如其面。店面也一样，一家店面要有特色，除了室内的装潢布置以外，最直接的表现就是门面。门面要有特色，必须发挥个人高度的创意，不过，就在您展现创意的同时也须依照风水的原理。

门前的空间就是风水学里所谓的明堂，有宽阔明堂的店面，才会汇聚好的气场，生意也才能兴旺，即便是您已经利用部分的店外空间作商品的展示亦或特殊的造景之用，但仍必须预留足够的空间让行人得以驻足停留，否则就算有再美的橱窗，门前堆满了货物或停满了车，也没有人会停下脚步来欣赏，更别说吸引顾客上门了。

除了室内有动线设计，难道室外也有动线设计的问题？

没错！不但有，而且室外动线规划的重要性并不比室内动线来得低，以往谈住家住宅风水的时候很少提到这一点，但换作是店面或办公室可就不同了。为何说它重要？所谓店面的室内动线就是引导店内顾客行进的路线，但先决条件是：店面要能先吸引顾客进门，才可能有真正的消费行为，所以就算室内规划得再好，没有客人上门还是没有用，店外的动线设计就是其中的关键之一，这也是店面与一般住家最大的不同之处，住家可以只顾内不顾外，但店面却要二者兼顾才行。

一、骑楼的空间要宽敞

一般住家或是普通的办公门市，骑楼应尽量保持整齐清洁，不要堆积杂物，也不要让车停满整个骑楼空间。为了引人注意，骑楼可以设置公司招牌或特殊的装潢，但招牌并非越大越好，必须符合骑楼的空间来作规划；至于装潢设计，可以活泼花哨但不要搞怪，尤其切忌改变骑楼的天花板或地板的高度（其楼的高度可以比室内高，但不可以低于室内的天花板），因为降低天花板高度会让行人产生压迫感，垫高或挖深地板的高度会让整条骑楼变得高低不平也会影响整排商家的气运之顺畅。

二、骑楼的环境须整洁

有些店家(特别是从事餐饮业者)为了一时的方便，经常会将厨馀或垃圾堆放在骑楼，这会影响宅气的品质，气经由骑楼进到室内空间，会将秽气一并道入宅内，会对宅运有不良的影响，故垃圾应存放在屋后特定的地方，等垃圾车经过时再清理掉。

还有一些小吃店、餐饮店会将摊子和桌椅摆到骑楼上，好增加桌数及座位。虽然不建议大家占用骑楼空间，若是要使用，还是记得要预留行人得以通行的走道，千万不能为此将骑楼完全封闭；此外，餐饮业最大的问题就是在营业结束之后会产生大量的剩饭、剩菜，地上也会留下许多油渍残渣，每日打烊之后记得要勤快地打扫清洗，保持骑楼的环境卫生与整洁，生意才能够源源不断。

三、骑楼之灵活运用

在大都会区，骑楼是严格净空的，因此不要在骑楼摆设固定式的货架。若要突显商品，可改用活动式货架，在许可的范围之内，摆设一些醒目的商品来吸引路人的目光，例如服饰店、皮件店等等，就可以用活动衣架将畅销的商品稍微往屋外作摆设，又例如面包店可以将刚出炉香喷喷的面包摆在店门前，都能够有效吸引过路人的注意，但基本的条件是必须保持骑楼的顺畅。

四、骑楼的设计

若是不方便将商品摆设出来的店家或服务业，如房屋中介公司、相片行、婚纱店、美容美发店等等，可以将整个店面以大落地窗的玻璃墙面或展示橱窗来作设计(除了某些注重气氛的咖啡厅或注重个人隐私的行业以外，最好不要采用暗色玻璃，以透明玻璃为最佳)，让外面的行人能清楚的看见店内门庭若市的情形，会吸引客人主动上门。另外在骑楼部分，店家可以在适当的位置摆设大型活动广告牌，如明星代言的人形立牌、热卖商品的大型广告、促销特卖的广告广告牌等等。

五、店面与办公室的差异

如果是位在一楼的办公室则正好与店面相反，门面最好采用正常的墙面，避免使用大面玻璃的设计，特别是透明玻璃。因为一间公司的运作是属于机密行为，所以尽量不要让人看见室内实际的办公情形，否则将有商机败露之嫌，除非在办公室正门入口处设服务台，或是在进门的玄关处有大面屏风可以将前厅与办公区完全隔开，方可化解这项缺失。

骑楼的功用若能好好发挥，其实是不错的空间，不过骑楼毕竟有建筑结构上的缺点，经过九二一大地震之后，发现骑楼部份因为没有墙壁的支撑，往往会禁不住强震的摧残而倒塌，故现代建筑已逐渐改采大楼式设计，而将行人走道改成露天的步道，商家门前如果没有骑楼而是露天人行道，建议不妨可以在门前架设活动式伸缩的遮雨棚，其效果就跟骑楼大同小异，只要大雨一来，人潮自然会前来避雨，或是摆设一些休息用的坐椅，同样也能招揽到一些流动客户进门光顾哦。

六、店外动线设计

接下来要跟各位谈一谈店外的动线设计。有些人或许会问：大部分店外的空间不是骑楼就是道路，很少有属于私人的土地，既然是公有土地，又怎么会有所谓的店外动线设计之说？

骑楼或道路虽然是公有财产，无法作私人的运用，但是坊间占用骑楼作为商业用途的情形却非常普遍，在谈论骑楼部分的时候，笔者已经强调过，在合法的范围之内善用骑楼空间是营商必要的手段之一，不过本篇并不是在谈骑楼，而是连结于店面与骑楼或道路之间那道界线，也就是门面的所在位置。

1.平行式动线

坊间最常见到的店外动线就是属于这种平行式动线设计，也就是将店面设计得与骑楼或人行道平行，不论是将大门开在正中间或者左、右那一边，只要是与店外走道成平行的都算。

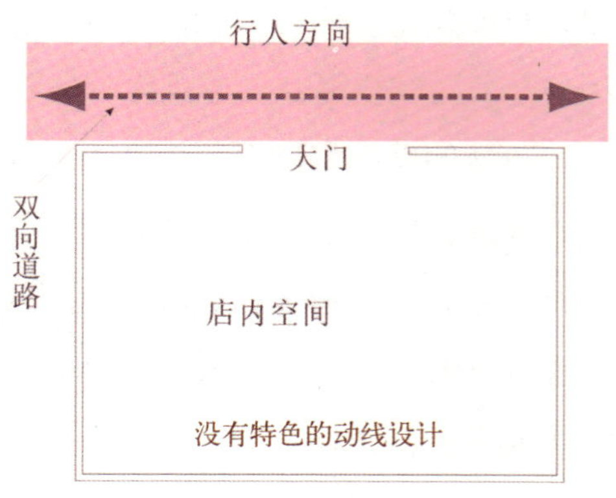

一般而言，这样的设计并没有太大的问题，但相对的有没有任何特色，用最简单的水流原理来说明，在一条笔直的河道里，因为两侧都没有任何的障碍

物，所以水的流速会比平常还快。人潮就像水流一样，在门前不停地移动，若是店面又与道路完全平行，就会让人潮行进的速度加快。换句话说，这样的设计很难让原本就没有购买欲的人驻足停下脚步，或者注意到这家店面的存在，因此容易有三过其门而不入的情形。

2.双侧内倾式动线

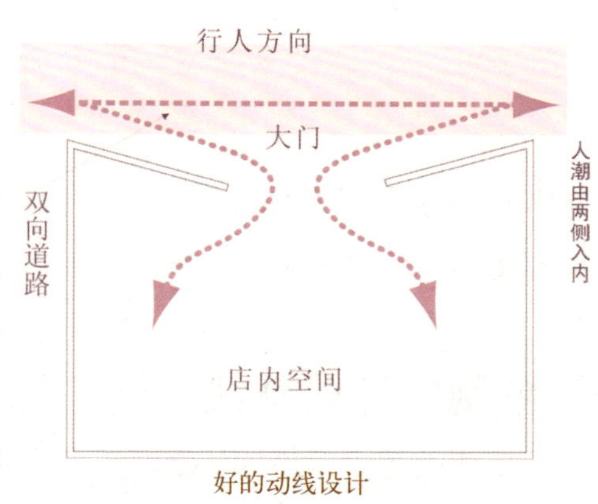

好的动线设计

既然平行的设计容易让路人“过门而不入”，因此若将门面的隔板或玻璃窗向内稍作倾斜的设计，就容易产生引水入瓮之功效。因为人在行进的时候，会习惯性地往建筑物的这一面靠，若是门面向内倾斜，人潮就会莫名地的跟着倾斜的动线向内移动。用风水的角度来解释，就像在主河道旁另辟一条小的引道，水流自然就会随着引道分流出去，店面自然就能够吸引人潮。

3.单侧内倾式动线

虽说骑楼或人行通道并不像车辆一样有单行道的设计，也就是说不论哪一侧的马路，行人可能从右边来也可能从左边来，所以在设计门面的时候多半是以“双向设计”为主要考虑，例如前面所提到的内倾式动线设计。

不过也有例外的情形，在东方，一般而言，马路右侧的行人多半会主动靠右行进，马路左侧的行人则会主动靠左行进，单行道两侧的行人也多半会以单行道的方向来前进；大家不妨仔细的观察一下自家店面的人潮方向，人潮往来的方向若是左右都很平均，建议采用双向内倾式动线设计；如果人潮的行进方

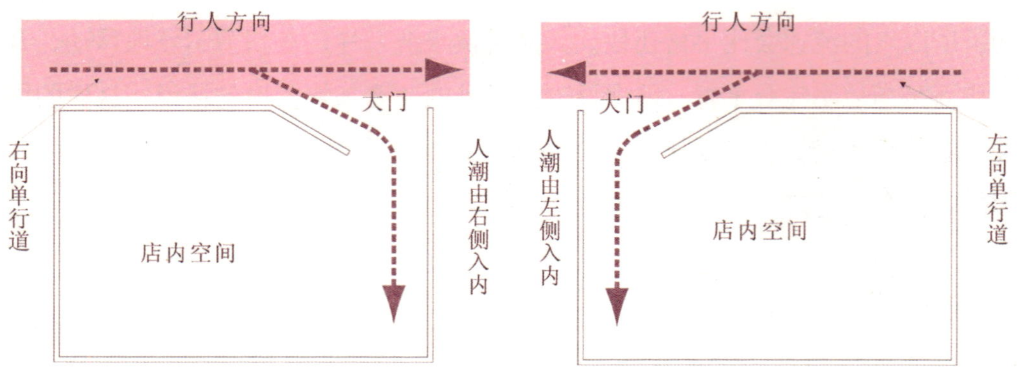

向有特别偏向于左侧或右侧的时候，则建议采用单侧内倾式动线设计。记住，只要将门迎向人潮来的方向，招揽客人的效果就会比较显著，财源自然广进。

4.单侧内缩式动线

单侧内缩式动线与单侧内倾式动线有异曲同工之妙，都是用在人潮偏向于某一边行进的情况，二者有何不同之处？当店面前方是骑楼或人行道时，两种设计皆可采用，但如果门前就是车行的马路、或者在人行道狭小的情况下，行人为躲避往来的车辆一定会更往旁边靠，如果店门前有比较宽阔的空间，行人自然会往里面走，在通过店门时，很容易就会被店面摆设的商品所吸引而入内消费。

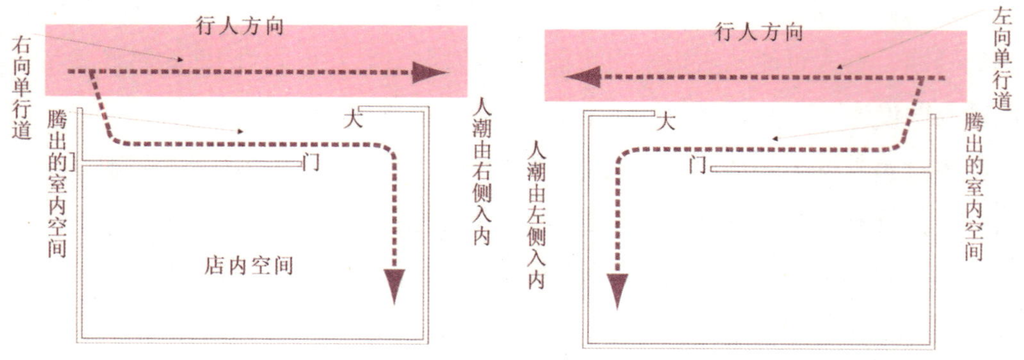

不过单侧内缩式动线也有它的坏处，就是必须牺牲掉一部分的店面空间将隔间往内缩，因此，若您的店面空间是属于较宽的情形，或是使用面积原本就比较小的时候，不建议采用这样的设计。

5.中央内缩式动线

中央内缩式动线又与双侧内倾式动线的原理雷同，主要是运用在左右往来行人平均的路段，中央内缩式动线其实十分常见。如果您的店面深度比较浅，建议采用第一种内缩方式（图一），也就是只做大门的内缩部分；若是您的店面是属于纵深长但门面窄的情形，则建议可采用第二种内缩式（图二）动线。

第二种的内缩式动线会在店门前创造出一个开放式的空间，因为这个空间仍属于店面的使用范围，因此可以善用此处来营造出与众不同的面店感觉，您可以制作一些特殊造景来吸引行人目光，或是将部分商品利用这个空间来展示。前面曾提过，越是能让商品接近消费者就越能刺激其购买欲望。将商品展示在室外空间，能去除橱窗或大门给人的距离感，这也就是为什么有这么多商人会将货物堆到骑楼或马路上的原因了，如果您怕触法，中央内缩式动线设计倒是不错的选择。

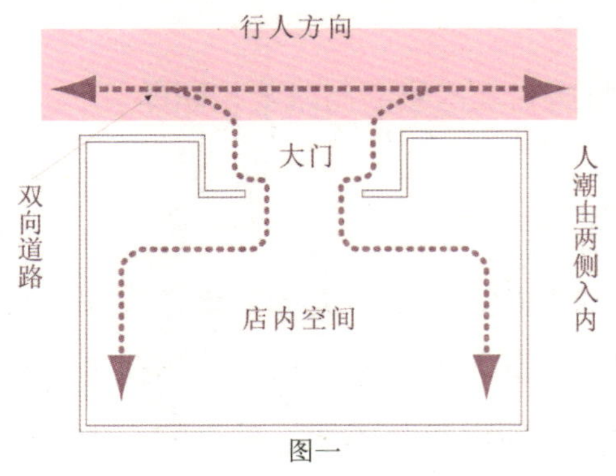

图一

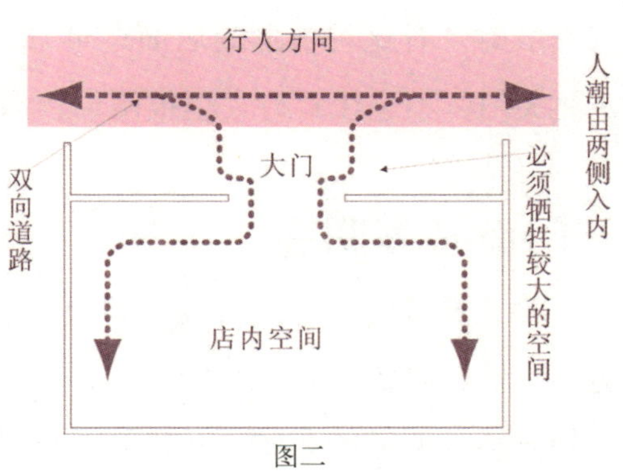

图二

七、门面设计

1.宅基与路基必须平坦

在台湾经常可以看到宅基高于路基，或路基高于宅基的情形。一般而言，要让室内室外气场流通顺畅，最好能够选择宅基与路基平等高度的店面为用，若宅基高于路基一两个阶梯还算可以接受，若彼此落差太大，必须爬上四五格阶梯以上者，则宅内之气便会产生向外倾泄的情形，财气也会跟着往外流，这样的店面主漏财，不易赚到钱。其中最忌讳的还是路基比宅基高的情形，也就是必须要往下走几格阶梯才能进到室内的店面，在风水学里这样的格局叫作节节败退，主退散财，有这种情形的店面迟早必定要关门。不过化解方式也很简单，只要将店内宅基垫高与路基相同即可。

2.门面必须明亮

除了宽敞以外，门面还必须要明亮。店面最忌讳黯淡无光，就像人在走衰运的时候，脸色必定比较暗沉、印堂发黑。店面也是一样，店面必须要给人有一种光彩、明亮的感觉，才能有光明的前途，所以尽量不要让过多的广告牌遮住了店外的光线。店外照明设备也要十分充足才行，特别是大门的位置，在大门两侧及上方加设光源，当光线投射在大门的位置时，自然会让顾客产生门庭若市、生意兴隆的感觉，他也容易会被这种气氛吸引进店里。

不过某些特殊的商店则不宜用太强烈的光源，例如较强调气氛的咖啡厅、艺品中心、书店等等，可以改用黄色或比较柔和的光源为用，但这并不表示可以减少光源。

3.门前的活动摆设

许多人会在店门前摆设一些装饰品、盆栽、活动式广告牌等，站在美化景观或招揽客人的立场来看，这些摆设物确实也能达到一定的效果。一般来说，门前采取平行式动线设计的店面会比双倾或单倾式设计的店面气场平顺，但却稍嫌薄弱，因此汇聚人潮的效果也比较不明显，若是在不想或不方便更改店面设计的情况下，倒是建议可以利用在门前摆设特定物品的方法来改变人潮及气场的走向，进而达到改变户外动线的目的。只是大多数人都不得要领，若是摆错了位置，不但无法招顾客入门，有时还可能拒顾客于门外，千万大意不得。

（1）许多刚开张的店家，会将各方所送来的道贺花篮、盆栽等等在门前排成一整列，认为这样可以讨到一点喜气。当然，新店开张时以祝贺花篮来当装饰当然不错，可以增不少喜气，但是这些花篮或盆栽却不宜长时间摆设，应在开张后约一星期左右便要将店门外恢复原貌为佳。

有些人则是喜欢摆设大型盆栽，就在大门旁边摆两盆大大的盆栽，以为这样具有美化店面的效果，不过如果您的店面是属于狭长形的，门面原本就比较小，并不建议在门前摆设过多或过大的装饰物，这一方面是遮挡住了店面的可见度，行人要驻足浏览橱窗内的商品时就会产生障碍，另一方面也扰乱了原本顺畅的人潮动线，人群从店门前经过，遇到大型的障碍物只会往外绕道而行，因此根本没有走进店里的欲念。从风水的角度看，房子的气场要顺畅，就要保持进气口的畅通，这些大型装饰物只会挡到光线和进来的气流，对您一点帮助也没有，建议可以改用小型盆栽或小型广告海报来取代，或干脆保持店外环境的净空。

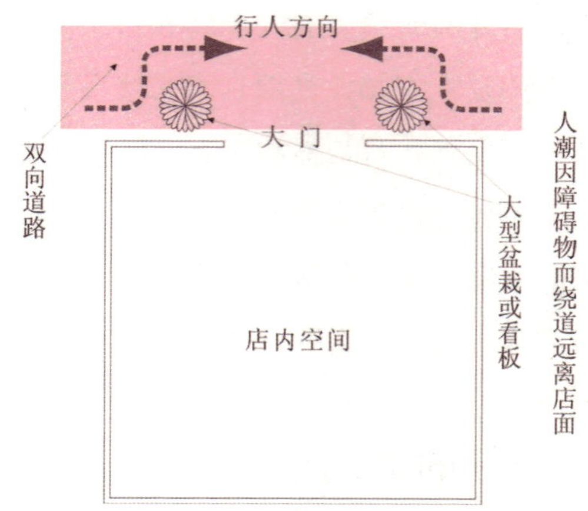

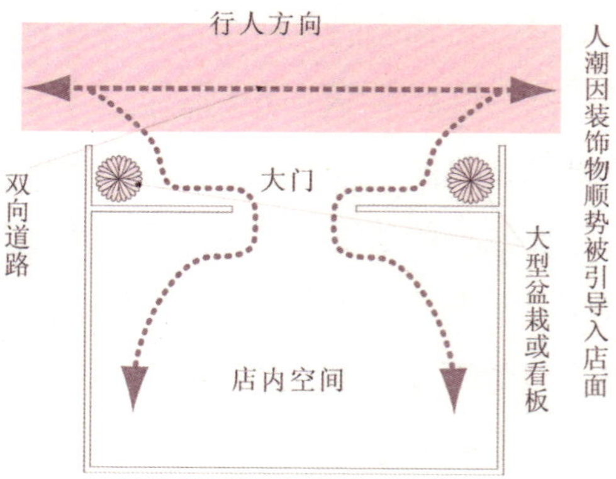

(2) 若您的店面是属于宽阔形的，门店的面积较大时，则可以适量地摆设一些较大型的装饰物，不过原则与上述相同，就是要尽量避免挡到采光面和进气口，因此可以将这些大型的装饰物往店面的两侧摆放，甚至是一些商品展示台都可以摆在这个位置，一方面它不会影响到店面的可见度，另一方面也不会妨碍到顾客进出店面的流畅动线，还具有将气场往内收兜的有利形势，这才是生财旺气的理想摆设。

(3) 大型的广告广告牌或大型立牌是坊间店家最喜欢采用的宣传方式之一，但是这么大的一面广告牌，要摆在什么位置才是最适当、效果最好的呢？

前面提过“门向朝人群”的设计原则，其目的是要让行人随着设计好的动线直接引入店内；如果您的店面是采用平行式动线设计的话，则可以善用广告广告牌的摆设位置来改变行人的动线，您不妨先去观察一下店外主要的人潮行进方向，若是人潮多半由店的右边往左边移动，则可以将广告牌摆在店的左侧，反之，若是人潮多半由店的左边往右边移动，则可以将广告牌摆在店的右侧。这样的摆设方式是要让主要人群能够从远处就可以清楚看见广告牌，先让广告牌的内容吸引消费者的注意力，当他走近店面的时候，自然而然的就会直接转进店里来参观。

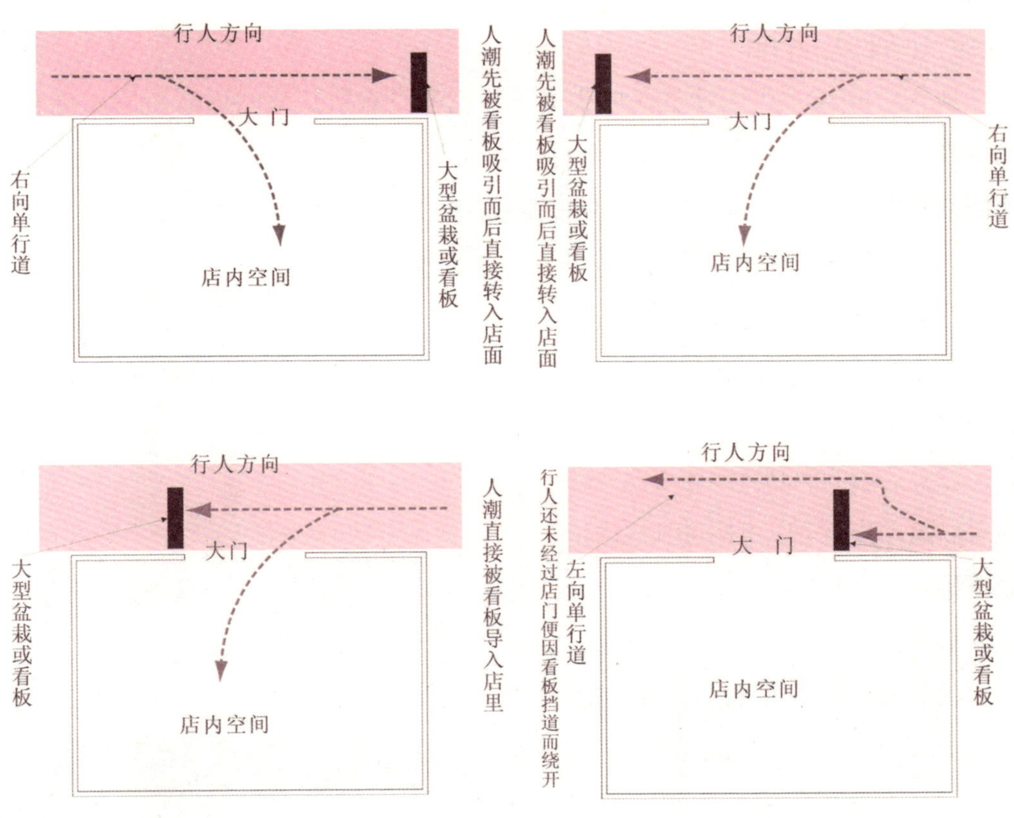

八、店头形式与行业

所谓店头就是指店面最靠近人行道的那一截，通常店头的部分都是用来摆设店面最畅销或者目前最流行、最新的商品，借以吸引更多好奇的顾客上门。

可是每一种不同的行业都有它的特质，每一种形式的店面也有它适合的店头设计方式，因此不能一概而论。以下先提出四种基本的店头设计形式之优缺点，再谈每一种形式的店头应该搭配哪一种行业的效果最佳。

1.全开放式店面

所谓全开放式店面就是在店头的位置完全没有做任何的屏障，例如墙面、隔板、橱柜或大落地窗等等，将店面区隔成明显的室内与室外空间者，店面与前面的马路是完全相通的情形，顶多是在店头的地方以一些低矮的平台来展示商品，因此外面的客人可以将整个店面一览无遗。

优点：

（1）由于没有室内与室外的区隔之分，若设计得当，就算是小店面也能产生宽阔的视觉效果。

（2）店内的商品可以获得充分的展示，顾客甚至可以不用进到店内就能找到自己所要的商品。

缺点：

（1）没有大门的设计，故对于出入店面的人群比较难以控管。

（2）没有屏障的的阻隔，故店

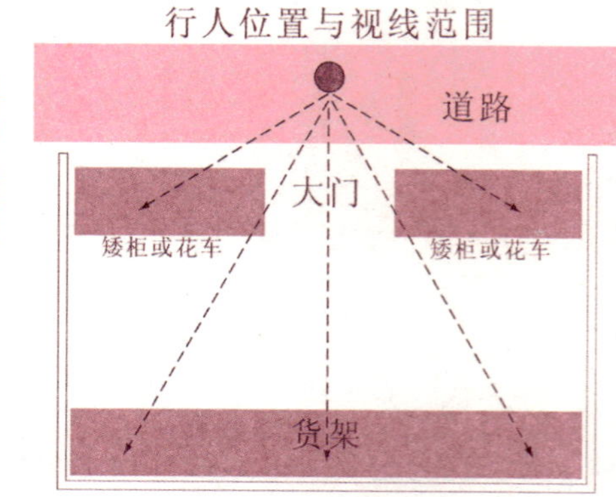

开放式店面示意图

店门无任何遮蔽物，行人站在店外即可将店内商品一览无遗。

内难以加装冷气空调设备。

（3）无法阻绝店外的灰尘、风雨、噪音、人群等不利因素的干扰，会降低店内的服务品质。

适合采用的行业：

（1）适合用于人潮流动快速，无法入店内慢慢挑选，故常于店头接待客人的行业，例如风景名胜区的名产店，或车站、商店街等行人往来比较匆忙的地区。

（2）适合店内空间太过狭小的店面采用，例如只有几坪大的迷你店面，客人只需站在店头便可完成交易，不需进到店内。

（3）适合纵深很浅的宽形店头，顾客只需要在店门前走一趟就能找到自己想要的商品，并直接进行交易，例如水果行、生鲜食品商店、服饰首饰批发店等等。

2.高透视度店面

所谓店面的透视度就是人站在店外所能看见的店内范围，全开放式的店面因为在店头没有做任何的屏障，因此透视度是所有店头形式中最高者，但为了避免其缺点，店家会在门前以装设整面的透明玻璃来作为内外的区隔，虽然有区隔，但是在玻璃窗前并没有摆设或任何商品来阻隔视线，故仍然能清楚地看见店内的一切设施与商品。

优点：

（1）可以有效阻绝店外的灰尘、风雨、噪音人群等不利因素的干扰，又不会影响到店内的采光。

（2）店内的商品亦可以获得充分的展示，顾客只要透过玻璃窗便能发现自

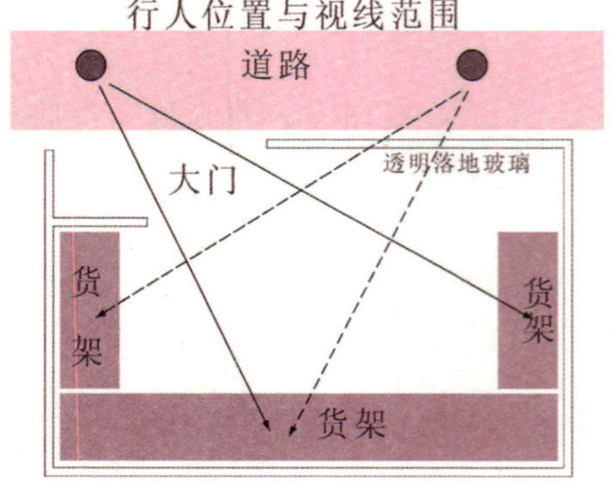

高度透视店面示意图

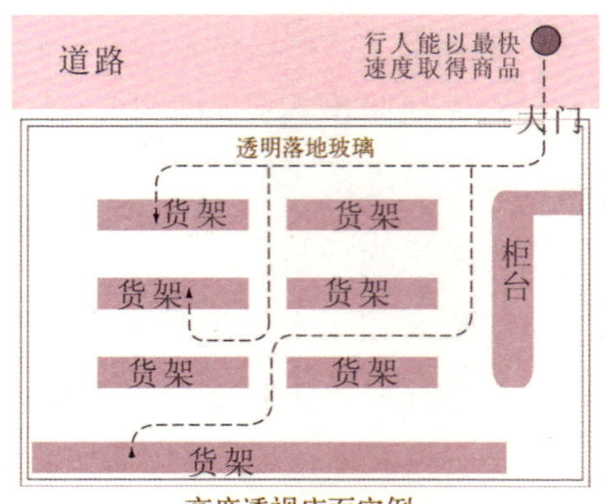

高度透视店面实例

己所要的商品。

（3）有出入大门的设置，可以有效掌握进出店面的人员。

（4）因为有屏障的关系，可以提高室内的服务品质，例如用空调和音乐来提升店面的舒适度。

缺点：

（1）顾客必须入内完成交易行为，对于行程匆忙、赶时间、正巧路过的消费者而言会比较不便。

（2）虽然店面的透视度高，但毕竟店外行人与商品之间的距离较远，无法直接碰触，多少也会降低一点消费意愿。

适合采用的行业：

（1）高透视度的店面为一般店面最常采用的设计，因为它能够充分展现店内商品、能隔绝外在干扰、又不失开阔的空间感，所以优点最多、缺点最少，也适合大多数的行业使用，因此处处可见。

（2）适合讲究高品质服务的店面采用，因为这些店面必须强调干净、整洁、舒适、气氛，如药局、各式精品店、艺品店、面包店、西餐厅等等。

3.中透视度店面

店面的透视度之所以不同，最大的区别就在于店头所采用的屏障物，例如完全透明的玻璃是属于高透视度，若采用有色玻璃或在玻璃上有黏贴其他广告或装饰物、亦或在玻璃的正后方摆设许多商品而遮蔽掉部分的透视效果者，皆属于中透视度店面设计。

最常见到的中透视度店面设计是在店头设置大型的展示柜或橱柜，这种橱柜一方面可以用来展示主力商品或热卖商品，另一方面也取代整面的落地玻璃而成为区隔内外的屏障物，因此可说是一物二用。

优点：

（1）与高透视度店面的优点相同，同时又兼具广告与橱窗展示的效果。

（2）橱窗的设计对于具有高单价的商品具有一定的保护作用，另外对于需要特殊展示空间的商品也提供了一个很好的平台。

缺点：

（1）因为有玻璃窗、橱窗、展示架、展示商品等重重屏障，所以会降低行人对店内其他商品的接触机会，换言之，大家多半只会看到展示柜里的商品而不太会去注意店内还有哪些商品存在。

（2）橱窗的设计虽然提供商品不错的展示平台，但如果商品改变了，橱窗的设计可能也要跟着作修正，因此在可变动性上会比较弱。

适合采用的行业：

（1）商品属于精致、小巧、贵重者，例如艺品店、水晶宝石店、银楼、

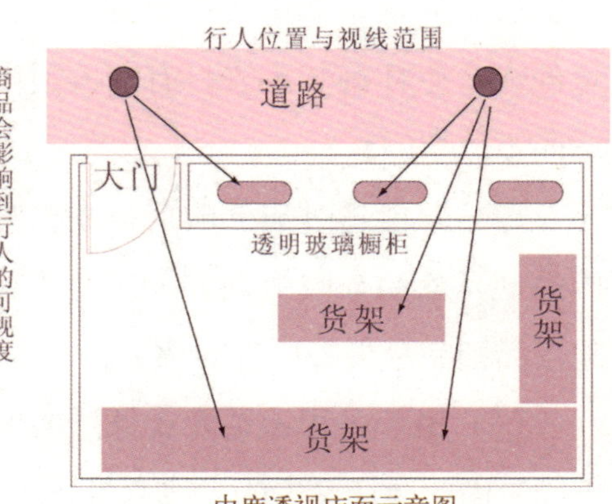

店门用玻璃橱柜当做商品展示平台，但商品会影响到行人的可视度

中度透视店面示意图

相机店、手机通讯行、电脑用品店、钟表眼镜行等等，有橱柜的设计可以让顾客更接近商品，同时又能达到保护商品的双重作用。

（2）比较讲究品牌、能够充分展现商品特色的店面，也适合用橱窗当作商品展示平台，例如名牌服饰店、皮件店等等。

4.低透视度店面

所谓低透视度店面就是无法在店外看见店内的情形者，这种店面多半是以不透明的或半透明(如毛玻璃)的材质作为屏障的，所以即便门外有橱窗的设计，橱窗后面仍然是采用不透明隔板，因此除非亲自走进店里，否则无法知道店内的实际情形。

优点：

（1）能够将店内与店外作完全的区隔，营造出一个完全不受外界干扰的室内空间。

（2）隐密性高，对于店内的商品及进门消费的人都具有很好的保护作用。

缺点：

（1）完全不知道店内的情形，会让外人产生怀疑与不安，有些人便因此而不敢上门。

（2）只能透过店外的广告或橱窗内的展示商品来吸引顾客，店内的其他商品则完全失去广告的效果。

（3）由于采用不透光或低透光的屏障，因此会让室内的光线变得昏暗，

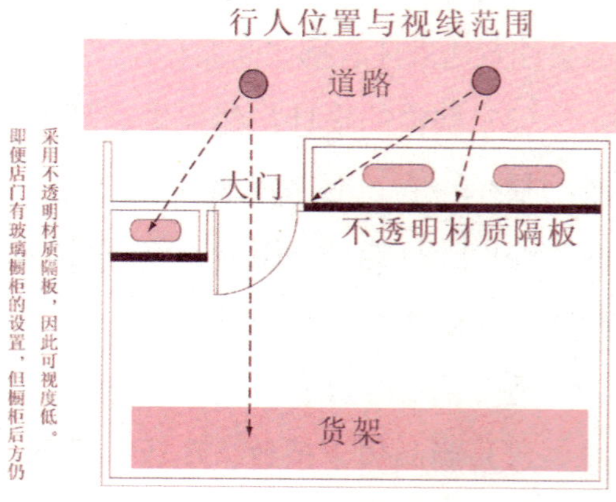

低度透视店面示意图

必须时时保持室内明亮的光源才能解决这个缺点。

适合采用的行业：

（1）重视消费者隐私的行业，例如情趣用品店、医疗诊所、高级俱乐部等等，消费者往往不希望自己的消费行为被人看见时，则可采用低透视度的店面设计。

（2）注重特别气氛、不希望消费的行为被外界所干扰的行业，例如酒吧、舞厅、民歌西餐厅等等，这些店家需要营造特殊气氛，因此需要一个能与外界隔绝的场所来展现。

第四章

店面装潢设计的风水原则

找到好地点的店面之后，些下来就是要开始准备装潢布置的事宜了，不过装潢的形式与风格有千百种，到底要从哪里着手？还有，哪一种风格是最适合自己的装潢设计？这应该是最令大多数人感到头痛的问题。

作一个简单的比喻，就像人在选择合适的衣服一样，不同的体态、不同的样貌、不同的时机、不同的身分地位，在选择衣服的时候都会有不同的考虑，譬如说：胖的人可以选择深色、有直条纹的衣服，瘦的人则可以选择浅色、有横条纹的衣服，这样的搭配对身材具有视觉修饰的效果；如果是个公司主管，就应该穿上标准的西装搭配适合的领带，自然能够散发出领导人应有的威严与专业的感觉；相反的，换作是个在舞台上表演的艺人，穿着就应该尽可能地夸张、新潮，这样才能吸引众人的目光。

从穿衣这个例子来看店面的装潢设计，其装潢设计的风水原则绝对不是一成不变的，就像每一种人都有他最适合的穿着方式，店面也一样，每家店面根据自己所营业的项目不同、店面的使用面积不同、所在的方位、地点不同、甚至是商店主事者的命卦不同，都有其最适合的设计方式，坊间许多风水书籍常常简化了这个分类的动作，让读者以为只要照着书上所指示的步骤一一去完成，就能够打造出好的室内空间，其实是对读者的一种误导。

一、行业五行的辨别

“金、木、水、火、土”五行学早在两千多年前的汉朝就开始沿用至今，它是万物生成的五种最基本元素，也因此，我们可以根据五行体相生相克的原理来创造出一个旺盛的磁场，用在店面设计上，当然就能够帮您招财、开运、赚大钱喽！

每一种行业根据自己主要的经营项目，都能区别出属于自己的五行，找出自己行业所属的五行之后，便可以依此作为许多设计上的参考依据，这些内容都将在接下来的主题中一一为大家介绍。

1.五行属“金”的行业

若其事业属性与金有直接或间接关联者，如：五金商、矿产业、汽车业、交通业、机车行、货运快递业、金融业、车料制造业、珠宝业、工具机械业、电子业、电器业、仪器制造业、钟表业、电机制造业、电缆业、电讯业、通讯器材业、网路业、资讯业、铸造业、铁窗业、金属饰品业、银楼、锁店、武术馆、保全业、屠宰业、民意代表、大法官、属于铁或金属之材料工具业、买卖或制造业等。

2.五行属“木”的行业

若其事业属性与木有直接或间接关联者，如：木制业、家俱业、木材行、室内设计业、纸业、花业、园艺店、树苗盆栽业、医药医疗事业、文化事业、教育用品业、出版业、公务员、政治界、安亲班、补习班、训练机构、宗教用品、画廊、装潢材料业、精品店、水果业、食品制造业、人才培育事业、布业、服饰业、窗帘业、茶叶行、栽种业、休闲农场等。

3.五行属“水”的行业

若其事业属性为奔波、漂游、流动或与水有直接或间接关系的所有行业，如：服务业、人力中介业、婚姻交友中心、征信社、化学用品业、雨衣雨鞋制造业、旅游业、旅馆业、特技表演业、记者、航海业、水产业、冷冻冷藏业、洗衣业、渔具业、钓虾场、游泳池、制酒业、酒吧、消防器材业、咖啡屋、饮料业、染料业、电影业、电视业、传播业、娱乐业、清洁消毒业等。

4.五行属“火”的行业

若其事业属性与热度和光线有关之所有行业，如：加工修理业、灯光照明事业、灯具厨具业、高热或易燃物品事业、加油站、石油酒精业、瓦斯行、热食饮食业、理发美容业、化妆品业、雕刻业、心理学家、演说家、歌舞戏剧表演业、印制品业、服饰店、面包店、窑业、陶瓷店、照相馆、相机制造贩卖业、光学仪器行、眼镜店、衣帽制造业等。

5.五行属“土”的行业

若其事业属性与土地、稳固、信赖有关之所有行业，如：农产品业、食品加工业、畜牧业、宠物店、饲料业、大理石业、砂石业、土地开发业、水泥建筑业、房屋中介业、当铺、古董业、殡葬业、农具行、古物珠宝鉴定业、会计师、律师、法官、代书、医师、设计人员、顾问代理商标业、垃圾清理掩埋、病虫害防治业、资源回收业等。

不过随着社会越来越多元化，每种行业所经营的项目也越来越复杂，有些行业很难用单一五行去分辨，例如一栋百货商场就可能包含上述的所有行业类别，或者像海产店的五行就是火中带水、网路咖啡店的五行就是金中带水等等，因此在辨别行业五行时，必须十分用心，必须以该行业的主要五行为用，以免用错了五行而造成反效果。

二、采用适合自己五行的店面设计造型

形状会影响到空间给人的整体感觉，例如圆形让人感觉柔和，多角状则会给人强烈刺激的感觉；高的东西令人觉得庄严而高达，矮的东西则会感觉比较平易近人等等，这是在心理学上的说法。除了心理学以外，我们还可以进一步从五行来加以分析。

学会分辨自己的行业五行之后，我们可以利用五行的原理来找出店面最适合的造型。因为每一种五行都有其相对应的造型，在设计的时候，我们可以取与自己行业别五行相同或相生的造型来作为装潢设计时的主要基调，就能够创造出一个另人耳目一新的室外或室内空间。

1.五行属“金”的行业

最适合采用方正、平直、线条简单有力、左右对称、给人沉稳、踏实的设计主调。

其次是采用圆润、流线的圆形或圆弧造型，给人圆融、饱满、充满活力、活泼有朝气的感觉。

忌讳：由于五行火会来克五行金，因此避免采用具有尖角造型的设计。

2.五行属“木”的行业

最适合采用柔和的弧线或波浪造型的设计，会让人感受到一种轻松自在、无忧无虑的悠闲气氛。

其次是采用细长、笔直的垂直线条设计，让空间有向上延伸的感觉，容易传达给人一种不断成长茁壮的意念。

忌讳：由于五行金会来克五行木，因此避免采用具有圆形或圆弧造型的设计。

3.五行属“水”的行业

最适合采用圆润、流线的圆形或圆弧造型，给人圆融、饱满、充满活力、活泼有朝气的感觉。

其次是采用柔和的弧线或波浪造型的设计，会让人感受到一种轻松自在、无忧无虑的悠闲气氛。

忌讳：由于五行土会来克五行水，因此避免采用具有方正、平直线条的设计。

4.五行属“火”的行业

最适合采用细长、笔直的垂直线条设计，让空间有向上延伸的感觉，容易传达给人一种不断茁壮成长的意念。

其次是采用具有斜尖、斜角、如锯齿状的造型设计，给人活力四射、有冲劲、果敢认真的感觉。

忌讳：由于五行水会来克五行火，因此避免采用具有弧线或波浪造型的设计。

5.五行属“土”的行业

最适合采用具有斜尖、斜角、如锯齿状的造型设计，给人活力四射、有冲劲、果敢认真的感觉。

其次是采用方正、平直、线条简单有力、左右对称、给人沉稳、踏实的设计主调。

忌讳：由于五行木会来克五行土，因此避免采用具有细长、笔直的垂直线条设计。

三、选择合适的店面装潢主色调

色彩学在风水上的应用其实自古便有之，并非是笔者独创，只是大家都忽略了色彩对住宅的重要性。其实不光是住宅，连个人的穿着打扮所采用的色系，都会对人产生很大的影响，自从笔者在平面媒体、电视新闻及各个电视或广播节目中发表色彩开运的论述之后，才引起了市场的一片穿衣五行理论。其实色彩对于住宅的影响也是十分明显的，例如我们可以依照每栋房子的外墙色系与房子的坐向去判断一栋房子的旺衰，当然也可以利用室内装潢的色系来加强房子的运势，其根本原理也是依据五行生克而来。

关于色彩的讨论，在心理学方面也做过许多相关的研究，不过心理学对于色彩的研究，其重点多放在“人”的身上，而风水则是根据五行原理来加以推演，其实两者都蛮值得参考，如果能够巧妙的运用搭配，两者不但不会产生冲突，还可以创造出意想不到的加乘效果！

许多消费心理学家和站在第一线的销售人员都认为，色彩在销售过程中可能成为决定性的关键。大家可以回想一下自己的购物经验，你就会明白色彩对一个人的影响力有多大。

当你在购买衣服的时候，如果没有喜欢的颜色、喜欢的图样，你是否会退而求其次，买较不喜欢颜色的衣服？当你在买车的时候，如果刚好没有你喜欢颜色的车子，你会将就接受还是干脆换一家去买？我想答案应该很明显。色彩会对人的感官或心理产生一种奇妙的反应，而不同的颜色所产生的反应又各不相同，当然，对颜色的反应也是因人而异的，不过如果这个颜色正巧能够引发你心理的正向反应，如高兴、愉悦、舒服、兴奋、快乐等等，自然就会产生强烈的购买欲。

色彩的心理反应仅仅是色彩影响力的一种表现，若是将它运用到住宅的室内设计，色彩所能产生的变化就更加神奇了，它甚至可以改变人们对于这个空间的视觉尺寸、温度感受等能力。在实际运用上，如果想给客人一种清凉、舒畅的感受，就可以选择以蓝色、绿色、紫色等“冷调”的色系，看到这些颜色的反应与看到田园风景或海洋的景色时几乎是相同的，会让人有一种平和、宁静和放松的感觉。相反的，如果想营造出温暖、温馨、热情的空间感受，就可以选择用红色、橙色或黄色系列中的各种颜色，这些颜色能够使人联想起温暖的或阳光，因此被称为“暖色系”。

在空间的表现上，如果您的店面空间较小，想让它感觉更宽阔一些，建议采用单一的浅色调来装潢设计，因为选择单一的浅色调可以产生感官上的错觉，从视觉上增大房屋的空间。同样的，如果天花板太低，也建议选用浅色调，这也具有提升天花板高度的视觉效果。

当然，有些人会遇到相反的问题，如果店面的空间面积太大，货物又不多，看起来空空荡荡的，此时便可以选用深色的墙面或天花板涂使空间看上去更小、天花板更低。

以上只是色彩心理学的一些基本运用，跟风水上的原理比较没有直接关联，不过仍具有很好的参考价值，亦可以搭配以下的五行色彩原理一并使用。

第五章 如何设计店面的招牌

许多人在设计店面的时候，往往将设计的重点放在店头或门面的装潢上，却忽略了招牌的重要性。

一家店面的招牌，是让消费者“发现”店面存在的第一个目标物，想想看，现代人的脚步如此匆忙，不论是开车亦或坐着车从大街上经过，不可能将注意力都集中在两旁的店面，况且店门口可能还有骑楼、骑楼上还停放着一整排的车辆，如果不走近一点看，根本无法看见店的全貌，这时候，最能够引起消费者注意的就是您的招牌了。

招牌对每个店家而言，应该算是“店面的延伸”，也是店面能够最接近路上行人的东西，因此，招的设计是否成功也会影响到这家店面生意的好坏，千万不能马虎，但是一般传统的商家往往只是简单地做个灯箱，然后再将斗大的店名写在灯箱上就以为能够吸引顾客上门，这是有困难的。举个简单的例子，如果你路过一条陌生的小吃街，整条街上都是卖吃的，要你在其中挑选一家，你会如何选择？我想大家应该都会先选那家招牌最醒目、最特别、最吸引人的那一家吧！因此，如何将自己的招牌设计得又美观、又引人注目，相信是许多开店的人心中的追求。

一、招牌的形式

1.传统直立式招牌

所谓直立式招牌，就是一般传统以直立灯箱悬挂于大楼外侧的招牌，其优点是有利于街道两侧往来的人群能够轻易地从远处找到店面的所在位置，所以每家商店门前几乎都有一块这样的招牌，但由于直立式招牌受限于法令规定，不能突出马路太多，所以无法在招牌的样式上做太繁复的变化，因为各家所做的招牌大小、颜色、高低、形状都不一样，整条马路望过去，一整排花花绿绿的招牌显得十分凌乱，反倒是让人有眼花撩乱的感觉，使得人们在找店面时更加困难。

尽管如此，直立式招牌的设计对于一般没有特殊标志物的小店面仍然是需要的，最起码它能够将店名从店门延伸到马路上，多少还是有招揽顾客的作用，但是千万不要设计得太呆板，能与左右邻居的招牌作一明显区隔是最重要的事，这样才能突显自家店面的存在。

在有些经过重新规划整治的商店街，为了要求视觉上的美感，会采用统一制式的直立式招牌，这样的做法有利也有弊，对于商店街整体的视觉感受是有正面的提升，不过就店家本身而言，却也丧失了一处可以突显自

我特色的地方，因此如果您的店面正好是设在这样的商店街上，建议应从其他方面再补强。

2.店外平面招牌

这是近年来越来越受欢迎的设计方式，在早期，所谓店外平面招牌指的是用一块横式招牌，写上“＊＊商店”然后挂在大门上方或是房子的骑楼外侧，不过这种方式在近期有了很大的改进。平面招牌没有直立式招牌受空间限的问题，其优点就是能够发挥的空间比较大，如果你能够取得整栋大楼楼面外墙的使用权，甚至可以将整个外墙面积都设计成大型广告牌，让人从远处就能清楚地发现你的存在，因此十分受到大家的欢迎。

不过大面积的平面式招牌也有其缺点：第一，要取得整栋楼外墙的使用权以及大型广告牌的设计可能都需要付出一笔不小的费用，在设置之前最好要先计算好之间的本益比，才不会白花冤枉钱。第二，平面招牌必须从正面、斜角或是比较接近的时候才能清楚发现，若是由道路两侧看过去是很难发现的，因此设置大型平面广告牌的位置，最好是选在路口或是视野比较辽阔的大楼来设置，其广告效益会比较大。

虽然大型平面广告牌颇获商家的青睐，现在走在路上，几乎每栋大楼的外墙都设置有这样的广告牌。不过值得注意的是，一家商店的外墙最好只设置一种广告牌，也就是自家商店的广告牌，但比较常见到的情形是，店家因为无法取得整个外墙的使用权，住户便将部分外墙租给了其他厂商来设置广告广告牌，一眼望过去，让整片外墙东一块、西一块，花花绿绿的根本就模糊了广告牌本身“聚焦”的功能，这是很可惜的一点。

3.独立式招牌

所谓独立式招牌，就是独立于建筑物本身，而不是依附在建筑物上的招牌。一般的招牌必须固定在店外的墙上，而独立式招牌则是以特殊造型的灯箱、气球、广告牌、模型、旗竿、指标等等，设置在店门外或竖立在屋顶上。

独立式招牌的特色是不局限于建筑物本身，如果您的店面是位处于比较不显眼的地方，例如小巷弄内、比较偏僻的场所，或是您的店面容易被附近比较高大的建筑物遮挡住视线、有天桥或高架桥挡在正前方等，以致于让过往的行人无法轻易找到时，设置这种独立式招牌效果最好，一方面它能够发挥指标性作用，告诉欲前往消费的顾客您的店面要怎么走，另一方面，它等于是延伸了店面本身的广告范围，让更多人发现您的店面的存在。

不过独立式招牌并不能随意设置，毕竟店外的空间是属于公共土地或其他私人的财产，要在店外设置独立式招牌一定要先取得土地的使用权，以免一不小心变成了违建可就得不偿失了。另外，如果是要设置在店门外，注意不要将招牌设在大门的正前方，笔者看过许多商家自以为聪明地在店的正前方立了一根大杆子，然后再将指标固定在杆子上，就风水学的角度来看，这就形成了一个悬针煞，对店面的经营有害而无利。店外如果能有一个宽阔的明堂来帮助纳气，则店内的财气必旺，但是在大门正前方设置任何的广告招牌，都只会对气场的运行产生扰乱的作用，此举无疑是画蛇添足，实不可取。

4.活动式招牌

上项提到独立式招牌对于商店的宣传广告有许多的正面的效果，不过其最大的缺点就是设置场地的取得不易，就算能找到理想的设置地点，可能也要每月付出一笔可观的租金，这对小资本创业、预算十分有限的人而言，可能是无力负担的。不过，所谓山不转路转，既然不能以固定的方式来设置，何不将它改成活动式的招牌，一切的问题不就解决了吗？

活动式招牌其实也是坊间最常被使用的一种广告方式，因为它成本低、机动性高、还可以经常地作内容的变动，因此小至路边摊、大到大卖场，这种随时可以移动位置、改变内容、又不占太大空间的活动式招牌，一直是所有商家的最爱。

其实这种活动式招牌的形式也有许多不同的变化，别以为招牌都是长得四四方方的，像是一比一的人形立牌、立体造型的广告物(如快餐店的麦当劳叔叔、肯德基爷爷等等)、立体冲气布偶、冲气拱门等，还有的是以商品本身来当现成的广告物，如机车行会将崭新的车款停在店门前、服饰店会用活动衣架将热卖

的款式挂在店外等等，商品上再贴上“特价”、“促销”等字眼，很容易就可以吸引过路人的眼光。

活动式招牌虽然有那多的好处，但是也不要过度地滥用，笔者就常见到有商家在门前堆满了货物和广告广告牌，结果造成整个骑楼因此阻塞，经过的路人只好绕道而行，反而错失了让顾客上门的机会。因此，适时、适地、适量的选用恰当的活动式招牌，才会有好的商机上门哦！

二、招牌的设置要点

前面大致将招牌区分为四种，其实只要是能够引人注意、让人留下深刻印象的广告物我们都称之为广义的招牌，至于要如何设置自家店面的招牌才能达到最佳效果，以下提供几点建议：

1.门面的大小

属于门面宽阔的店面，由于房子正面能发挥的面积几较大，因此做平面式招牌的可见度是最高的，属于纵深长但门面窄的店面，其正面面积小不易发挥，除了平面招牌以外，最好还能够辅以直立式招牌或独立式招牌，让店面的广告行为从店本身延伸到店以外的地方。

2.所在楼层的高低

在寸土寸金的都市里，店面有往高楼层发展的趋势，也造就了一栋楼有近20个招牌的奇景。

若店面位于较低楼层的房子一楼，其房子的外墙面积较小，故不适合做太大型的广告牌，反而是在顶楼的位置能够发挥巧思，设计一些能吸引人目光的独立式招牌效果会十分不错；店面若位于较高楼层的房子一楼，外墙面积大，能够充分而完整的利用是最好，若必须与其他广告共享一面墙，记得要将自己的招牌与其他广告牌区隔出来，否则只会模糊的众人的焦点。

3.店面的周遭环境

设置招牌必须随机应变，不能受限于环境因素，应该是要发挥巧思来善用环境才对。例如此地段的店门前都没有骑楼的设置，楼外的墙面也不愿意让人随意设置广告招牌，这时您不妨在店门前装设活动或固定式遮雨棚，雨棚上的帆布不正好就是现成的广告看版吗？或是在门前设置供人休息的座椅，客人前来休息的时候不正好面对的你的店门，也许坐着坐着生意就上门了也说不定。

4.店面与人潮的动线关系

观察店外人潮的行进方向有助于了解一般群众的动线，根据群众习惯性的动线方向，我们可以利用活动式招牌在行人动线必经之路放置，如果店面在巷

弄之内，亦可在巷弄的出口处架设独立式招牌当作指标，引导顾客进到巷子里来。如果店面是位于车水马龙大马路边，则传统的直式招牌是少不了的，若能再搭配上独立式招牌则更能吸引消费者光顾。

三、招牌的设计要点

招牌的结构：

a.商店名称

b.商标（包括自己品牌的商标与所贩卖商品的商标）

c.商店资讯（包括地址、电话、营业时间等）

d.促销字眼（包括特卖时间、特价商品等）

这些内容可能不会同时出现在同一块招牌上，要如何分配这些内容在一块招牌上的比重呢？

（1）文字和符号对人所产生的印象是不同的，一家店名可能有六七个字，而且店名类似的商家也不在少数，再加上如果商店名称无法表现出您所从事的属性，则这个店名对人产生的印象就十分微弱了，例如“某某商店”、“老字号某某记”、“某某堂”、“某某商行”等等，除非是有光顾过人，否则根本不知道你葫芦里卖的是什么膏药，更别说是上门了；相反的，商标是一个图腾，图像的东西比文字容易记忆，再加上商标如果能忠实地表现出您所从事的行业别，则商标存在的意义就等同于商店本身；例如国内某家卖姜母鸭的连锁店就是以红面番鸭作为商标，让人一目了然，根本不用多作解释，即便没光顾过的人也知道它的主要商品是什么，所以大家在开店创业的时候，不妨也动手设计一下

属于自己的商标，好的商标还能帮您一炮而红喔！

（2）面积小的广告招牌应以精减为原则，不宜放置过多的资讯，也许只放店名或商标即可，清处、明显，不会因为太多内容而失去焦点。面积大的平面招牌则应设计成有特色、有震撼力的内容，因为马路上充斥了太多类似的广告牌，如果不做得特别一点，反而会让人忽略你的存在；例如前一阵子有某家卖汽车经销商将一整部车子悬挂在大楼的外墙，当时还造成新闻的话题，姑且不论这的做法对不对，但是它所引发的广告效益已经达到了。

（3）一般直立式招牌与平面式招牌应以主打店名为主；独立式招牌则可以用来突显商标，也可以用来当作指示的路标，如某些大卖场会在附近的重要路口处设置“＊＊＊，左转50米”等醒目的字眼提醒过路人；公司资讯、特价消

息、促销资讯等等可利用机动性高的活动招牌来完成，因为它随时可以更换又不占空间。当然这不是标准的原则，大家可依自己的情况斟酌变化使用。

（4）如果是属于知名度高的商标品牌，最好能以商标作为广告的主打，因为大家只要看到商标就能知道内容，根本不用多作说明，因此只要强打商标即可，例如以卖相机闻名的台北市汉口街、博爱路一带，其招牌几乎青一色都挂满了知名品牌的相机商标，这也是一种最直接的宣传手法。

四、商标的设计要点

经营商品买卖，不但要让消费者接受商品本身，还要能够接受商标，进而让商品与商标之间划上等号。不是所有的店家都需要专属的商标，不过不可否认的是，有专属商标的店家确实令人印象比较深刻。例如先前提过的姜母鸭店，坊间卖姜母鸭的餐厅何其多，但是这家有商标的店家却总给人比较专业、特殊的印象，这就是一个好的商标所能带来的效益。以下提供几则商标设计时的要点：

（1）如果您的经营项目种类不多，尽量将商标设计成与商品有关联的形状，这样可以达到商标等同于商品的直接联想。例如汽车材料行用轮胎的外型、房屋中介业用房子的外型、咖啡厅用咖啡杯的造型、渔具店用鱼的外型等等；也可以用行业的抽象符号来设计，例如药局就用十字造型、当铺用古钱造型等等。

（2）如果您的经营项目种类繁多，没有代表性的商品，可以设计比较个性化的商标，一般都是利用店的名称(中文或英文皆可)来加以变化，例如知名连锁快餐店麦当劳就是以英文名称的第一个字母m来做变化，效果出奇地好，还有许多国外知名的电器厂商，如sony、Panasonic、hp等，只要知名度打开了

之后，其公司名称就是最好的商标。

（3）脑筋动得快的商家除了商标以外，还会创造出“商品代言人”，所谓代言人并不一定是真人，利用虚拟的人物也能达到相同的效果，例如麦当劳叔叔。

（4）商标的设计没有一定的准则，只要能加深人的印象，任何造型的商标都可以天马行空地发挥。如果说了这么多，您的心中还是拿不定主意，下面提供一则以五行及店主个人命卦所推衍出来的设计理论让您参考，说不定能激发出更多的灵感。

五、适合经营者的个性化商标

商标的设计可以很通俗也可以很个性化，从命理的角度来看，商标是商店的代表，认同商标就等于是肯定这家店以及经营商店的人，从这个角度出发，我们也可以逆向思考，根据经营者个人命卦所适合的颜色及形状来设计出对经营者有帮助的商标，彼此相生相旺，如此商标就能变成您的“幸运符号”了。

1.乾、兑二卦五行为金

适合的商标配色色系为黄色系、白色系、蓝色系、黑色系。

适合的商标形状为方形、横条形、圆形、圆弧形。

2.坤、艮二卦五行为土

适合的商标配色色系为黄色系、红色系、白色系。

适合的商标形状为菱形、斜角多边形、锯齿形、方形、横条形。

3.坎卦五行为水

适合的商标配色色系为绿色系、白色系、黑色系、蓝色系。

适合的商标形状为圆形、圆弧形、流线形、曲形、波浪形。

4.离卦五行为火

适合的商标配色色系为绿色系、红色系、黄色系。

适合的商标形状为直条形、菱形、斜角多边形、锯齿形。

5.震、巽二卦五行为木

适合的商标配色色系为绿色系、蓝色系、黑色系、红色系。

适合的商标形状为流线形、曲形、波浪形、直条形。

第六章

柜台设计要点

柜台是一个统称，若要细分，柜台还可以区分为收银台及服务台两种。对公司行号、大楼、机关而言，柜台所指的就是服务台，但是对大型商店而言，柜台可能是被区隔开来的，也就是说收银台归收银台、服务台归服务台，不过本书的重点是放在小型店面的设计上。对一般的小店面而言，柜台是综合以上这两种功能，因此，收银台及服务台的设计要点都要同时被考虑进去，才能够规划出一个理想的柜台空间。

一、柜台的位置

店面的柜台兼具收银台与服务台的功能，但是服务台并不具备金钱出纳的功能，所以在设计上，店面的柜台会比服务台来得讲究，禁忌也相对地比较多。

1.柜台宜设在店面财位上

柜台是一家店面金钱进出的地方，也可以算是店面的财库所在，所以一般店面在选择柜台位置的时候，笔者多半会建议选择在店面的财位上。若您的店面还另设有服务台，而服务台比较重视的是“方便性”，所以一般都会建议设置在正对大门最明显的位置上，或者就设在大门的门边，让人一进门就能找到。

各坐向之店面适合设置柜台方位：

(1) 若店面是的坐向是坐北朝南，柜台适合设在店面的在西南方与正北方。

(2) 若店面是的坐向是坐南朝北，柜台适合设在店面的在正南方与东北方。

(3) 若店面是的坐向是坐东朝西，柜台适合设在店面的在正东方与西北方。

(4) 若店面是的坐向是坐西朝东，柜台适合设在店面的在东南方、正南方与西北方。

(5) 若店面是的坐向是坐东南朝西北，柜台适合设在店面的在东南方与西南方。

(6) 若店面是的坐向是坐东北朝西南，柜台适合设在店面的在东北方与西北方。

(7) 若店面是的坐向是坐西北朝东南，柜台适合设在店面的在西北方、正西方、正北方。

(8) 若店面是的坐向是坐西南朝东北，柜台适合设在店面的在正东方跟西南方。

2.柜台宜设在房子的右前方

有另外一种说法认为，房子的左青龙边为变动方、右白虎方为不动方，柜台既然是钱财的进出之处，就应该要将柜台设置不动的白虎方(面朝大门外的右手边)，若是将柜台设在变动的青龙边，则主财不易守、流动性较大。

依笔者见解，将柜台设于右白虎边是因为气的流动是依大门的进气为论，大部分的店门均是设于正前方；所以正前进来的位置和右侧方均非常理想。不过，柜台要在右前方的理论，只适合于东方国家为论，主要是因为东方为五行木，木之气为正；西方之气为金，气之五行为偏，也因此，摆设位置就必须符合气的运作关系。

以现代的关系来论，我们可以这样来理解：东方人以右撇子居多，惯用右手，走路时亦习惯靠右侧行进；而西方人则以左撇子居多，惯用左手。走路也

会自然而然的靠向左侧，因为东方人与西方人左右脑的发达部位不同，东方人惯用右手，因此视觉自然而然会往右边看，走路的动线，也自然以右边为顺畅的一方。人若是以左手为用，其左侧的行动与视觉也较为敏感，故要配合人性的动线取向，才是最理想的方位。因此东方国家的店面将柜台设在店的右侧，一来是方便与顾客交易(如收钱、找钱、签单等等)，二来则是符合东方人靠右行走的习惯，客人进门之后先往右走绕店面一圈，要结帐时正好是走到了店的右前方柜台处，无须让再绕回头来付账，倘若能再配合天星的投射旺气，那在风水地理的灵验力，就能达到最旺之气势，使生意赚钱、事业成功。

3.柜台旁边不宜设洗手间或水槽

柜台既然是店的财库，因此最忌讳与流动的水在一起，笔者见过许多的餐饮店及水果行，店主为了清洗方便，就直接在柜台旁设了一个洗手台或水槽，财库旁有水不断地往外流就代表着钱财的流失，主漏财、无法守财，因此要尽量避免这样的设计。

另外柜台也忌讳设在厕所的前面或旁边，厕所所产生的秽气以及厕所中流动的水都会让财库不稳定，造成破财、进财不顺等情形。

4.柜台不宜设在楼梯或梁柱下

柜台不能设在楼梯的正下方，也不能设在梁柱底下。在许多寸土寸金的都会商圈里，经常可以看到只有三四坪大的迷你店面，这些店面因为空间狭小，因此能使用的空间当然就要充分利用了，在这样的情况下就容易出现柜台正好位于楼梯下方，或者正好有压梁的情形。

不论是在楼梯下方亦或梁柱底下，气流到这个地方的时候就会受到地形地物的影响，产生一股向下窜流的情形，如果楼梯或梁柱底下又正好是收银台(财库)的话，当然有会造成很大的冲击，财库不稳定，想赚钱都很难。

5.柜台后方宜有靠

柜台后方必须是密实的墙壁，不能空无一物，也不能有任何出入的门路或窗口。

从现实的角度来看，如果柜台的后方没有后靠，则任何人都可以随意在柜台后方走动，这对柜台的安全性而言是极为不利的设计。若是从风水的角度来看，一个财库的空间要能聚财气，店面才可能赚钱，柜台既然是财库所在，其设计当然也要能达到藏风聚气的效果，若是柜台后方没有后靠，或是柜台的后

面还留有出入的门路，则气流至此处必随气口散去，根本无法达到聚气的效果，相对的也无法聚财。

根据笔者观察，最常出现这种状况的店家是餐饮业，往往在柜台的后方就是餐厅的厨房，为了方便传递食物，所以柜台和厨房之间往往只隔了一道门帘，或者彼此之间根本就是相通的。想想看，这样的柜台不但不能聚气，厨房所产生的油烟废气更会影响到这个空间气场的品质，所以不要为了一时的方便而犯下大错。

6.柜台位置宜隐蔽

柜台的位置必须要有隐密性，故后方不能是透明的玻璃窗设计。

柜台是一间店面金钱进出的场所，除了有收银机以外，有些商家还会在柜台底下设置保险箱来存放财物，现代的商家流行以大片的玻璃围幕作为店门的设计，若是柜台又刚好位在玻璃围幕的后方，则门外过往的行人岂不都能将柜台内的情形看得一清二楚？所谓财不漏白，就好比没有人会将保险箱摆在明显的地方一样，让柜台内的情形暴露在外，只会增加自己的危险性，就风水的角度来看，这样的设计是主破财的格局。

所以柜台后方最好是以实墙为佳，就算后方是透明玻璃围幕，也应该要在玻璃的下半段做一些处理，用木板当后靠或在玻璃上贴不透明贴纸来阻隔外人的视线，但所修饰的高度一定要高过柜台的高度约30厘米左右才能达到阻隔视线的效果。

7.柜台宜在店内最明显的位置

柜台的位置要在店内最明显的位置，最好也要能监视到店内的每个角落。

一般的小店面通常都只有一名店员，因此有任何人进出店面，都必须要随时掌控，而且一个人也无法随时巡视店内的每个角落，大部分的时间都是待在柜台等顾客结帐，所以柜台设置的位置，就必须是店内最明显的位置，一方面要让顾客一进门就能看见你，另一方面也可以站在柜台位置监视到店内每位顾客行踪。当然，要做到这一点还需要店内整体设计的配合，所以在规划之初就应该把柜台与室内商品摆设的相对位置先考虑进来。

8.柜台位置要依实际情况设计

除了前面的建议方位以外，在规划柜台位置的时候，最重要的还是要配合店面的出入动线、店内规划、门向位置等实际情况来设计，将柜台设在住宅的财位或是右白虎方的说法只是提供您选择上的参考，一般店面都可找到有两三个最佳的设置方位，然后再依店内实际情形选择其中最理想的一个来使用，不要太拘泥于一定要将柜台设在某一个特定位置，例如店面的出口明明在左方，就不一定要将柜台设于右白虎方，可以另取其他财位为用。

二、柜台的设计

柜台的形式并没有一定的标准，最主要是能与室内空间作整体搭配，不过从风水的角度及科学的观点来看，还是有几点值得注意的。

1.柜台的大小要适中

有些人认为柜台既然是一家店的财库所在，就应该弄得气派一点，但如果

只是一家几坪大的小店面，却弄了一个巨大的柜台，不是让人感到很突　吗？其实柜台不一定要大，但是整洁美观却是一定要的，与其把柜台装饰得富丽堂皇，还不如直接在柜台上摆设一些开运招财物来得有效。

2.柜台的样式最好与经营的行业相吻合

也就是说您经营什么店就设计什么样的柜台。前面说过柜台是一个统称，就某些行业而言，其实柜台并不等同于收银台，反而比较偏向于柜台的服务功能，例如饭店、旅馆、服务业等等，所以在设计柜台的时候，就必须考虑到您的柜台可能需要的功能有哪些？或者柜台前方的空间需要多大？

若是以饭店为例，饭店旅馆是一个公众场合，所以在这个地方必须要有亲和力，要有宽敞的空间，方能吸入大量的人潮，带来好的生意，而且柜台是旅客进入饭店的第一道手续，因此必须合乎自然动线的要求，所以前方空间的深度要够，柜台的高度要略高，考虑旅客填写资料的方便性等等；其他不同行业的柜台都有不同的需求，不能一概而论。

3.柜台的高度要适中

太高或太矮的柜台都不好，柜台太高会有不容易亲近、拒人于千里之外的感觉；柜台太矮又会让柜台里的人有不安全感，至于何谓是中的高度？其实也要看情况而定，一般约在100～120厘米左右为理想之高度，讲究一点的人认为柜台的长宽都必须符合鲁班尺的吉祥尺寸，这一点请大家自行斟酌。

不过有些例外的状况，可能需要将柜台的高度拉高或放低一点，例如前文所提到的旅馆及饭店柜台，为了方便人填资料，高度可能需要拉到成人的胸部位置；如果换作是水果行，客人到柜台需要有过膀、包装等动作，所以就必须稍微低一点以方便操作。

4.柜台必须要用密闭式的设计

换句话说，柜台不能只有一片桌板而桌底下却是悬空的，它必须是从上到下完全密闭的情形，其道理与“财不漏白”相同，悬空的柜台乃是漏财的象征。

5.柜台最好能采圆弧形设计

从风水的角度来看，弧形的柜台代表圆融，气流到这个空间之后，弧形的柜台能使气场转圆而不会被尖锐的直角给破坏。从科学的角度来看，柜台既然是每位客人进出的必经之地，如果设计了一个四四方方的柜台，进出之间很容易产生碰撞受伤的情形。

如果您的店面不适合设置弧形的柜台，最好也能将柜台的桌角位置改成弧状，对您一定有帮助。常见到有店家在进门的位置设置“L”形柜台，而柜台的转角处就出现了一个尖锐的直角，客人在进出之间就会产生莫名的压迫感。对店家而言，气从大门进来第一个就碰上柜台的直角，气流立刻会被扰乱或是反弹出去，无法顺畅地流进室内，生意就不会兴旺。解决之道是将柜台的直角改成圆弧形，让气顺着弧线道入室内，加强的方法是在这个角落的位置，摆设一只圆形的花瓶或艺术品当装饰，其功能也是在加强气流回转的速度，让店内气场得以顺畅。

第七章

室内动线设计

设计店面的动线与一般住家有一些不同，店面的动线首先要考虑的是室外动线，因为如果室外动线不佳，客人就不容易上门，生意当然不会好，所以如何设计一个能吸引(导引)顾客进到店内的动线是店面设计首要的课题。

当客人顺利地进到店内之后，接下来的问题是，如何让客人能够在有限的空间与时间里，很舒适地在店内浏览、购物或消费，这就要靠室内动线设计的帮助了。

谈到室内动线，店面与住家最大的不同之处就在于住家的动线比较固定，因为住家的基本设施大致是相同的，不外乎就是客厅、玄关、阳台、卧室、厨房、厕所等等，但店面可就不同，三百六十五行，每一行都有每一行的特殊需求、特别的生财器具、店面也可能会随着使用面积的不同而作适当的装潢与变化等等，因此这部分比较难用所谓的“标准范本”来为大家说明，只能从几项大原则来出发，提醒大家在设计的时候应该注意的事项。

一、店内的行进路线规划

店内的动线就是你想让进到你店面的消费者如何依循事先规划好的路线行进，由于篇幅所限，无法就不同行业一一探讨，以下提出四种常见的动线规划方式为各位作说明。

1.人员流动性大的店面

并不是所有的店面都希望顾客在店内久留，也不是所有的顾客都有这么多时间可以慢慢去挑选商品，例如坊间到处可见的杂货铺、五金行，顾客之所以会上门是因为他有立即的需要，煮菜的时候刚好需要一瓶酱油、一包盐，水龙头坏了要赶快买的橡皮塞来替换等等，所以这种属性的商店就不宜设计成回旋式的动线，因为顾客不会为了买一瓶酱油而逛完整家店。

台湾地区的便利商店是全世界密度最高的地方，便利商店之所以兴盛，跟它的方便性有很大的关系，例如正好路过想买包烟、买瓶饮料等等。客人的消费都是临时起意的，可能车子还停在店外的黄线上，于是我们要想办法在最短的时间内结束交易。在动线上，应该采取较短的货架设计，即便是同一排的货架，也可以用二到三节的小货架来排列，并且在货架与货架之间预留通道。

这种设计的好处就是方便顾客能更轻易地找到自己想要的商品，并选择最短的路线去取得商品，故这种动线最适合人员流动性大的商店采用。

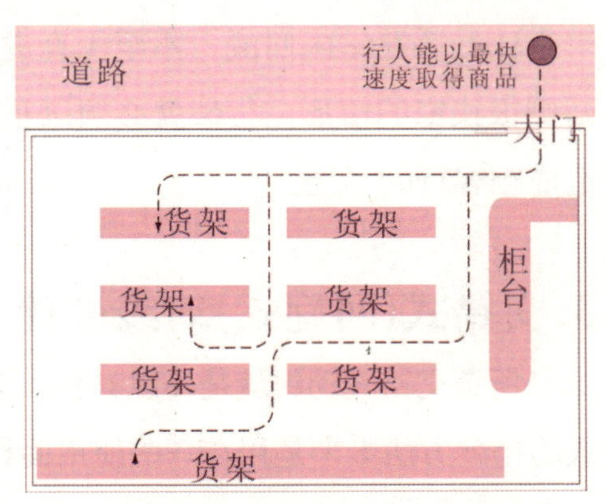

流动性大的店面行人动线示意图

2.人员流动性小的店面

反之，若店面的人员流动性小，在动线的规划上就应该想办法延长顾客在店内停留的时间，例如艺品店、书店、服饰店等等。你可以善用店面的空间形式与货架、商品的摆设方法，引导顾客顺着你事先规划好的动线将店里前前后后都逛过一遍，这样可以充分地让顾客有机会接触到更多的商品，进而引起他们的消费欲望。

这种店面的货架就必须将长度拉长，因为只有一个通道，所以顾客必须走到货架的最里面才能从另外一头绕出来，经过货架的巧妙排列之后，顾客会在不知不觉中将店内的所有商品都看过一遍，最后才是走到柜台结帐。不过这种动线组合必须依店面的形式而定，若您的店面是属于纵深浅但两侧比较宽的情形，货架就必须以平行设置为佳，一来顾客可以从店外就看清楚货架上的商品，二来也让气场在室内回流，不至于直进直泄；可是如果您的店面是属于纵深长但两侧很狭窄的情形，货架就必须以垂直设置为佳，硬是要用平行式货架反倒会造成顾客行的不便。

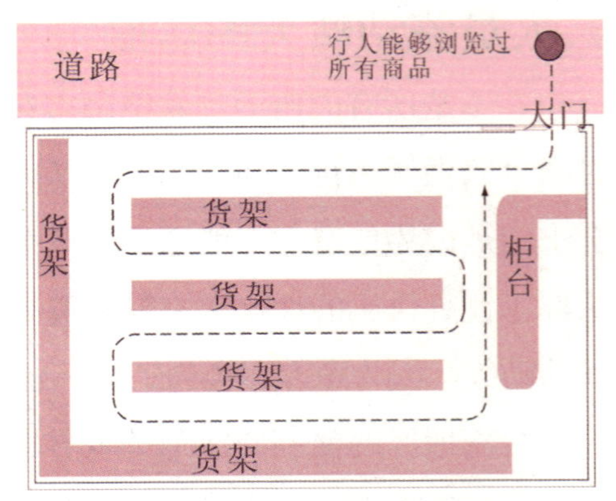

流动性小的店面行人动线示意图

3.交错式(回旋式)动线设计

所谓交错式动线就是不以对称、对齐的方式来列货架的动线设计，这种交错式的排列方法多半是用在一些使用面积比较不规则的店面空间，因为这些店面的格局不够方正，因此无法将货架整齐地排列，所以会有产生彼此交错纵横的情形。

当然，货架不一定都是长形的，也有方形、三角形、多边形、圆形、弧形各式各样的货架，要采用哪一种货架来使用，还得看店面空间与商品的配合是不是得当再决定。若不是采用一般长形的货架，室内动线也很容易形成这种交错式的情形。

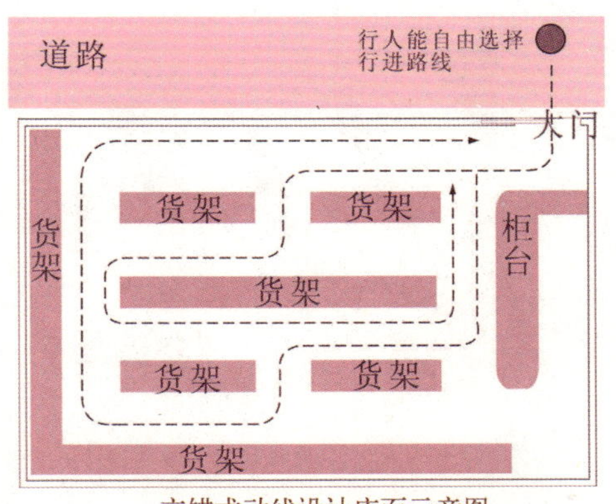

交错式动线设计店面示意图

这种交错式的排列方法有好有坏，它的好处是能够让客人依照自己的喜好走自己的路线，不需要依循店家安排好的动线行进，因此会给人比较轻松自在的感觉，如果排列得好的话，也能够让气场在室内产生不断回旋，让店面达到聚财聚气的效果；对顾客而言，因为没有固定路线的限制，所以能够让他在店内不停地穿梭浏览，同一个商品就有可能经过好几次，或许第一次经过的时候没有注意到，再次经过时就容易引起他的注意，进而产生购买欲，这点是采固定动线设计的店面所做不到的。

不过好的交错式动线必须是“乱中有序”的，看似不整齐，其实就整体空间而言还是必须彼此谐调才行。但大多数的店家不懂得这一点，往往为了标新立异采取了很奇特的摆设方式，虽然是交错排列，但却让室内整体气场产显得十分紊乱，气一乱财气自然不顺，因此财禄状况就会有障碍出现。

4.斜面式(倾斜式)动线设计

斜面式动线设计比较适合用在一些店面空间较小，或者使用面积比较不规则的店面，这些店面若要使用长形的货架来摆设，空怕会让走道空间变得更窄更小，造成行动的不便，因此能够适时地采用斜面式动线设计来摆设货架，然

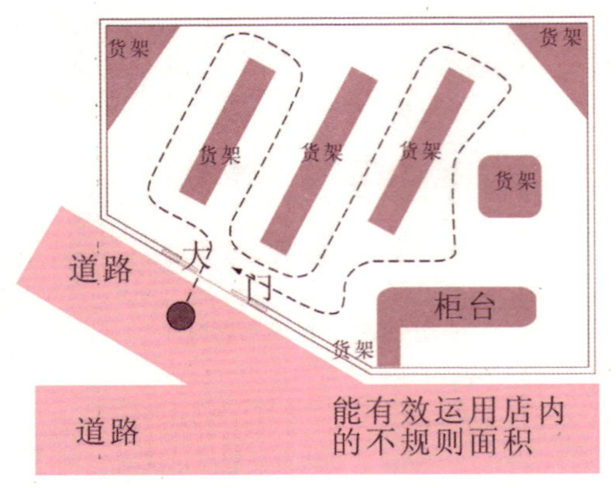

斜面式店面设计店面动线示意图一

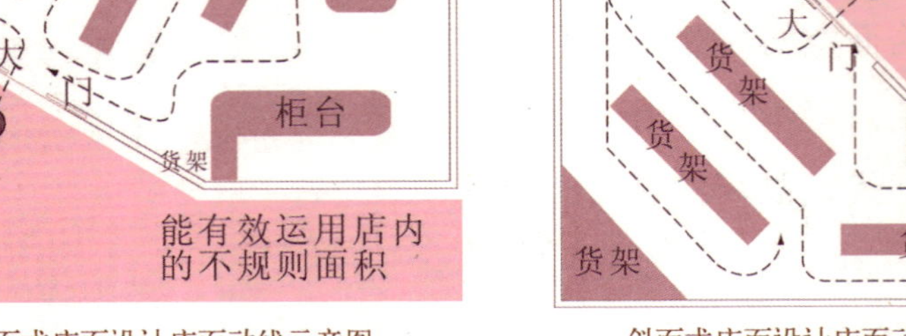

斜面式店面设计店面动线示意图二

后在角落再搭配上一些特殊造型的货架，不但可以让店面的可利用空间变大，走道也会显得比较宽敞，消费者在里面购物也会感觉比较舒适。

斜摆的货架还有一个好处，就是让商品的可见度增加，以往从店门外往内看，若货架是采整齐的排列方式，往往只能看见第一排货架上的商品，但斜摆的货架因为彼此错开的关系，消费者就可以直接看到第二排甚至第三排货架上的商品，也增加了商品的曝光度。但是倾斜的货架摆设与交错式的摆设有着同样的问题，若是摆的不得要领，反而会让人感觉十分凌乱，因此在设计时最好能多听听专业人士的建议。

二、商品的摆设

所谓店面的室内动线设计不外乎就是通道的规划与商品的摆设方法，前面所提的是行进路线，也就是通道的规划，用来区隔通道的就是货架，而货架是放置商品的地方，如何将商品放在最适当的位置才能引起消费的注意？必须注意以下几个重点。

1.商品的分类

对商品的分类是在帮助消费者减少寻找商品的时间，也可以有效降低消费者询问的次数，同时会让消费者对您的店面产生有秩序、有用心在经营的正面评价，另外，分类的工作也是方便自己对于商品的管理与掌握。

2.商品的层次

商品依照价格、品质、品牌等，都有高低层次之分别，我们大致可以归类为四种：

（1）主力商品(热卖商品)：也就是店内销售最好、最多人询问、或是本季当红、最热门的商品。主力商品并不一定是价格最贵、品质最好的商品，但是销售一定是最佳的。

（2）次要商品(二线商品)：所谓次要商品就是销售次于主力商品的第二线商品，要说明的是，次要商品并不一定是比较差的商品，相反的，它有可能比主力商品还要好，但有时候是因为价格比较昂贵，所以销售的情况会不如主力商品，故称之为二线商品。

（3）附属商品：店面最主要是以贩卖主力与次要商品为主，但是斗大的一间店面若只有这两类商品，可能会显得太过单调，货色不够齐全，因此需要一些附属商品来充实货架，让客人觉得你的商品丰富多样、选择性较大。所谓附属商品，就是一些小品牌、走低单价路线的商品，它可以混充在主力与次要商品之间“加减卖”，它并非是主要的收益来源。

（4）策略性商品：所谓策越性商品就是用来刺激买气的特殊商品，通常是以特价促销方式来吸引买气，最明显的例子就是坊间各大卖场每期所推出的特价商品，总会吸引一大堆人前去抢便宜，当大家在抢购特价商品的同时，若能顺便购买其他商品，就算是达到其策略性目的。

3.商品的陈设

了解商品的分类之后，接着我们要看商品在货架上如何陈设。一般大型卖场会将货架架得很高，货架的最上层多半是堆放库存货，但普通的商店没必要做这么高的货架，最高约一个成人伸手可及的高度(约180厘米左右)即可。我们大略可以将货架区隔成上、中、下三层。

（1）上层：商品放在上层需要伸手或垫脚才能拿得到，故可以选择一些较轻、较小的商品来放置以免发生危险，另外，有某些商品是要避免被儿童拿到的也可以放在货架的上层。

（2）中层：一般人视线最明显的位置，也是最容易伸手拿到商品的位置，适合放置主力商品与次要商品。

（3）下层：体积较大、或是重量比较重的商品，适合放在货架下层以方便消费者搬运，亦或放置非主力的附属商品。

4.其他应考虑因素

在店面最醒目的位置以特殊造型的独立式货架来展示主力商品或者是策略性商品，具有十分不错的促销效果。

（1）货架上有无明显的分类标示牌引导消费者？

（2）所有商品的陈设是否能呈现出整体感？（不会有些地方很整齐，有些地方却很凌乱）

（3）商品的放置方式是否容易取放？（可以简单地拿取，亦能轻易地放为原位，故商品不能堆得太密太挤）

（4）主力商品是否放在最明显的货架上？（若货架有好几层，主力商品应放在最接近店头的货架上）

（5）策略性商品用独立式货架单独摆设，最能够引人注意。

三、店内的财位设计

在讨论柜台的时候已经向大家提示过，每一间店面都有二到三个财位，若是能将每一个财位都充分利用到，对您财运的帮助必定很大。财位除了可以用来设置柜台以外，还可以如何利用发挥呢？

1.店面的财位可以当作办公室的所在位置

一般的店面都会设置一个老板的小办公室，在里面可以接待重要客人、处理业务或当成休息的场所，当然，许多人也会将重要的保险箱放在办公室内，所以办公室除了是老板思考如何经营管理的空间，也可能是这家店面的财库所在，因此若店面的空间够大，在店面的财位设置老板的办公室是最理想的位置。

2.店面的财位可以放置主要的生财器具

什么是主要生财器具？对理发店而言就是理发椅、对照像馆而言就是相片冲印机、对影印店而言就是影印机……依此类推，这些器具可以说是整家店的运作中心，器具坏了甚至根本就无法营业，因此店面能不能赚钱？跟这些生财器具有绝对的关联，它就像是店内的“聚宝盆”，故将其设在财位最理想不过。

3.店面的财位可以摆设热卖的主力商品

大部分的行业是靠商品的贩卖、出租、交换来获取利益的，所以并不是每一种行业都有主要的生财器具，这时候您可以考虑将店内的主力商品或热卖商品摆放在财位的地方，只要这些商品能卖得好，钱财自然就能进来得多，所以

您可以在财位的地方规划出一个特别展示区，专门来放置这些特定商品，效果亦不错。

4.店面的财位可以摆设风水求财物

店面与住家虽然有不同的使用目的，但住宅的基本原理却是一样的，住家可以在财位以招财物、吉祥物来招财纳福，店面一样可以，最简单的像是在财位摆个聚宝盆、挂一幅招财画等等，不但具有美化室内空间的功用，还能达到帮助您招财进宝效果，因此建议大家多多利用，千万不要浪费了财位空间。

四、店内动线常犯的风水禁忌

大门不要直冲后门，形成一个穿堂煞，此格局代表钱财左手进右手出，根本无法存得到钱。

大门对厕所。一般而言，店面的厕所都是设在店面商品展示区以外的空间，但是某些餐饮店会将厕所设在明显的位置，这个位置千万不能与大门直接相对，也不能在厕所门前摆设用餐的桌椅。

柜台最好能摆在店面的财位上。但这只是一个大原则，若是店面的财位正好位于最不起眼的角落，或是视野很差的地方，最好还是换个位置为宜。一般而言，从柜台的位置最好能监视到店内的每个角落，同时也是店内最明显的位置，若因为货架或商品的陈设而影响了柜台的主控位置，就必须立即作修正为宜。

店内的动线以顺畅为最高原则，最好是让通道能贯通一气、彼此相连不断，

避免有进无出的设计(就是通道无出口，走到底还必须依原路折返)；柜台的位置最好能规划在通道的出口处以方便客人结帐，若柜台离通道出口很远，顾客还必须抱着一堆商品绕回柜台结帐再出门，会造成很大的不便。

动线并不是规划好了之后就不能再更动，如果经营一段时间之后，发现有哪个部分不顺畅时，就应该立即作修正，所以货架最好采用可移动式者为佳。

店面如果不止一楼时，店内就会有楼梯，记住楼梯千万不能对到大门(与大门成一直线)，这种格局主钱财直泄而出，修正方法是改变门向或楼梯的方向。

五、开店的择日宜忌

在经济不景气的当下，大家最关心的大概就是跟钱有关的事吧！特别是开店做生意的人，不需别人提醒也应该懂得随时要翻翻农历看看日子吧！因为在农历中记载了许多从商者的宜忌事项，自古以来，这些项目就是大家所遵行的准则，像是何时开市、何时开张等等，应该没有生意人会怀疑它的重要性才是。

笔者经常应邀前往商家的开市或开幕典礼帮忙作祈福的仪式，也深知商家对此的需求，所以在笔者每年所出版的农历《风水圣经》和《祈福招财农民历》当中，都会将当年的开市营业求财的最佳日期与时刻整理出来以方便大家使用，几年下来，已经成为了广大读者的“求财行事历”，也欢迎大家继

避免有进无出的设计(就是通道无出口，走到底还必须依原路折返)；柜台的位置最好能规划在通道的出口处以方便客人结帐，若柜台离通道出口很远，顾客还必须抱着一堆商品绕回柜台结帐再出门，会造成很大的不便。

动线并不是规划好了之后就不能再更动，如果经营一段时间之后，发现有哪个部分不顺畅时，就应该立即作修正，所以货架最好采用可移动式者为佳。

店面如果不止一楼时，店内就会有楼梯，记住楼梯千万不能对到大门(与大门成一直线)，这种格局主钱财直泄而出，修正方法是改变门向或楼梯的方向。

五、开店的择日宜忌

在经济不景气的当下，大家最关心的大概就是跟钱有关的事吧！特别是开店做生意的人，不需别人提醒也应该懂得随时要翻翻农历看看日子吧！因为在农历中记载了许多从商者的宜忌事项，自古以来，这些项目就是大家所遵行的准则，像是何时开市、何时开张等等，应该没有生意人会怀疑它的重要性才是。

笔者经常应邀前往商家的开市或开幕典礼帮忙作祈福的仪式，也深知商家对此的需求，所以在笔者每年所出版的农历《风水圣经》和《祈福招财农民历》当中，都会将当年的开市营业求财的最佳日期与时刻整理出来以方便大家使用，几年下来，已经成为了广大读者的“求财行事历”，也欢迎大家继续参考取用，同时也在此提醒经商板店的诸位，择日确实是一件十分重要的事，千万轻忽不得。

1.开市

对营商已久的老店面或工厂而言，所谓开市是指每一年在过完年之後首次开张或开工的日子，虽然在习俗上大家都是以正月初五为传统的开工日，但是也有越来越多的商家会根据自己下同的需求来选择开工的最佳时刻。

另外，对一些新开张的店家或新工厂而言，所谓开市是指开张、开幕的日子，选在旺日、旺时来开张，可以求得好兆头，让生意兴旺、财源滚滚达三江。

2.竖旗挂区

古代用来代表一家店面的东西就是屋内的牌区和挂在屋外的旗杆，现代则是改由招牌来取代，所谓“竖旗挂区”，用现代的解释就是挂牌营业的意思，因为招牌代表著一家店的门面，挂牌的时候慎重一点也是应该的。

此日亦是在宅屋内安挂吉祥画的好日子。

3.纳财

“纳财”顾名思义就是指收纳钱财，像是收帐款、租金、欠款等等，其它像是进货、买入物料也算在其中。

下过现代人已经下太重视这一点，因为钱财只要收得快就好，哪还管得着看时辰。

4.合券

“合券”就是合伙做生意的意思，指几个人共同出资投资事业，也指公司与公司之间的合并或合作行为，例如大企业之间经常会有的共同开发或重组等商业行为，彼此之间若是有订立任何的合作契约，或是发表共同声明等等，都可以选在宜“合券”日来进行，如此能够让双方的合作关系维持得更加良好。

5.立券交易

“立券”就是签订买卖契约，“交易”就是物品的买卖行为。当然，这里所谓的交易是泛指大宗货物的买卖，例如整批的货物、房地产等，若是连基本的购物行为也要看日子，那也未免过于牵强。再者，需要签订契约的买卖也都是大买卖，所以下立券交易也应该是遇到重大的商业行为才有必要用到的日子。

策划编辑：邓利华　设计制作：王友德